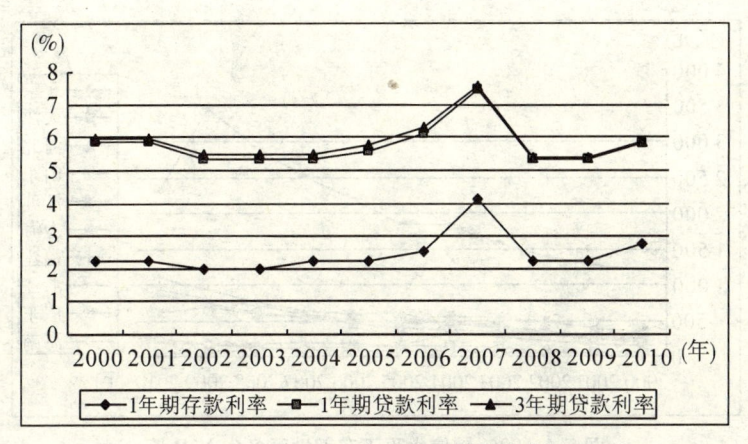

图 5.2　2000—2010 年各期限利率变化情况

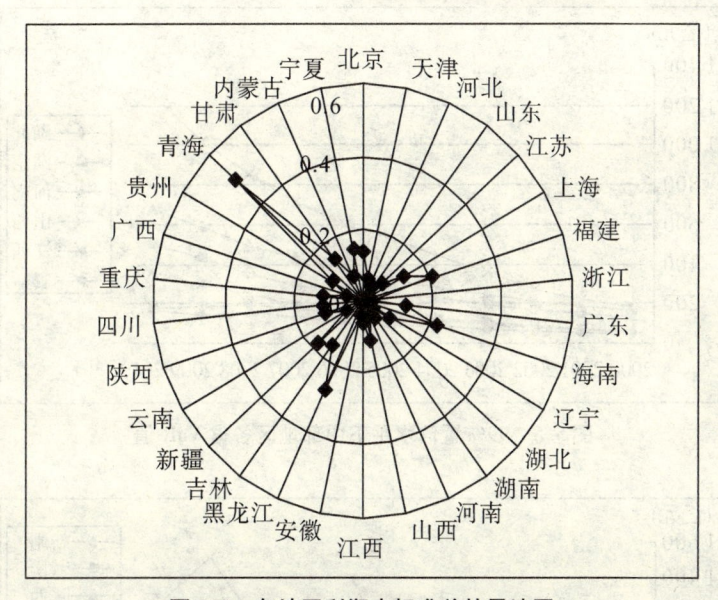

图 5.3　各地区利润率标准差的雷达图

VaR 值，其经济含义是指在 99% 的可能性保证下农村微型金融机构资产业务最大的损失程度，换句话说就是 1% 概率下发生损失超过某一程度的状况。第三步，依据公式（5.7）计算得出最后结果（计算结果见图 5.4、图 5.5、图 5.6、图 5.7 和表 5.5）。

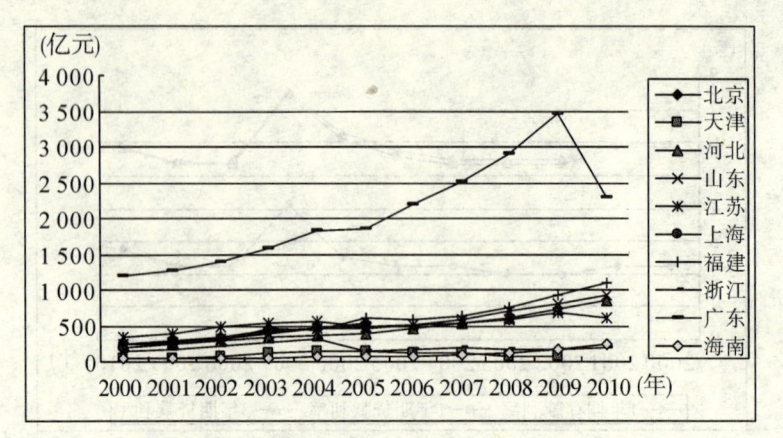

图 5.4 99% 置信水平下东部地区各省 VaR 值

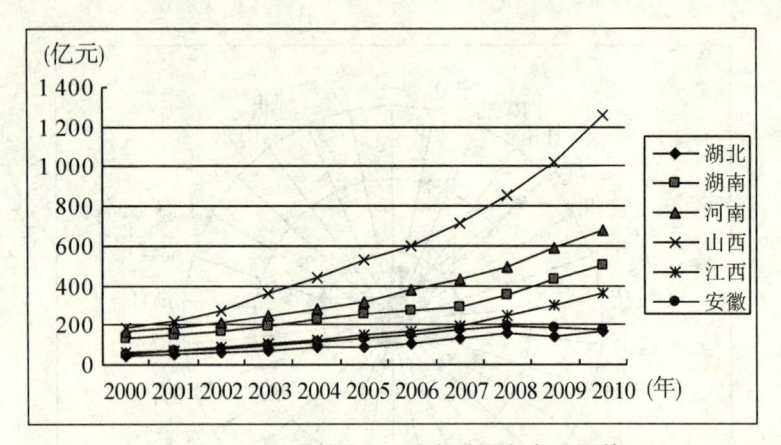

图 5.5 99% 置信水平下中部地区各省 VaR 值

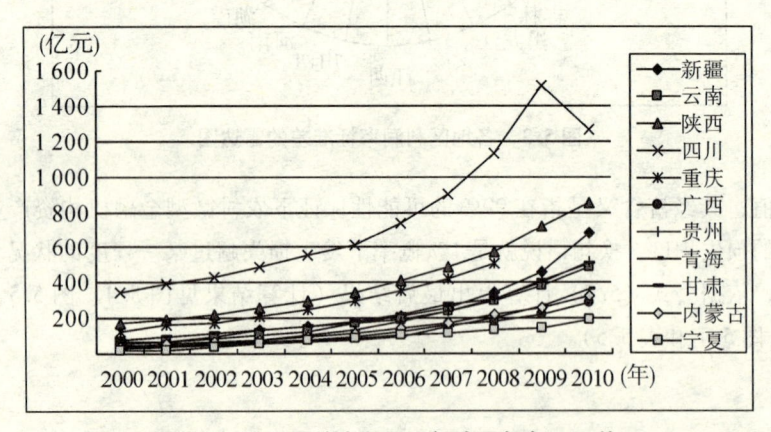

图 5.6 99% 置信水平下西部地区各省 VaR 值

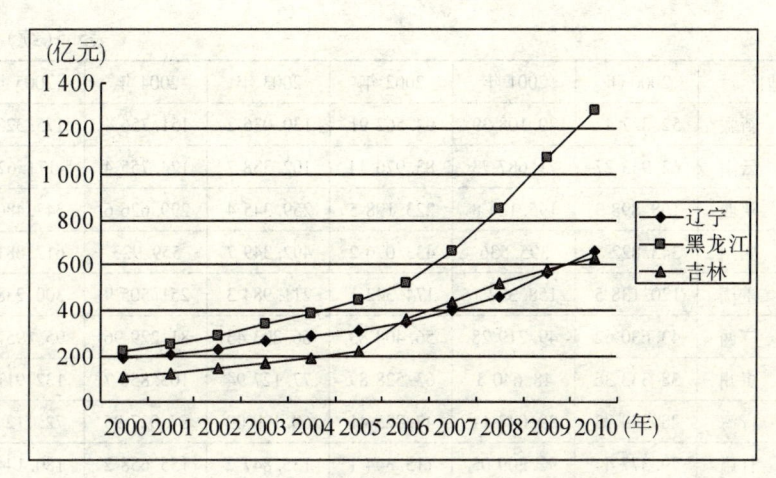

图 5.7　99% 置信水平下东北地区各省 VaR 值

表 5.5　　　　2000—2005 年 99% 置信水平下的 VaR 值　　　单位：亿元

地区		2000 年	2001 年	2002 年	2003 年	2004 年	2005 年
东部地区	北京	239.937 2	288.088 3	333.935 5	436.292 5	456.638 2	530.487 3
	天津	53.692 25	59.552 77	71.716 22	119.148 9	137.355 2	149.993 9
	河北	249.802 6	275.645 1	298.322 3	333.977 6	375.132 5	398.843
	山东	233.877 1	280.256 4	327.095 4	397.382 1	459.628 7	471.703 4
	江苏	342.758 5	391.554 9	476.599 2	529.976 6	572.957 6	481.876 1
	上海	194.15	243.320 7	314.978 1	414.342 8	452.579 7	—
	福建	236.865 9	253.056 7	291.020 6	473.589 1	441.123 8	618.882 8
	浙江	145.226 5	170.678 7	209.594 4	276.432 4	311.131 7	154.214 4
	广东	1 194.032	1 270.235	1 395.263	1 594.472	1 826.27	1 861.54
	海南	44.709	44.719 5	51.007 52	60.486 8	74.847 43	69.498 93
中部地区	湖北	43.156 45	50.387 31	58.759 57	70.601 91	84.334 58	91.786 53
	湖南	134.504 2	151.195	169.591 4	196.174 5	224.536 9	251.262 8
	河南	165.469 8	186.367 3	210.772 8	243.549 8	279.871	318.711 8
	山西	183.032 4	223.063 9	269.123 2	363.914 3	443.798 2	527.517 9
	江西	63.647 47	73.445 87	86.075 14	105.199 9	124.924 5	149.468 4
	安徽	57.187 22	67.742 41	79.943 26	95.492 83	113.979 2	132.616 5

5. 我国农村微型金融机构风险的评价与度量 | 97

表5.5(续)

地区		2000年	2001年	2002年	2003年	2004年	2005年
西部地区	新疆	52.827 47	70.108 39	94.562 91	130.036 2	151.756 4	175.323 9
	云南	62.943 27	71.687 73	83.976 44	102.338 7	124.755 4	171.628
	陕西	168.898 3	195.124 8	223.198 5	259.345 4	299.626 6	347.480 8
	四川	343.822 5	395.536	433.076 2	492.349 7	559.923	617.881 3
	重庆	120.138 5	158.392 1	174.342 1	211.984 3	251.505 9	300.238 6
	广西	43.630 62	49.219 28	56.408 83	66.293 43	81.229 96	95.195 39
	贵州	38.333 36	48.640 3	63.528 89	77.127 94	103.850 7	132.917 2
	青海	28.949 73	39.047 11	47.825 41	60.199 09	67.027 95	72.712 84
	甘肃	79.377 44	92.209 05	115.344 1	135.847 2	155.658 2	180.144 2
	内蒙古	38.868 41	53.301 84	62.543 08	77.042 4	94.137 8	113.377
	宁夏	15.687 72	20.779 6	33.641 76	55.471 14	73.235 5	90.179 02
东北地区	辽宁	195.946 8	210.858	230.756 9	265.967 7	290.059 1	315.213 7
	黑龙江	225.780 2	253.271 6	288.519 5	343.777 6	384.892 8	446.318 5
	吉林	113.404 6	127.568 7	148.154 5	170.248 5	192.098 2	226.837 5

表5.6　　　2006—2010年99%置信水平下的VaR值　　　单位:亿元

地区		2006年	2007年	2008年	2009年	2010年
东部地区	北京	—	—	—	—	—
	天津	110.476 9	111.538 1	67.625 37	75.814 55	—
	河北	458.888 8	526.068 7	599.418 5	723.516 2	853.229 3
	山东	508.666 5	591.033	710.759 8	803.314	920.598 2
	江苏	503.919 4	534.818 9	588.758	679.909 2	617.185 4
	上海	—	—	—	—	—
	福建	592.866 3	625.695 8	763.132 9	922.909 2	1 104.124
	浙江	164.07	187.196 5	172.761 9	173.528 2	184.102 1
	广东	2 193.894	2 513.954	2 913.599	3 459.283	2 300.138
	海南	78.154 15	96.656 06	123.088 9	169.188 8	254.276 6

表5.6(续)

地区		2006年	2007年	2008年	2009年	2010年
中部地区	湖北	107.245 1	130.101 2	155.940 2	138.162 9	169.560 4
	湖南	273.538 3	292.477 4	352.603 5	428.570 4	503.188
	河南	378.746	432.338 3	497.242 8	586.832 6	673.975 5
	山西	597.117 3	717.001 4	856.927 3	1 023.819	1 254.775
	江西	165.044 8	195.041 3	245.259 2	296.312 2	362.327 3
	安徽	152.802 2	174.995 5	189.932 4	184.042	175.562 9
西部地区	新疆	206.891	259.274 9	346.839 2	463.708 2	682.781 7
	云南	192.578 4	236.555 7	295.161 5	387.073 1	490.742
	陕西	413.479 9	488.107 5	572.875 6	716.509 5	849.857 4
	四川	735.306 7	898.397	1 132.452	1 515.361	1 263.807
	重庆	350.252 7	418.527	506.363 9	—	—
	广西	124.224 6	160.599 4	179.391 4	223.382 9	287.319 5
	贵州	183.461 2	236.245 5	305.071 4	406.663 1	521.046 6
	青海	95.055 49	155.056 1	197.663 6	264.096 2	365.817 1
	甘肃	221.929 8	278.550 1	302.661 6	411.471 1	503.168 5
	内蒙古	144.736 7	171.799 8	223.766 2	258.539 3	326.709
	宁夏	102.874 4	114.454 6	137.415 5	141.532 8	188.023 7
东北地区	辽宁	349.468	401.738 4	462.248 8	565.849 4	662.692 1
	黑龙江	520.798 7	659.238 1	852.572 7	1 074.55	1 278.599
	吉林	366.092 1	440.413 7	522.042	578.641 7	633.315 5

通过对2000—2010年各地区农村信用社风险的度量研究，我们得出如下几点重要结论：

第一，从各年份VaR数值的变化趋势来看，2000—2010年各地区农村信用社风险的VaR值处在不断增加的趋势，到2010年各地区平均风险数值已达到最大，说明随着农村微型金融机构存贷业务数量的增加，面临损失的风险也在逐渐增加。

第二，从四大区域层面来看，各区域VaR值有着较大的差异，其中平均值最大的是东部地区（为522.697亿元），其次是东北地区（为418.119亿元），西部地区的最小（只有253.828亿元），中部地区平均值第三，为269.738亿元。这说明了虽然东部地区农村金融市场比较发达，但面临的金融风险却是最大的；同时，不同经济与金融发展水平、不同文化环境和风俗习惯的农村地区，微型金融机构的风险状况具有差异性。

第三，从各区域具体情况来看，每个区域都有一个省份的 VaR 值明显较大，如东部地区的广东省（平均值2 047.516亿元）、中部地区的山西省（平均值587.281亿元）、西部地区的四川省（平均值762.538亿元）以及东北地区的黑龙江省（平均值575.302亿元）。这表明在各区域中，各省农村微型金融机构的风险存在不一致情况，因此防范及控制金融风险的措施应该具有区别性和针对性。

5.4 农村微型金融机构风险的影响因素分析

5.4.1 皮尔逊积矩相关系数[①]

1. 基本定义

在统计学中，皮尔逊积矩相关系数（Pearson product-moment correlation coefficient），有时也简称为 PMCC，通常用 r 或是 ρ 表示，是用于度量两个变量 X 和 Y 之间的相互关系（线性相关）的，取值范围在 $[-1, +1]$ 之间。皮尔逊积矩相关系数在学术研究中被广泛应用于度量两个变量线性相关性的强弱，它是由卡尔·皮尔逊在19世纪80年代从弗朗西斯·高尔顿的想法基础上发展起来的，它与原想法相似但略有不同，这种相关系数常被称为"Pearson 的相关系数"。

两个变量之间的皮尔逊积矩相关系数定义为这两个变量的协方差与二者标准差积的商，即

$$\rho_{XY} = \frac{\text{cov}(X, Y)}{\sigma_X \sigma_Y} = \frac{E(X-\mu_X)(Y-\mu_Y)}{\sigma_X \sigma_Y} \tag{5.8}$$

上式定义了总体相关系数，一般用希腊字母 ρ 表示。若用样本计算的协方差和标准差代替总体的协方差和标准差，则为样本相关系数，一般用 r 表示：

[①] 薛薇. 统计分析与 SPSS 的应用 [M]. 2版. 北京：中国人民大学出版社，2008：267-268.

$$r = \frac{\sum_{i=1}^{n}(X_i - \bar{X})(Y_i - \bar{Y})}{\sqrt{\sum_{i=1}^{n}(X_i - \bar{X})^2}\sqrt{\sum_{i=1}^{n}(Y_i - \bar{Y})^2}} \tag{5.9}$$

另外一个与上式等效的定义相关系数的公式是通过标准化以后变量均值的积定义的。假设样本可以记为 (X_i, Y_i)，则样本 Pearson 相关系数为

$$r = \frac{1}{n-1}\sum_{i=1}^{n}\left(\frac{X_i - \bar{X}}{s_X}\right)\left(\frac{Y_i - \bar{Y}}{s_Y}\right) \tag{5.10}$$

其中 $\frac{X_i - \bar{X}}{s_X}$，$\bar{X}$ 和 s_X 分别为标准化变量，样本均值和样本标准差。

2. 皮尔逊相关系数的数学特性

不论是样本的还是总体的 Pearson 相关系数，其绝对值均小于等于 1，相关系数等于 1 或 -1 时，所有数据的点都精确地落在一条直线上（为样本相关系数的情况）；或是两变量的分布完全由一条直线支撑（为总体相关系数的情况）。Pearson 相关系数具有对称性，即：corrcorr (X, Y) = corr (Y, X)。

Pearson 相关系数的一个关键的特性就是它并不随着变量的位置或是大小的变化而变化。也就是说，我们可以把 X 变为 $a + bX$，把 Y 变为 $c + dY$，其中 a, b, c 和 d 都是常数，而并不会改变相互之间的相关系数（这点对总体和样本 Pearson 相关系数都成立）。

Pearson 相关系数可以用原点矩的形式表示。因为

$$\mu_X = E(X), \quad \sigma_X^2 = [E(X) - X]^2 = E(X^2) - E^2(X) \tag{5.11}$$

对于 Y 也有相似的表达式。又

$$E[(X - E(X))E(Y - E(Y))] = E(XY) - E(X)E(Y) \tag{5.12}$$

于是式 (5.5) 可写为

$$\rho_{XY} = \frac{E(XY) - E(X)E(Y)}{\sqrt{E(X^2) - E^2(X)}\sqrt{E(Y^2) - E^2(Y)}} \tag{5.13}$$

上述形式对于样本的 Pearson 相关系数同样是可用的，有

$$r_{xy} = \frac{\sum x_i y_i - n\bar{x}\bar{y}}{(n-1)s_x s_y} = \frac{n\sum x_i y_i - \sum x_i \sum y_i}{\sqrt{n\sum x_i^2 - (\sum x_i)^2}\sqrt{n\sum y_i^2 - (\sum y_i)^2}} \tag{5.14}$$

上式提供了一个非常简单的计算样本相关系数的算法，但是有时受数据的影响，可上式可能存在数值上的不稳定性。相关系数取值范围为 [-1, 1]。取 1 时表示变量 X 和 Y 之间具有线性变化的关系，即 Y 随着 X 的增加而增加，

而且所有的点都落在一条直线上。取-1时则是所有点落在一条直线上，但是变量Y随着X的增加而减小。相关系数值为0是表示变量之间没有线性相关关系。

更一般地，应该注意到，只要X_i和Y_i落在各自均值的同一侧，那么$(X_i-\bar{X})(Y_i-\bar{Y})$就是大于0的。也就是说，只要$X_i$和$Y_i$同时趋近于大于或是同时趋近于小于他们各自的均值，那么它们的相关系数为正。反之，当二者区于在相反的一边时，二者相关系数为负。

5.4.2 检验结果

鉴于本研究数据获得的局限性，对农村微型金融机构的影响因素分析的数据也只能借助《中国商业银行发展报告》（2009—2011）中所提供的三大地区的农村商业银行2008—2010年的数据，其中缺失的数据按照推算值计算。依据上述分析方法，运用SPSS17.0软件，我们可以得到表5.7各指标相关性分析的统计结果。

表5.7　农村微型金融机构风险影响因素的统计结果

因素	结果	北京农商行	上海农商行	顺德农商行	张家港农商行	常熟农商行	昆山农商行	武汉农商行	重庆农商行
资本充足率	相关性	0.834	-0.672	0.932	-0.506	0.998	-0.140	0.897	0.544
	显著性	0.372	0.531	0.235	0.662	0.041	0.911	0.291	0.634
	年数	3	3	3	3	3	3	3	3
核心资本充足率	相关性	0.920	-0.902	0.958	-0.742	0.841	-0.532	0.920	0.607
	显著性	0.256	0.284	0.185	0.468	0.364	0.643	0.256	0.585
	年数	3	3	3	3	3	3	3	3
存贷款比例	相关性	-0.889	0.034	0.965	0.872	0.939	0.998	0.255	-0.179
	显著性	0.303	0.978	0.168	0.325	0.224	0.042	0.836	0.886
	年数	3	3	3	3	3	3	3	3
净利润增长率	相关性	-0.788	0.930	-0.907	0.928	0.995	0.753	0.974	0.727
	显著性	0.423	0.240	0.277	0.244	0.017	0.457	0.145	0.482
	年数	3	3	3	3	3	3	3	3
资产收益率	相关性	0.727	0.003	0.498	0.590	0.674	0.987	0.954	0.820
	显著性	0.482	0.998	0.668	0.599	0.529	0.016	0.195	0.388
	年数	3	3	3	3	3	3	3	3
不良贷款率	相关性	-0.633	0.288	-0.942	-0.912	0.736	-0.992	-0.699	-0.786
	显著性	0.563	0.814	0.217	0.270	0.474	0.078	0.507	0.424
	年数	3	3	3	3	3	3	3	3

表5.7(续)

因素	结果	北京农商行	上海农商行	顺德农商行	张家港农商行	常熟农商行	昆山农商行	武汉农商行	重庆农商行
拨备覆盖率	相关性	0.809	-0.337	0.703	0.995	-0.029	0.977	0.264	0.985
	显著性	0.400	0.781	0.504	0.063	0.981	0.135	0.830	0.111
	年数	3	3	3	3	3	3	3	3
最大单一客户贷款比例	相关性	-0.639	0.952	-0.990	-0.564	-0.370	-0.970	0.362	-0.630
	显著性	0.559	0.198	0.091	0.618	0.759	0.156	0.764	0.566
	年数	3	3	3	3	3	3	3	3
最大十家客户贷款比例	相关性	0.631	0.814	0.517	-0.968	-0.768	-0.984	-0.228	-0.955
	显著性	0.565	0.394	0.654	0.162	0.443	0.115	0.854	0.192
	年数	3	3	3	3	3	3	3	3
前五大行业贷款集中度	相关性	0.968	-0.756	0.440	-0.944	0.664	-0.995	-0.453	-0.829
	显著性	0.015	0.454	0.710	0.013	0.538	0.066	0.701	0.378
	年数	3	3	3	3	3	3	3	3
存款增长率	相关性	-0.735	-0.252	0.995	0.978	0.183	-0.448	0.328	0.997
	显著性	0.474	0.838	0.060	0.132	0.883	0.704	0.787	0.048
	年数	3	3	3	3	3	3	3	3
不良贷款余额下降率	相关性	0.584	0.197	0.575	0.729	-0.974	0.794	0.910	-0.877
	显著性	0.603	0.874	0.610	0.480	0.147	0.416	0.273	0.319
	年数	3	3	3	3	3	3	3	3

1. 东部地区农村微型金融机构风险影响因素的特征

在表5.7的结果中，只有资产收益率指标在6家金融机构中与金融风险呈现正相关关系，其他指标在不同机构中结果都有所差异。具体来看，资本充足率和核心资本充足率指标中，北京农商行、顺德农商行、常熟农商行的系数为正，上海农商行、张家港农商行、昆山农商行的系数为负；存贷款比例指标的系数只有北京农商行为负数，其他的都是正数；净利润增长率指标的系数有北京农商行和顺德农商行为负数，其他的都是正数；不良贷款率指标的系数大部分是负相关，只有上海农商行和常熟农商行的为正数；与之相反，拨备覆盖率指标的系数大部分是正相关，只有上海农商行和常熟农商行的为负数；最大单一客户贷款比例系数大部分是负相关，只有上海农商行的为正数；最大十家客户贷款比例系数中北京农商行、上海农商行和顺德农商行为正相关，常熟农商行、张家港农商行、昆山农商行的系数为负相关；前五大行业贷款集中度指标系数中北京农商行、顺德农商行、常熟农商行3家为正相关，上海农商行、张家港农商行、昆山农商行3家的系数为负相关；存款增长率系数中北京农商行、上海农商行和昆山农商行为负相关,其他的为正相关;最后,不良贷款余额下降率只有常熟农商行的为负数,其他的金融机构都是正数。

2. 中部地区农村微型金融机构风险影响因素的特征

中部地区主要以武汉农村商业银行为代表,统计结果显示,资本充足率、核心资本充足率、存贷款比例、净利润增长率、资产收益率、拨备覆盖率、最大单一客户贷款比例、存款增长率和不良贷款余额下降率与金融风险具有明显的正相关关系,其中净利润增长率相关系数最大(为0.974),表明利润的增长有利于金融风险的有效防范。而不良贷款率、最大十家客户贷款比例和前五大行业贷款集中度与金融风险具有明显的负相关关系。

3. 西部地区农村微型金融机构风险影响因素的特征

西部地区主要以重庆农村商业银行为代表,我们可以看出,资本充足率、核心资本充足率、净利润增长率、资产收益率、拨备覆盖率和存款增长率与金融风险具有明显的正相关关系,说明了上述指标的改善直接有利于金融风险的控制及降低;另外,存贷款比例、不良贷款率、最大单一客户贷款比例、最大十家客户贷款比例、前五大行业贷款集中度和不良贷款余额下降率这六个指标与金融风险呈现负相关关系,说明了这六个指标的提升不利于金融风险程度的改善。

由以上分析我们可以得出一些基本启示:①收益和利润指标是影响金融风险的最明显因素。金融机构发展的最终目标就是尽可能追逐更多的利润,因此收益和利润可以说是金融机构得以生存和发展的生命线。从实证研究的结果来看,八所金融机构的资产收益率的系数都是正数,说明二者之间存在明显的正相关关系,而净利润增长率指标也只有两家是负相关,其余六家都是正相关。②资本充足率和核心资本充足率两个指标所体现的含义保持一致,在三大区域金融机构中的系数有所不同,这一结果可以在一定程度上说明对于金融机构而言,资本充足率和核心资本充足率并不是越高越好,而应保持合理的水平。③与金融风险有明显负相关的指标主要有不良贷款率、最大单一客户贷款比例、最大十家客户贷款比例和前五大行业贷款集中度四个指标,这也充分反映了这些指标过大对金融机构所构成的隐性危险。

6. 我国农村微型金融机构发展绩效的实证研究

6.1 农村微型金融机构支农效应的实证研究

6.1.1 文献回顾

众所周知，影响居民收入增长的因素很多。长期以来，许多经济学家利用各种各样的方法，对收入增长问题做出了大量研究，使得这一研究领域得以不断更新。不可否认的是，学者们已经对金融是促进经济增长的重要因素这一认识基本达成共识。然而，国外对金融发展与经济增长关系的研究主要集中在其整体关系的探讨上，如希克斯（1969）、麦金农和肖（1973）、金和列文（1993）等，而关于农村金融发展与农民收入增长关系的探索则很少。相对而言，他们对农村金融发展中的特点与功能的研究则比较多见。亚当斯和沃格（1986）[①]认为，农村地区金融市场应该实行更灵活的利率政策、获取较少的贷款对象，并且提高金融服务的质量。此外，在对局部国家和地区的农村金融市场研究中，亚当斯、车娜和兰伯特（1993）[②]将中国台湾地区和菲律宾的农村金融市场进行了比较，认为在 20 世纪 90 年代初，中国台湾地区比菲律宾更有效地发挥了农村金融功能，并进行了资源的合理配置，这是促使中国台湾地

---

① DALE W. ADAMS, ROBERT C. VOGEL. Rural financial markets in low - income countries: Recent controversies and lessons [J]. World Development, 1986, 14: 477 - 487.

② DALE W. ADAMS, H. Y. CHENA AND M. B. LAMBERTE. Differences in uses of rural financial markets in Taiwan and the Philippines [J]. World Development, 1993, 14: 555 - 563.

区经济发展得更好的一个原因。克劳斯 P. 费舍尔（1998）[①] 研究发展中国家经济、金融改革中的金融合作对于促进农村中小企业融资的功能与作用。在中国农村金融发展问题的研究上，斯蒂格利茨、韦斯（1981）[②] 以中国农户为例研究了不完全信息条件下的信贷配给理论，认为中国农户文化程度和经济发展水平与借贷发生率有很强的关系。并且，他们还发现随着收入水平的提高，农户用于盈利性的投入更倾向于短期借贷。

近些年来，伴随着我国农村金融改革的不断推进，国内学者开始对我国农村金融发展与农村居民收入增长关系进行了广泛研究，目前主要存在两种截然不同的观点。一是促进论。姚耀军（2004）[③] 基于 VaR 模型及其协整分析，利用格兰杰因果检验法，对中国农村 1978—2002 年间金融发展与经济增长的关系做出了实证研究，认为中国农村金融的发展与农村经济增长存在着一种长期均衡关系。安翔（2005）[④] 对内生增长理论中的帕加诺模型作适当变换后，通过多元线性回归分析得出结果：在农村经济增长过程中，金融业的发展对其具有显著的促进作用。周才云（2010）[⑤] 对 1978—2007 年的相关数据进行了实证检验，认为农村金融发展与农村居民收入增长存在长期协整关系。二是促退论。温涛等人（2005）[⑥] 在对中国金融发展与农民收入增长进行制度和结构分析的基础上，运用 1952—2003 年的实际数据，对中国整体的金融发展、农村金融发展与农民收入增长的关系进行了实证研究。结果显示：中国金融发展对农民收入增长具有显著的负效应。刘旦（2007）[⑦] 运用 1978—2004 年的统计数据进行研究，结果表明农村金融发展效率对农民收入增长具有显著的负效

[①] KLAUS P. FISCHER. Financial Cooperatives：A "market solution" to SME and rural financing [J]. Working Paper, 1998, 3：1-29.

[②] JOSEPH E. STIGLITZ, ANDREW WEISS. Credit Rationing in Markets with Imperfect Information [J]. The American Economic Review, 1981, 71 (3)：393-410.

[③] 姚耀军. 中国农村金融发展与经济增长关系的实证分析 [J]. 经济科学, 2004 (5)：24-31.

[④] 安翔. 我国农村金融发展与农村经济增长的相关分析——基于帕加诺模型的实证检验 [J]. 经济问题, 2005 (10)：49-51.

[⑤] 周才云. 中国农村金融发展与农村居民收入增长关系的经验研究 [J]. 统计与信息论坛, 2010 (8)：54-59.

[⑥] 温涛, 冉光和, 熊德平. 中国金融发展与农民收入增长 [J]. 经济研究, 2005 (9)：30-43.

[⑦] 刘旦. 我国农村金融发展效率与农民收入增长 [J]. 山西财经大学学报, 2007 (1)：44-49.

应。赵洪丹（2011）① 实证分析了 1978—2009 年中国农村金融发展与农村经济发展的关系，结论显示：中国农村金融规模对农村经济发展具有显著的负面效应，农村存款与农村经济发展之间不存在显著的格兰杰因果关系，农村经济发展对农村金融规模和农村金融效率均具有负向影响。

6.1.2 帕加诺模型②

上述学者因研究视角、方法和样本所取时间段的不同，而使得其结果也截然不同，这可能也是一直以来国内学者们在我国农村金融发展与农村居民收入增长关系上无法达成一致结论的原因之一。与已有文献不同的是，本书引入新的经济指标并运用帕加诺模型检验了 1978—2010 年我国农村信用社的发展对农村居民收入增长的支持效应③。

这里，我们将首先简要分析帕加诺模型（帕加诺，1993）中金融对经济增长的作用机制。

考虑最简单的内生增长模型——AK 模型，其中总产出是总资本存量的线性函数，用数学公式表示为：

$$Y_t = AK_t \tag{6.1}$$

其中，Y_t 是第 t 期总产出，K_t 是第 t 期总资本存量，A 为资本边际产出率。为简单起见，假设人口规模不变，并且每个厂商面临收益不变的技术，所有经济体系只生产一种商品，这种商品可被用于投资或消费（如果被用于投资，每期以 δ 的比率折旧），那么总投资等于：

$$I_t = K_{t+1} - (1-\delta)K_t \tag{6.2}$$

上式中，δ 为折旧率。

在一个没有政府的封闭经济中，资本市场的均衡条件是：总储蓄 S_t 等于总投资 I_t。假设金融中介成本等因素的存在使 $1-\varphi$ 比例的储蓄在金融中介过程中流失掉，则有：

$$\varphi S_t = I_t \tag{6.3}$$

其中，S_t 是第 t 期的总储蓄，I_t 是第 t 期的总投资，φ 是储蓄投资转化率。

---

① 赵洪丹. 中国农村金融发展与农村经济发展的关系——基于 1978—2009 年数据的实证研究 [J]. 经济学家，2011（11）：58-63.

② 周才云. 农村金融发展与农村经济增长关系的统计检验 [J]. 统计与决策，2010（15）：125-127.

③ 由于其他农村微型金融机构的相关数据不全，所以本书仅就 1978—2010 年我国农村信用社的发展对农村居民收入增长的支持效应进行了研究。

接下来令总储蓄率 $s = S_t / Y_t$，根据式（6.3），我们可以得到：

$$I_t = \varphi s Y_t \tag{6.4}$$

我们知道，$t+1$ 期的经济增长率可以表述为：

$$g_{t+1} = \frac{Y_{t+1}}{Y_t} - 1 \tag{6.5}$$

将式（6.2）和式（6.4）代入式（6.5）可以得到：

$$g_{t+1} = \frac{I_t + (1-\delta) K_t}{K_t} - 1 = \frac{I_t}{K_t} + (1-\delta) - 1 = A\frac{I_t}{Y_t} - \delta \tag{6.6}$$

不考虑时间因素，去掉上式的时间下标，并将式（6.4）代入式（6.6），则稳定状态下的增长率可写为：

$$g = A(I/Y) - \delta = A\varphi s - \delta \tag{6.7}$$

式（6.7）简明地揭示出，经济增长率依赖于边际产出率 A、储蓄率 s、储蓄投资转化率 φ 以及折旧率 δ。而金融体系作为一个中介机构，其中的首要功能便是能够有效地将储蓄转化为投资，将资金盈余部门转移给资金短缺的部门。另一方面，金融体系的发展可以更好地降低交易成本，提高交易效率，从而更好地促进经济的增长。

6.1.3 实证分析

6.1.3.1 模型的建立与指标说明

上述帕加诺模型的分析结论也同样适用于农村经济金融领域的研究，因为农村金融体系也具有同样的功能。这里，笔者借鉴式（6.7）的结果就1978—2010年农村储蓄投资转化率对农村名义国内生产总值增长的促进作用进行检验，换句话说，就是探讨我国农村信用社发展对农村经济增长的中介支持作用。

同时，假定农村资本折旧率为固定值，为了克服模型中变量之间的自相关性，笔者在式（6.7）的两边分别取对数，可以得到式（6.8）：

$$\mathrm{Ln}g_t = a_1 \mathrm{Ln}s_t + a_2 \mathrm{Ln}A_t + a_3 \mathrm{Ln}\varphi_t + \xi_t \tag{6.8}$$

上式中，g 为农村名义国内生产总值增长率，A 为农村的资本边际生产率，φ 为农村的储蓄投资转化率，a 为各变量系数，ξ 为误差项。利用EViews6.0软件，经检验利用广义差分法调整后的自相关检验结果 $D.W$ 等于1.225 071，可以看出各变量已经不存在自相关关系。下面，我们将分别对各指标进行说明。

（1）农村经济增长率。由于统计资料中没有关于农村国内生产总值的直接数据，因此笔者使用历年农业总产值与乡镇企业增加值之和的增长率作为农村名义国内生产总值增长率的指标，也即农村经济增长率的指标。

（2）农村储蓄率。本书中的农村储蓄率为历年农村信用社储蓄额与农村名义国内生产总值的比值。

（3）农村的资本边际生产率。这里，农村的资本边际生产率为历年固定资产投资与名义国内生产总值的比值。

（4）农村的储蓄投资转化率。目前，学术界对储蓄投资转化率的定义还没有统一的界定。傅强、刘远举（2007）[①]认为储蓄投资转化率代表广义的储蓄额（包括国民存入金融机构的储蓄和投入到股票市场、债券市场等金融市场的资金）转化为全社会固定资产投资额的比率。而包群等人（2004）[②]将储蓄定义为国民储蓄即国民总收入与居民消费、政府支出的差额，投资则包含外商投资和全社会固定资产投资额。鉴于农村经济的特点及相关数据的可得性，本书中的储蓄投资转化率为农村信用社的贷款与农村存款的比值。

此外，这里的数据来自《中国统计年鉴》（1982—2011）、《中国农村金融统计年鉴》（1979—1989）、《中国金融年鉴》（2000—2010）、《中国农村统计年鉴 2010》、《中国乡镇企业统计资料（1978—2002）》及相关统计网站，通过计算和整理我们可以得到表 6.1。

表 6.1　　农村 1978—2010 年的经济增长率、储蓄率、
资本边际生产率和储蓄投资转化率　　　　单位：%

年份	g	s	A	φ
1978	No	4.2	No	27.2
1979	12.2	5.3	No	22.0
1980	17.0	6.7	7.6	29.9
1981	7.3	9.1	13.4	30.1
1982	14.4	10.7	15.4	31.1
1983	10.9	13.5	17.5	33.6
1984	23.6	15.0	18.9	56.8
1985	12.0	17.2	20.7	55.2
1986	10.9	21.0	22.6	59.2

---

① 傅强，刘远举. 信贷市场、资本市场与我国的储蓄投资转化率 [J]. 金融论坛，2007 (3): 33-37.

② 包群，等. 关于我国储蓄——投资转化率偏低的实证分析 [J]. 经济科学，2004 (3): 35-42.

表6.1(续)

年份	g	s	A	φ
1987	27.0	21.8	23.0	62.9
1988	20.6	20.5	23.7	64.9
1989	13.2	22.4	20.2	65.8
1990	18.2	24.7	16.7	63.3
1991	8.8	28.5	18.9	100.0
1992	24.1	28.5	19.9	101
1993	45.1	24.5	18.9	104
1994	37.5	24.0	17.5	78.7
1995	31.8	23.4	16.5	78.1
1996	17.8	24.6	17.1	78.7
1997	10.9	26.4	16.6	77.5
1998	5.3	28.7	16.2	82.0
1999	7.0	28.8	15.7	82.0
2000	5.2	30.1	16.3	73.0
2001	6.8	31.5	16.5	71.9
2002	8.0	32.6	16.9	75.2
2003	9.0	35.3	18.9	69.4
2004	16.3	34.6	19.1	68.2
2005	9.4	37.5	20.8	62.9
2006	20.5	38.4	21.0	53.2
2007	22.6	38.0	20.5	57.1
2008	25.2	35.8	20.8	66.1
2009	6.3	38.4	24.9	68.0
2010	11.1*	37.2*	26.8*	67.3*

注：农村名义国内生产总值为农业总产值与乡镇企业增加值之和；农村储蓄率为历年农户储蓄额与农村名义国内生产总值的比值；农村的资本边际生产率为历年固定资产投资与名义国内生产总值的比值；农村的储蓄投资转化率为农村信用社贷款与存款的比值。缺失的数据用 No 表示，*表示推算值。

6.1.3.2 单位根检验

单位根检验是研究经济时间序列平稳性的一种基本方法，也是变量之间协整检验的前提。下面首先将采用扩展的迪克—富勒检验（Augmented Dickey - Fuller Test）来检验上述变量之间是否存在单位根。其基本原理为：设临界值为 δ，那么对于任何检验的 t 值，如果 $t > \delta$，则不拒绝原假设，表明二者之间存在单位根；反之，如果 $t<\delta$，则拒绝原假设，表明二者之间不存在单位根。依据上述数据，我们使用 EViews6.0 软件可以得出如下结果（见表 6.2）：

表 6.2　　　　　　　　　　ADF 检验结果

变量	检验形式	ADF 统计量	1% 临界值	5% 临界值	P 值
Lng	（包含截距项和趋势项）	-2.961 058	-4.296 729	-3.568 379	0.159 1
△Lng	（包含截距项）	-6.611 198	-3.679 322	-2.967 767	0.000 0 **
Lns	（不包含截距项和趋势项）	2.832 178	-2.641 672	-1.952 066	0.998 2
△Lns	（不包含截距项和趋势项）	-2.584 589	-2.644 302	-1.952 473	0.011 6 *
LnA	（不包含截距项和趋势项）	1.371 188	-2.647 120	-1.952 910	0.953 7
△LnA	（包含截距项）	-6.319 196	-3.689 194	-2.971 853	0.000 0 **
Lnφ	（包含截距项）	-2.079 062	-3.661 661	-2.960 411	0.253 9
△Lnφ	（包含截距项）	-6.008 881	-3.670 170	-2.963 972	0.000 0 **

注：△表示一阶差分。**和*分别表示在1%和5%的水平下是平稳的。

6.1.3.3　Johansen 协整检验

协整检验的目的是决定一组非平稳序列的线性组合是否具有稳定的均衡关系，一种有效的检验方法由约翰森和琼瑟利斯（1990）提出，被称为 Johansen 协整检验。其基本思想在于：如果两个或多个时间序列变量是不平稳的，但它们的同阶差分是平稳的，则这些非平稳的时间序列变量存在长期的协整关系。在经济学意义上，这种协整关系的存在便可以通过一个变量的绝对值的变化影响另一个变量的绝对值的变化，若变量之间没有协整关系，则不存在一个变量来影响另一个变量的绝对值变化的基础。上面表 6.2 的检验结果表明原始变量之间存在单位根，后将其分别进行一阶差分，各变量之间不存在单位根，其中△Lng、△LnA 和△Lnφ 在1%的显著水平下是平稳的，△Lns 在5%的显著水平下是平稳的。因此，它们是一阶单整，记为 $I(1)$，符合 Johansen 协整检验条件。

表 6.3 的 Johansen 协整检验结果表明，在5%显著水平下至少存在一个协整向量，表明改革开放以来我国农村储蓄投资转化率对农村经济增长具有一定的促进作用，也即农村微型金融的发展有利于农村经济增长率的提高。

表6.3　　　　　　　　　　Johansen 协整检验结果

样本期：1978—2007　　　　　　　　　　　　　　　　　滞后区间：1~2

Hypothesized	Eigenvalue	Trace Statistic	5% Critical Value	Prob.
None *	0.771 456	75.738 32	54.079 04	0.000 2
At most 1 *	0.535 095	35.885 60	35.192 75	0.042 0
At most 2	0.278 463	15.205 69	20.261 84	0.214 8
At most 3	0.210 852	6.393 646	9.164 546	0.162 4

注：* 表示在5%的水平下拒绝原假设。

同时，我们可以得到它们的一个标准化系数的协整式：

$$Lng = -0.909\,191 Lns + 5.399\,907 LnA + 5.965\,233 Ln\varphi - 35.614\,43 \qquad (6.9)$$
$$\qquad\quad (0.647\,84) \qquad (1.181\,91) \qquad (0.931\,21) \qquad (5.896\,82)$$

式（6.9）各系数下面括号内的数据是标准差。该式表明 1978—2010 年我国农村名义国内生产总值增长率与储蓄率、资本边际生产率、储蓄投资转化率之间存在着长期稳定的、均衡的协整关系。具体地说，协整式的右边测算出农村的边际生产率对名义国内生产总值增长率的贡献率为 5.399 907，表明农村资本的边际生产率与名义国内生产总值增长率之间呈现正相关关系，更精确地讲，就是农村资本边际生产率每增加一个百分点，农村名义国内生产总值将增加 5.399 907 个百分点；储蓄投资转化率与名义国内生产总值增长率之间也是正的关系，系数为 5.965 233，这说明了长期以来农村储蓄投资转化率的提高对农村名义国内生产总值增长有显著影响，农村储蓄投资转化率每增加一个百分点，农村名义国内生产总值将增加 5.965 233 个百分点；相对而言，只有农村储蓄率与名义国内生产总值增长率呈现负相关关系，这说明了我国农村居民储蓄的过多增长并不有利于农村经济的增长。因此，需要积极鼓励金融机构的参与，才能将储蓄资金有效地转化为投资，进而更有利于农村经济健康、稳定的增长。

6.1.3.4　误差修正模型

误差修正模型（Error Correction Model，ECM）最早由萨根（1964）提出，并经恩格尔和格兰杰加以推广。从理论上讲，协整检验只是表明变量之间的长期平稳关系，而大多经济变量之间既存在长期影响也有短期波动，ECM 模型则很好地反映了具有协整关系的非平稳时间序列变量之间的关系。其一般表达式为：

$$\Delta yt = \varepsilon t + \sum_{i=0}^{p} \beta i \Delta xt - i + \sum_{i=0}^{p} \gamma i \Delta yt - i - 1 + a\,ecmt - 1 \qquad (6.10)$$

上式中，Δ 为差分算符，Y 与 X 均被视为内生变量，p 为滞后期，$ecmt-1$

为误差修正项，反映变量的长期均衡关系。由于农村名义国内生产总值增长率与储蓄率、资本边际生产率、储蓄投资转化率之间存在着长期稳定的、均衡的协整关系，根据格兰杰定理，一定存在描述居民储蓄短期波动向长期均衡调整的误差修正模型。运用 EG 两步法，我们得出的误差修正模型 ECM 如下：

$$\triangle \text{Ln}g = 0.157\,095 - 3.252\,478\triangle \text{Ln}s + 0.165\,828\triangle \text{Ln}A + 0.540\,828\triangle \text{Ln}\varphi - 0.679\,877\text{ecm}t - 1$$

(6.11)

$$(1.544\,657)(-2.686\,097)\quad(0.193\,757)\quad\quad(0.941\,246)\ (-4.164\,471)$$

$$R^2 = 0.513\,920 \quad D.W = 1.371\,954 \quad F = 6.343\,651$$

式（6.11）各系数下面括号内的数据是 t 统计量检验值。显然，该式中所估计的系数大部分在统计上均是显著的，只有个别的不甚显著，但是整体来看，这些系数在标准检验的基础上是显著的，其中 $D.W$ 的值为 1.371 954，表明了原公式变量之间不存在明显的自相关性，F 值为 6.343 651，且 R^2 的值为 0.513 920，说明其整体检验结果较好。我们知道，$ecmt-1$ 系数的大小反映了对偏离长期均衡的调整力度，系数越大表明调整力度越大，或者说自我修正功能越强；反之，亦然。误差修正模型中估计的 $ecmt-1$ 系数较大（为 -0.679 877），说明了长期均衡误差对 Lng 调整速度较快，深层经济含义是指储蓄投资转化率与农村经济增长的长期协调性对农村经济增长的影响大。

6.1.3.5 格兰杰因果检验

上述检验的结果可以看出，我国农村微型金融发展和农村经济增长之间存在长期协整关系。但为了更清楚地表明二者之间孰先孰后或者说"是先有鸡还是先有蛋"的关系，有必要作出进一步的检验。格兰杰因果关系检验是一种用来分析变量之间因果关系的办法，其基本含义是指如果两经济变量 X 与 Y 在包含过去信息的条件下，对 Y 的预测效果要好于只单独由 Y 的过去信息对 Y 的预测，即变量 X 有助于变量 Y 预测精度的改善，则称 X 对 Y 存在格兰杰因果性关系。即变量 X 有助于变量 Y 预测精度的改善，则称 X 对 Y 存在格兰杰因果性关系。由此可得：

$$X \rightarrow Y \Leftrightarrow \sigma^2(y_t/y_{t-h}, h > 0) > \sigma^2(y_t/y_{t-h}, x_{t-h}, h > 0) \quad (6.12)$$

对于两变量格兰杰因果关系的检验，Granger 采用如下检验模型：

$$Y_t = a_{10} + \sum_{i=1}^{m} a_{1i} y_{t-i} + \sum_{i=1}^{m} b_{2i} x_{t-j} + e_{1t} \quad (6.13)$$

$$X_t = a_{20} + \sum_{i=1}^{m} a_{2i} y_{t-i} + \sum_{j=1}^{n} b_{2j} x_{t-j} + e_{2t} \quad (6.14)$$

检验 x_t 和 y_t 的双向格兰杰因果关系，即是检验 b_{2j} 的零假设 $H_0: b_{2j} = 0$

($j=1, 2, \cdots n$),检验 F 统计量:

$$F = \frac{(ESS1 - ESS2)/n}{ESS1/[T - (m + n + 1)]} \sim F[m, T - (m + n + 1)] \quad (6.15)$$

其中,ESS_1 和 ESS_2 分别为式 (3.13) 和式 (3.14) 通过最小二乘法回归得到的残差平方和,m 是自由度,n 为 X 的滞后项的个数,T 为时间序列 Y 的观测值总数。这里,我们选取显著性水平 $a = 0.10$,根据计量经济理论可知,当 $P > 0.10$ 时,可以不拒绝原假设,表明不具有因果关系;反之,当 $P < 0.10$ 时,则可以拒绝原假设,表明具有因果关系。同样,由以上所得数据,我们根据不同的变量选取滞后期2,利用 EViews6.0 软件对上述模型的检验结果如下:

表6.4 格兰杰因果关系检验结果

滞后期	原假设	F 统计值	P 值	结论
2	Lns does not Granger Cause Lng	2.861 52	0.076 8	拒绝
	Lng does not Granger Cause Lns	1.161 34	0.330 0	不拒绝
2	LnA does not Granger Cause Lng	2.889 06	0.076 0	拒绝
	Lng does not Granger Cause LnA	1.247 86	0.305 8	不拒绝
2	Lnφ does not Granger Cause Lng	0.165 76	0.848 2	不拒绝
	Lng does not Granger Cause Lnφ	0.038 08	0.962 7	不拒绝

格兰杰因果检验结果(见表6.4)显示,在滞后期为2的情况下,Lns 与 Lng 之间存在单向因果关系,也即 Lns 是 Lng 的因,而 Lng 不是 Lns 的因,说明了农村储蓄率是农村经济增长的因,这种因果关系表明改革开放以来我国农村信用社储蓄的增加对农村经济增长有一定的支持作用。同时,LnA 和 Lng 之间也在滞后期2的情况下存在单向因果关系,说明了资本边际生产率的提高有利于农村经济的增长。但是 Lnφ 和 Lng 在滞后期2的情况下不存在因果关系,表明了储蓄投资转化率与农村经济增长关系不明显。

6.1.3.6 多元 VaR 模型分析

时间序列向量自回归模型(简称为 VaR 模型)最初由美国学者列特曼、萨根和西姆斯等人在20世纪80年代初提出来,主要用于替代联立方程(Simultaneous Equations)结构模型,提高经济预测的准确性。VaR 模型通常用于相关时间序列系统的预测和随机扰动对变量系统的动态影响,用模型中所有的当期变量对所有变量的若干滞后期进行自回归,对参数不施加零约束,无论参数估计值有无显著性,都会保留在模型中。同时,VaR 模型避开了结构建模对每个经济变量需要做出解释的问题，相对于单方程模型更具可靠性，得出的研究结论更为稳健。因此，该模型除了可以分析滞后项变量对其他变量是否具有显著的影响力外，还可以由脉冲反应函数进一步了解变量间的动态互动关系。

VaR 模型的数学一般表达式①是：

$$y_t = A_t y_t - 1 + \cdots + A_p y_t - p + B_{xt} + \beta_t \quad t = 1,2,\cdots,T \quad (6.16)$$

其中，y_t 是 k 维内生变量向量，x_t 是 d 维外生变量向量，p 是滞后阶数，T 是样本个数。$k \times k$ 维矩阵 A_1，$\cdots$，A_p 和 $k \times d$ 维矩阵 B 是要被估计的系数矩阵。β_t 是 k 维扰动向量，可以用矩阵表示为：

$$\begin{Bmatrix} y_{1t} \\ y_{2t} \\ \cdots \\ y_{kt} \end{Bmatrix} = A1 \begin{Bmatrix} y_{1t-1} \\ y_{2t-1} \\ \cdots \\ y_{kt-1} \end{Bmatrix} + A2 \begin{Bmatrix} y_{1t-2} \\ y_{2t-2} \\ \cdots \\ y_{kt-2} \end{Bmatrix} + \cdots + B \begin{Bmatrix} x_{1t} \\ x_{2t} \\ \cdots \\ x_{dt} \end{Bmatrix} + \begin{Bmatrix} \beta_{1t} \\ \beta_{2t} \\ \cdots \\ \beta_{kt} \end{Bmatrix}, t = 1,2,\cdots T \quad (6.17)$$

结合式（6.17）结论，为了更清楚估计各变量之间的关系，我们可以选取 1978—2010 年间中国农村经济增长指标（y）、农村储蓄率指标（x_1）、农村资本边际生产率指标（x_2）及农村储蓄投资转化率（x_3）共同构建多元 VaR 模型（计量结果见表6.5）。

表6.5　　　　　　　　多元 VaR 滞后模型分析结果

	Lng	Lns	LnA	Lnφ
Lng（-1）	0.945 965	-0.083 625	0.065 454	0.085 706
	(0.274 70)	(0.034 31)	(0.042 01)	(0.075 49)
Lng（-2）	-0.124 381	0.040 161	-0.030 147	0.005 060
	(0.193 88)	(0.024 22)	(0.029 65)	(0.053 28)
Lns（-1）	5.194 592	0.543 511	0.373 990	1.429 445
	(2.136 56)	(0.266 88)	(0.326 77)	(0.587 18)
Lns（-2）	-5.048 142	0.345 514	-0.226 483	-1.305 858
	(1.932 86)	(0.241 44)	(0.295 62)	(0.531 20)
LnA（-1）	3.187 268	-0.352 346	0.812 293	-0.853 310
	(1.251 89)	(0.156 38)	(0.191 47)	(0.344 05)

---

① 高铁梅. 计量经济分析方法与建模 [M]. 北京：清华大学出版社，2006：249.

表6.5(续)

	Lng	Lns	LnA	Lnφ
LnA（-2）	1.757 433	0.266 145	-0.132 248	0.693 687
	(0.926 04)	(0.115 67)	(0.141 63)	(0.254 50)
Lnφ（-1）	-0.005 465	-0.067 141	0.064 511	0.788 316
	(0.639 70)	(0.079 91)	(0.097 84)	(0.175 81)
Lnφ（-2）	1.088 778	-0.121 106	-0.213 061	-0.043 591
	(0.652 60)	(0.081 52)	(0.099 81)	(0.179 35)
C	-9.026 903	1.586 394	0.984 494	0.870 003
	(2.995 68)	(0.374 20)	(0.458 17)	(0.823 29)
R-squared	0.598 948	0.978 926	0.808 303	0.850 569
Adj. R-squared	0.430 084	0.970 053	0.727 589	0.787 651
Sum sq. resids	3.886 781	0.060 646	0.090 917	0.293 568
S.E. equation	0.452 291	0.056 497	0.069 174	0.124 302
F-statistic	3.546 924	110.324 0	10.014 37	13.518 65
Log likelihood	-12.085 56	46.158 49	40.489 92	24.079 61
Akaike AIC	1.506 111	-2.654 178	-2.249 280	-1.077 115
Schwarz SC	1.934 320	-2.225 969	-1.821 072	-0.648 906
Mean dependent	2.646 600	3.249 779	2.935 287	4.205 932
S.D. dependent	0.599 119	0.326 472	0.132 536	0.269 745

注：( ) 为相应的T值。

从多元VaR模型的结果（表6.5），我们可以发现：第一，Lng的VaR表达式与LnA显著正相关，其中LnA（-1）系数为3.187 268，LnA（-2）系数为1.757 433，说明了前1年和前2年的农村资本边际生产率对当年的农村经济增长都有推动作用。第二，Lng的VaR表达式与Lns的相关性有所变化，其中LnA（-1）系数为5.194 592，Lns（-2）系数为-5.048 142，说明了前1年农村储蓄率对当年的农村经济增长有推动作用，前2年的农村储蓄率不具有推动作用。第三，Lng的VaR表达式与Lnφ的相关性也有所变化，其中LnA（-1）系数为-0.005 465，Lns（-2）系数为1.088 778，说明了前1年农村储蓄投资转化率对当年的农村经济增长没有推动作用，前2年的农村储蓄投资转化率反而具有推动作用。同时，拟合优度R^2等于0.598 948，说明原模型的结论比较真实。

6.1.3.7 脉冲响应函数与方差分解分析

脉冲响应函数（Impulse Response Function，IRF）描述了一个内生变量对来自另一个内生变量的一个单位变动冲击所产生的响应,反映了来自随机扰动项的一个标准差冲击对内生变量当前和未来取值的影响,以及其影响的路径变化,它可作为系统特性的时域描述,本文把脉冲响应的时间设定为10期(见表6.6)。

表6.6　　　　　　　　　　脉冲响应函数分析结果

期限	Lns 对 Lng 的响应	Lng 对 Lns 的响应	LnA 对 Lng 的响应	Lng 对 LnA 的响应	Lnφ 对 Lng 的响应	Lng 对 Lnφ 的响应
1	0.000 000	-0.034 805	0.000 000	-0.036 931	0.000 000	-0.003 148
2	0.284 043	-0.043 516	0.178 635	-0.013 614	-0.000 607	0.018 044
3	0.167 195	-0.034 193	0.148 394	-0.017 900	0.104 022	-0.003 017
4	0.143 133	-0.030 546	0.040 707	-0.021 401	0.036 372	0.014 161
5	0.087 397	-0.028 585	0.027 865	-0.015 250	-0.031 444	0.022 106
6	0.045 961	-0.028 803	0.055 980	-0.015 497	-0.041 031	0.015 228
7	0.064 595	-0.028 658	0.071 235	-0.017 933	-0.036 440	0.011 231
8	0.073 349	-0.026 087	0.058 077	-0.019 091	-0.035 099	0.010 264
9	0.057 998	-0.022 966	0.032 110	-0.019 067	-0.044 695	0.010 776
10	0.038 106	-0.020 670	0.016 741	-0.018 053	-0.056 174	0.010 666

表6.6反映了 Lng、Lns、LnA 和 Lnφ 各变量之间脉冲响应所产生的影响。①Lns 对 Lng 的响应。我们可以看出,当在本期给 Lns 一个标准差冲击后,第1期并没有立刻作出反应,而是到第2期对 Lng 才有作用,之后一直是处于下降状态,到第10期值最小(0.038 106%),但影响保持在正值。②Lng 对 Lns 的响应。当在本期给 Lng 一个标准差冲击后,从第1期到第10期 Lns 一直是处于负值状态,但影响较为稳定。③LnA 对 Lng 的响应。整个影响趋势与 Lns 对 Lng 的响应很相似,当在本期给 LnA 一个标准差冲击后,第1期并没有立刻作出反应,而是到第2期对 Lng 才有作用,之后一直是处于下降状态,到第10期值最小。④Lng 对 LnA 的响应。整个期间的影响都是处于负值状态,影响也较为稳定。⑤Lnφ 对 Lng 的响应。我们可以看出,当在本期给 Lnφ 一个标准差冲击后,第2期一直是处于负值状态,但之后开始上升,到第3期达到最大值(0.104 022%),此后一直处于逐步下降的态势。⑥Lng 对 Lnφ 的响应。该响应存在较大的波动,第1期最小值,第5期为最大值。经济涵义是,Lns 和 LnA 对 Lng 有着明显的正向促进作用,而 Lng 对 Lns 和 LnA 不具有促进作用,说明了农村信用社储蓄率和农村资本边际生产率的增加对农村经济增长的支持作用将不断增强;另外,农村储蓄投资转化率对农村经济增长的促进作用并不

明显，这可能是因为长期以来农村资金被抽调到城镇而导致的，因此其没有在农村经济发展中发挥出应有的作用。

方差分解（variance decomposition）是通过分析每一个结构冲击对内生变量变化（通常用方差来度量）的贡献度，进一步评价不同结构冲击的重要性。通过系统中各变量冲击所作的贡献，从而了解到各新息对模型内生变量的相对重要性，本文把方差分解时间设定为 5 期。

表 6.7　　　　　　　　　　　方差分解结果

期限	Lns 对 Lng 的响应	Lng 对 Lns 的响应	LnA 对 Lng 的响应	Lng 对 LnA 的响应	Lnφ 对 Lng 的响应	Lng 对 Lnφ 的响应
1	0.000 000	37.951 90	0.000 000	28.503 21	0.000 000	0.064 129
2	24.163 51	51.033 92	9.557 054	19.184 01	0.000 110	1.393 360
3	27.444 87	47.651 45	13.624 90	16.348 96	2.733 769	1.251 427
4	30.650 57	45.487 10	13.195 41	16.876 96	2.882 706	1.809 138
5	31.744 87	45.795 51	13.083 47	16.188 27	3.048 385	3.249 737

表 6.7 反映了 Lng、Lns、LnA 和 Lnφ 变化的贡献率。①Lns 对 Lng 的贡献率。我们可以看出，当在本期给 Lns 一个标准差冲击后，第 1 期并没有立刻作出反应，而是到第 2 期对 Lng 才有作用，之后一直是处于上升状态，到第 5 期值最大（31.744 87%）。②Lng 对 Lns 的贡献率。从第 1 期到第 5 期 Lng 对 Lns 的贡献率存在一定的波动，到第 2 期达到最大值（51.033 92%）。③LnA 对 Lng 的贡献率。整个影响趋势与 Lns 对 Lng 的贡献率很相似，当在本期给 LnRFIR 一个标准差冲击后，第 1 期并没有立刻作出反应，而是到第 2 期对 Lng 才有作用，之后到第 3 期是处于上升状态，后又逐渐下降。④Lng 对 LnA 的贡献率。整个期间的影响都是下降的态势。⑤Lnφ 对 Lng 的贡献率。我们可以看出，当在本期给 Lnφ 一个标准差冲击后，第 1 期并没有立刻作出反应，而是到第 2 期对 Lng 才有作用，之后一直是处于上升状态，到第 5 期值最大（3.048 385%）。⑥Lng 对 Lnφ 的贡献率。整个期间的影响基本处于上升的态势。经济涵义与上述脉冲响应函数基本相符，由此笔者认为这可能是因为我国农村金融的发展长期以来受到国家政策干预的影响过大，或者说市场化程度不高。因此，当前应该逐步加大农村金融市场的开放度，提高农村金融机构的竞争力，使其逐步走上健康、协调、市场化程度高的金融发展道路，并减少政府过多的行政干预。

6.2 农村微型金融机构风险与经营绩效之间的动态关系

6.2.1 模型分析

为了进一步检验农村微型金融机构风险与经营绩效的具体关系，本书将构建面板数据模型进行研究。我们知道，面板数据是通过对样本中每一个样本单位进行多重观察而得到的一个数据集，这种多重观察既包括对样本单位在某一时期上多个特性的观察，也包括对样本单位的这些特性在一段时间上的连续观察。这样，面板数据就能够克服时间序列分析中经常面临的多重共线性的困扰，并且能够提供更多的信息、更多的变化、更多的自由度和更高的估计效率。同时，面板数据的模型有两种，一种是仅对样本自身进行分析，可以使用固定效应模型（fixed effect model）；另一种是通过样本来推断总体的变化趋势，可以使用随机效应模型（random effect model）。二者的主要区别在于不随时间变化的非观测效应所对应的因素与模型中可观测到的解释变量是否相关。若非观测效应对应的因素与解释变量相关，则为固定效应模型；反之，则为随机效应模型。由于本书是仅就 8 所农村商业银行样本自身数据进行的研究，并且非观测效应对应的因素与解释变量相关，故宜选择固定效应模型。

1. 含有 N 个个体成员方程的面板模型[①]

面板模型简化为如下形式：

$$y_i = \alpha_i + x_i \beta_i + \mu_i, \quad i = 1, 2, 3, \cdots, N \tag{6.18}$$

其中，y_i 是 $T \times 1$ 维被解释变量向量，x_i 是 $T \times k$ 维解释变量矩阵，y_i 和 x_i 的各分量是截面成员的经济指标时间序列。截距项 α_i 和 $k \times 1$ 维系数向量 β_i，其取值受不同个体的影响。μ_i 是 $T \times 1$ 维扰动向量，满足均值为零、方差为 σ_μ^2 的假设。

式（6.18）写成矩阵的回归形式为：

$$\begin{bmatrix} y_1 \\ y_2 \\ \vdots \\ y_N \end{bmatrix} = \begin{bmatrix} \alpha_1 \\ \alpha_2 \\ \vdots \\ \alpha_N \end{bmatrix} + \begin{pmatrix} x_1 & \cdots & 0 \\ \vdots & \ddots & \vdots \\ 0 & \cdots & x_N \end{pmatrix} \begin{bmatrix} \beta_1 \\ \beta_2 \\ \vdots \\ \beta_N \end{bmatrix} + \begin{bmatrix} \mu_1 \\ \mu_2 \\ \vdots \\ \mu_N \end{bmatrix} \tag{6.19}$$

---

① 高铁梅. 计量经济分析方法与建模 [M]. 2 版. 北京：清华大学出版社，2009：320.

式（6.19）含有 N 个截面方程。

2. 含有 T 个时间截面方程的面板模型

面板模型简化为如下形式：

$$y_t = \mu_t + x_t \gamma_t + \lambda_t, \quad t = 1,2,3,\cdots,T \tag{6.20}$$

其中，y_t 是 $N \times 1$ 维被解释变量向量，x_t 是 $N \times k$ 维解释变量矩阵，y_t 和 x_t 的各分量是对应于某个时点 t 的各截面成员的经济指标时间序列。截距项 μ_t 和 $k \times 1$ 维系数向量 γ_t，其取值受不同时期的影响。λ_t 是 $N \times 1$ 维扰动向量，满足均值为零、方差为 σ_μ^2 的假设。

式（6.20）写成矩阵的回归形式为：

$$\begin{bmatrix} y_1 \\ y_2 \\ \vdots \\ y_T \end{bmatrix} = \begin{bmatrix} \mu_1 \\ \mu_2 \\ \vdots \\ \mu_T \end{bmatrix} + \begin{pmatrix} x_1 & \cdots & 0 \\ \vdots & \ddots & \vdots \\ 0 & \cdots & x_T \end{pmatrix} \begin{bmatrix} \gamma_1 \\ \gamma_2 \\ \vdots \\ \gamma_T \end{bmatrix} + \begin{bmatrix} \lambda_1 \\ \lambda_2 \\ \vdots \\ \lambda_T \end{bmatrix} \tag{6.21}$$

式（6.21）含有 T 个时间方程。

在模型的设计中，笔者在借鉴国内外学者研究的经验基础上，选取微型金融机构 2008—2010 年经营净收入（Operating net income，NI）作为因变量代表经营绩效指标，历年风险指数（Risk Index，RI）、总资产（Total assets，TA）、资本充足率（Capital Adequacy Ratio，CAR）和不良贷款率（Not-performing Loan Ratio，NPLA）为自变量，构建如下面板模型：

$$NI_{it} = \alpha_{it} + \beta_1(RI_{it}) + \beta_2(TA_{it}) + \beta_3(CAR_{it}) + \beta_4(NPLA_{it}) + \mu_{it} \tag{6.22}$$

其中，$i = 1,2,3,\cdots,N$，代表截面个体，表示 8 家农村微型金融机构；$t = 1,2,3,\cdots,T$，代表 2008—2010 年；NI 为经营净收入，RI 为风险指数，TA 为总资产，CAR 表示资本充足率，$NPLA$ 表示不良贷款率。其中，α_{it} 是常数，β_1、β_2、β_3、β_4 为各变量系数，μ_{it} 为随机误差项。

同时，为了更清楚地把握八所农村商业银行经营净收入的变动情形，依据上述分析，我们可以描绘出它们各自的走势图（见图 6.1）。图 6.2 为模型（6.22）中各变量的残差图[①]，我们可以看出各变量不存在明显的自相关关系。

[①] 需要说明的是，在 EViews6.0 软件中输入的 8 个字母分别代表八所农村商业银行，即 A 代表北京农村商业银行、B 代表上海农村商业银行、C 代表顺德农村商业银行、D 代表张家港农村商业银行、E 代表常熟农村商业银行、F 代表昆山农村商业银行、G 代表武汉农村商业银行、M 代表重庆农村商业银行。

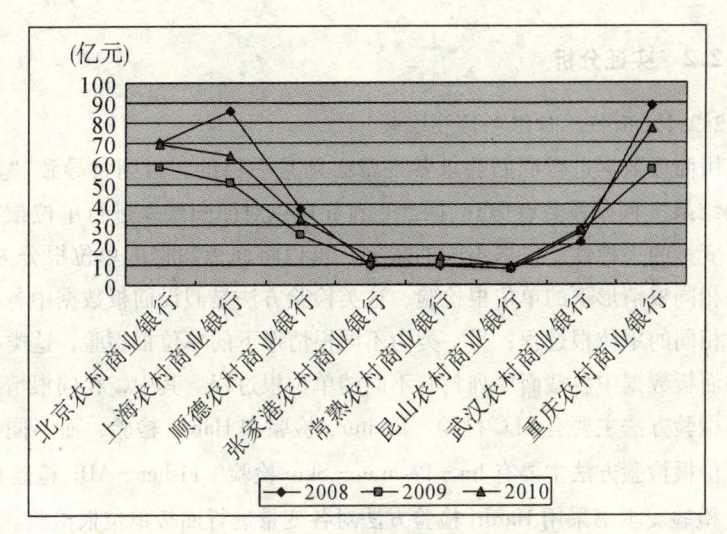

图 6.1 八所农村商业银行经营净收入

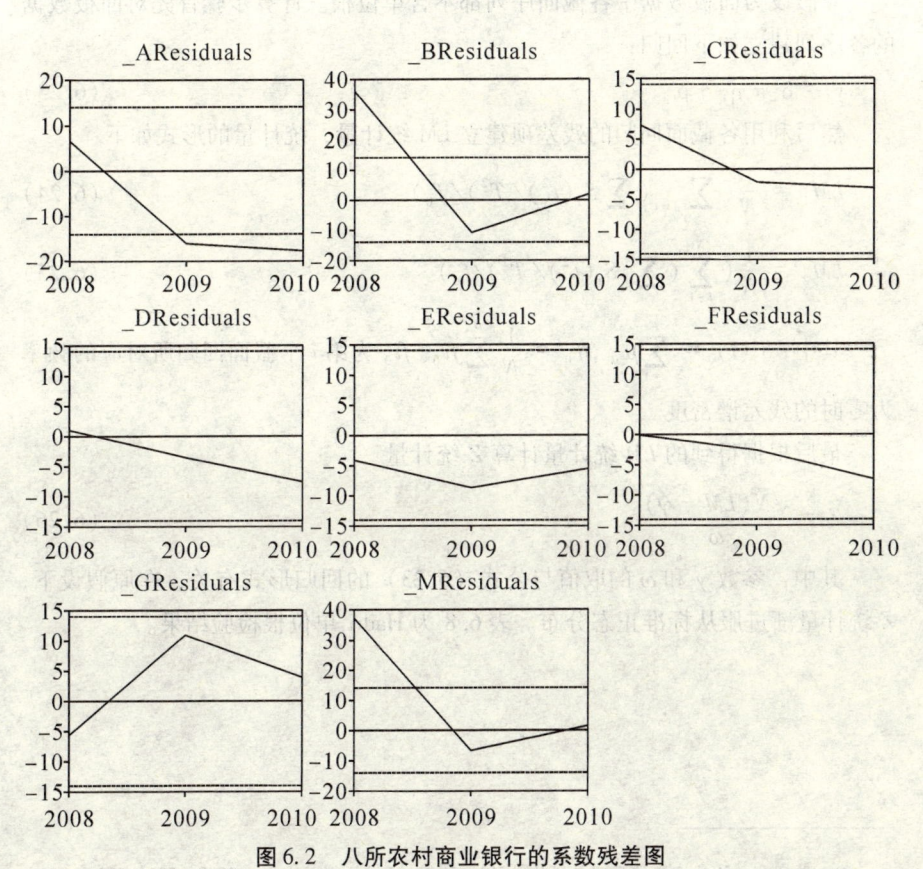

图 6.2 八所农村商业银行的系数残差图

6.2.2 实证分析

6.2.2.1 面板单位根和协整检验[①]

使用面板数据进行回归要求各变量必须是平稳的,否则将导致"虚假回归"的结果(回归系数有偏)。因此,首先可以对回归残差进行单位根检验以判断各变量的平稳性。根据不同的限制,可以将面板数据的单位根分为两类。一类是相同根情形下的单位根检验,这类检验方法是假设面板数据中各截面序列具有相同的单位根过程;另一类为不同根情形下的单位根检验,这类检验方法允许面板数据中各截面序列具有不同的单位根过程。其中,相同根情形下的单位根检验方法主要有 LLC 检验、Breitung 检验和 Hardri 检验,而不同根情形下的单位根检验方法主要有 Im - Pesaran - Skin 检验、Fisher - ADF 检验和 Fisher - PP 检验。本书采用 Hardri 检验方法对各变量进行面板单位根检验。

原假设为面板数据中各截面序列都不含单位根。计算步骤首先对面板数据的各序列建立如下回归:

$$y_{it} = \delta_i + \eta_{it} + \mu_{it} \tag{6.23}$$

然后利用各截面回归的残差项建立 LM 统计量,统计量的形式如下:

$$LM_1 = \frac{1}{N} \left(\sum_{i=1}^{N} \left(\sum_t S_i(t^2)/T^2 \right) / \overline{f_0} \right) \tag{6.24}$$

$$LM_2 = \frac{1}{N} \left(\sum_{i=1}^{N} \left(\sum_t S_i(t^2)/T^2 \right) / f_0 \right) \tag{6.25}$$

其中,$S_i(t) = \sum_{s=1}^{t} \mu_{is}$,$\overline{f_0} = \frac{1}{N} \sum_{i=1}^{N} fi_0$。$fi_0$ 为第 i 个截面回归所对应的频率为零时的残差谱密度。

最后根据得到的 LM 统计量计算 Z 统计量

$$Z = \frac{\sqrt{N}(LM - \gamma)}{\omega} \tag{6.26}$$

其中,参数 γ 和 ω 的取值与公式(6.23)的回归形式有关,在原假设下,Z 统计量渐进服从标准正态分布。表 6.8 为 Hadri 单位根检验结果。

[①] 尹希果. 计量经济学原理与操作 [M]. 重庆:重庆大学出版社,2009:502 - 509.

表6.8　　　　　　　　　Hadri 单位根检验结果

变量	Statistic	Prob. *
经营绩效（NI）	5.956 46	0.000 0
	4.494 36	0.000 0
风险指数（RI）	2.905 28	0.001 8
	4.054 62	0.000 0
总资产（TA）	3.012 93	0.001 3
	2.939 31	0.001 6
资本充足率（CAR）	4.883 74	0.000 0
	5.011 54	0.000 0
不良贷款率（NPLA）	2.652 08	0.004 0
	3.353 51	0.000 4

* 表示在1%显著水平下拒绝原假设。

Hadri 单位根检验结果表明，在1%的显著水平下都拒绝了原假设，说明原变量不存在单位根，可以进行协整检验。

这里采用由 Pedroni 于2004年提出的面板数据协整检验方法，允许截面回归存在异质性截取和趋势系数。可以将模型写为：

$$y_{it} = \alpha_i + \delta_{it} + \beta_{1i}x_{1i,t} + \beta_{2i}x_{2i,t} + \cdots + \beta_{Mi}xM_{i,t} + e_{it} \tag{6.27}$$

其中，$t = 1, \cdots, T$；$i = 1, \cdots, N$；$m = 1, \cdots, M$；假定 y 和 x 都是 $y, x \sim I(1)$。参数 α_i 和 δ_{it} 是个体和趋势效应，如果需要可以假设为零。

原假设为不存在协整关系，残差 $e_{it} \sim I(1)$。一般的方法是对式（6.27）进行估计得到残差，然后对残差进行辅助性回归，表达式为：

$$e_{it} = \rho_i e_{i,t-1} + \mu_{it} \tag{6.28}$$

或者

$$e_{it} = \rho_i e_{i,t-1} + \sum_{j=1}^{pi} \theta_{ij} \Delta e_{i,t} - j + \nu_{it} \tag{6.29}$$

每个截面都这样。Pedroni 提出了多种检验原假设没有协整关系（$\rho_i = 1$）的检验统计量。这里有两种假设：同性质假设，即对于所有截面 i 相同协整关系；异质性假设，即对于所有 i 有不同协整关系。

表6.9　　　　　　　　　Pedroni 协整检验结果①

检验假设	统计量名	统计量值	P 值
$H_0: \rho_i = 1$ $H_1: (\rho_i = \rho) < 1$	Panel v – Statistic	-3.251 449	0.999 4
	Panel rho – Statistic	1.615 829	0.946 9
	Panel PP – Statistic	-6.374 197	0.000 0 *
$H_0: \rho_i = 1$ $H_1: (\rho_i = \rho) < 1$	Group rho – Statistic	3.156 112	0.999 2
	Group PP – Statistic	-6.020 001	0.000 0 *

* 表示在1%显著水平下拒绝原假设。

表6.9 的 Pedroni 协整检验结果表明，农村微型金融机构的风险指数与经营绩效之间还是存在明显的协整关系，因为从5组统计量检验结果来看，有2组通过了检验（Panel PP – Statistic 和 Group PP – Statistic），而且P值都是0.000 0，拒绝了原假设，这也证实了可以进一步进行面板回归检验。

6.2.2.2　面板回归分析

协整检验结果表明变量之间存在长期稳定的均衡关系，模型回归残差是平稳的，排除了"虚假回归"的可能。接着需要对模型的设定形式进行面板回归检验，依据上述数据，我们使用 EViews6.0 软件得出如下结果（见表6.10）：

表6.10　　　　　　　　　面板回归结果

Variable	Coefficient	Std. Error	t – Statistic	Prob.
C	68.078 19	56.020 82	0.215 230	0.089 2
风险指数（RI）	-0.435 179	0.682 111	-0.637 989	0.031 1
总资产（TA）	0.026 292	0.003 542	7.423 363	0.000 0
资本充足率（CAR）	-1.767 913	1.342 979	-1.316 412	0.103 7
不良贷款率（NPLA）	-1.658 302	1.990 005	-0.833 316	0.115 0
R – squared	0.792 183	Mean dependent var		36.719 17
Adjusted R – squared	0.748 432	S. D. dependent var		27.797 18
S. E. of regression	13.942 12	Akaike info criterion		8.290 758

---

① "Panel ADF – Statistic" 和 "Group ADF – Statistic" 没有相应的检验值。

表6.10(续)

Variable	Coefficient	Std. Error	t - Statistic	Prob.
Sum squared resid	3 693.271	Schwarz criterion		8.536 186
Log likelihood	-94.489 09	Hannan - Quinn criter.		8.355 870
F - statistic	18.106 61	Durbin - Watson stat		1.951 874
Prob (F - statistic)	0.000 003			

从表6.10的面板数据回归结果来看，各项的 t 统计量都显著通过了检验，说明各参数的估计值都是显著的；从方程的总体拟和效果来看，拟合优度为 R^2 等于0.792 183，F 统计量的值为18.106 61，$D.W$ 值为1.951 874，说明回归方程拟合得较好。从各变量系数来看，风险指数为 -0.435 179，说明了农村微型金融机构的风险指数与经营绩效之间呈现负相关关系，更精确地讲，就是风险指数每增加一个百分点，经营绩效将下降0.435 179百分点，这一结论说明了农村微型金融机构的经营绩效会随着风险指数的增加而下降；同样，不良贷款率的系数也是负数（为 -1.658 302），这说明了农村微型金融机构的不良贷款率与经营绩效之间呈现负相关关系；资本充足率与经营绩效之间也是呈现负相关关系（系数为 -1.767 913），笔者认为，这可能是因为我国农村微型金融机构的资本充足率过高，造成金融机构资本资源闲置，从而抑制了资本回报水平和盈利能力的提升。只有总资产与经营绩效之间呈现正相关关系（系数为0.026 292），表明微型金融机构总资产的增加有利于经营绩效的逐步提升。

7. 国外微型金融发展的经验与启示

7.1 孟加拉微型金融

孟加拉国是世界上最不发达的国家之一，85%左右的人口生活在农村。资料显示，孟加拉约有49.8%的人口生活在贫困线以下，其中33.4%的人口生活在极端贫困线以下，2011年人均国内生产总值仅有638美元，国民经济主要依靠农业。对于这样一个农业占很大比重的发展中国家来说，加快农业发展速度、增加农业资金支持就显得尤其重要。1976年，诺贝尔奖获得者穆罕默德·尤诺斯（Muhammad Yunus）教授在孟加拉国 Jobra 村创立了小额信贷模式，并于1983年正式成立了乡村银行。目前，孟加拉农村地区的金融机构有三种主体：国有银行和金融发展机构、乡村银行（GB）和各种微观金融组织（MFO）。因国有银行和金融发展机构是农村地区的正规金融机构，而孟加拉国的小额信贷主要是通过非正规金融渠道运行，因而我们将只是分别介绍孟加拉乡村银行模式和微观金融组织两方面。

7.1.1 孟加拉乡村银行

乡村银行虽然称为"银行"，但它不是真正意义上的银行，它最初是由穆罕默德·尤诺斯教授经过考察实践，逐渐发展起来的。1976年，乡村银行首先在孟加拉的 Jobra 村得以创办，1983年当局允许其注册为银行。在此之后的30年间，乡村银行逐渐发展成为组织遍及全国的金融机构，服务于全国64个地区的68 000个村。

1. 乡村银行的组织结构

孟加拉国的乡村银行是典型的层级组织结构，设在首都达卡的总行是第一层次，分布在各地的分行构成第二层次，每个分行下辖10个左右的支行，这些基层组织是第三层次。而借款人也具有"会员—借款小组—乡村中心"的层级组织结构，5个会员构成一个借款小组，6个小组为一个乡村中心，不仅便于管理，也降低了贷款风险。

2. 乡村银行的发展模式

乡村银行的发展，经历了传统模式的第一代乡村银行和称为广义化推广模式的第二代乡村银行两个阶段。乡村银行的传统模式是向客户提供标准化、操作简单、规则明确的金融产品，这种模式的缺点是缺乏灵活性，在客户违约的情况下，缺少可行的补救措施。第二代乡村银行模式旨在为客户提供更为周到的定制化金融服务，取消了小组基金，小组成员之间不再承担连带担保责任，各成员可以一起获得贷款。这种模式削弱了小组的作用，成员间更多是互助关系，并以道德约束来互相督促其按时还款。同时分期还款方式更加灵活，每次还款额度不等，期限也可以变化，借款人还可以提前偿还所有贷款，如果发生违约，经过借贷双方协商可以将贷款调整为"灵活贷款"。

乡村银行的传统模式是向客户提供标准化的、操作简单、规则明确的金融产品，而这一模式的缺点是缺乏灵活性，在客户出现违约的情况下，缺乏可行的补救措施，具体表现在以下几个方面：第一，乡村银行的传统模式实行团体贷款（Group Lending）制度，小组成员之间负有连带担保责任。小组贷款一般采用"2+2+1"的贷款次序，即优先贷款给5人小组中最贫穷的两人，然后贷给另外两人，最后贷给小组长。小组每星期要和同属本中心的其他小组一起，召开一次"中心会议"。小组成员之间要互相帮助和监督，因为如果有一个成员发生违约，则整个小组就失去了借款资格。成员每周存入一个"达卡"的存款作为小组风险准备金；第二，乡村银行面向小组提供的贷款期限一般为一年，要求分期等额还款，即实行"整借零还"制度，并且借款人不被允许一次性提前还清贷款（表7.1为1976—2011年孟加拉乡村银行的贷款总额）；第三，贷款以妇女为主要对象；第四，乡村银行通过乡村中心的定期会议保持业务过程的透明度。乡村中心在会议上集中进行放款、还贷和集体培训，以便于成员之间互相监督，并营造团队精神。

表7.1　　1976—2011年孟加拉乡村银行的贷款总额　　单位：百万美元

年份	贷款额	年份	贷款额	年份	贷款额	年份	贷款额
1976	0.001	1985	38.33	1994	1 072.77	2003	3 986.46
1977	0.006	1986	56.51	1995	1 405.94	2004	4 416.82
1978	0.026	1987	83.04	1996	1 691.74	2005	5 025.61

表7.1(续)

年份	贷款额	年份	贷款额	年份	贷款额	年份	贷款额
1979	0.21	1988	124.16	1997	2 062.96	2006	5 954.02
1980	1.31	1989	179.35	1998	2 471.61	2007	6 685.51
1981	3.37	1990	248.08	1999	2 792	2008	7 591.32
1982	9.63	1991	322.43	2000	3 060.44	2009	8 741.86
1983	194.95	1992	459.37	2001	3 347.98	2010	10 124.64
1984	21.83	1993	725.39	2002	3 620.5	2011	—

资料来源：http://www.grameen-info.org。

第二代乡村银行模式克服了传统模式缺乏灵活性的缺点，旨在为客户提供量身定做的更为周到的金融服务。首先，在第二代乡村银行模式之下，小组成员之间不再承担连带担保责任，小组成员也可以一起得到贷款，而不用遵循先前的"2+2+1"的贷款顺序了。第二代乡村银行模式的业务基础，事实上已经从联保小组转移到了会员个人。小组的作用减弱了，成员之间更多是互相帮助，并以道德约束来互相督促其按时还款；其次，贷款具有较灵活的期限，分期还款计划可以灵活处理，每次还款额度不等，期限也可以变化（根据不同金额还款期限在3~36个月，而不是第一代的12个月之内①），借款人可以提前偿还所有贷款；再次，在发生违约的情况下，可以在借贷双方协商的基础上将贷款调整为"灵活贷款"；最后，第二代乡村银行取消了小组基金。

3. 乡村银行的资金来源

早期乡村银行的资金来源主要是孟加拉政府的低息贷款以及国际援助。20世纪90年代中期之后，随着乡村银行运作的逐步顺畅，自身的力量在渐渐增强，如成员储蓄、成立相关基金，甚至自己还可以发行债券筹资，资金的来源渠道更为广泛（见表7.2）。

表7.2 　　　　孟加拉小额信贷借款的资金来源组成　　　　单位:%

组成部分	1996	1997	1998	1999	2000	2001	2002
成员储蓄	26.5	17.1	22.6	27.4	27.6	26.2	29.6
PKSF②	11.8	17.1	23.2	26.0	24.0	24.6	24.2

① DAVID HULME1. The story of the grameen bank: from subsidised microcredit to market-based microfinance [J]. BWPI Working Paper, 2008, 60: 1-10.
② PKSF是一个全国性的批发金融机构，由包括捐赠基金在内的许多资金提供者共同组成。

表7.2(续)

组成部分	1996	1997	1998	1999	2000	2001	2002
捐赠	58.8	34.2	28.0	20.6	20.4	18.9	16.6
利息收入	0.0	15.4	13.4	13.5	17.2	17.7	18.9
商业银行	2.9	16.2	12.8	12.6	10.8	12.6	10.7

资料来源：张亮亮《中国农村小额信贷业务拓展：观照孟加拉》，改革：2008年第5期。

可以说，孟加拉乡村银行作为全球范围内小额信贷的先驱，在扶贫开发方面取得了令世人瞩目的辉煌成就。截至2011年10月，孟加拉乡村银行业务已经覆盖了孟加拉全国64个县中60个县的81 379个乡村，共有2 565个分支机构，借款人已高达834.9万人，其中97%为女性。同时，孟加拉乡村银行被誉为全世界效益最好的扶贫模式，并且还款率高达98.89%[①]。

7.1.2 孟加拉微型金融组织[②]

微型金融组织是向低收入人提供包括信贷、存款、保险等金融服务的金融组织，尤指向穷人提供小规模贷款以便其开展生意的机构。它出现于20世纪70年代，到90年代微型金融组织经过理论论证和实际经验积累后，逐渐发展成熟，主要的有乡村银行、孟加拉乡村进步委员会（Bangladesh Rural Advancement Committee，BRAC）[③]和社会进步协会（Association of Social Advancement，ASA）[④]。

微型金融组织贷款是一种民间自发的金融安排形式，其特点是贷款规模很小，期限很短，基本是流动资本借贷，并采用循环贷款的方式激励借款人及时还款，制订还款时间表，定期还一部分欠款，保持了对借款人的紧密联系和近况追踪；贷款利率比较高，通常高于一般放贷人的利率水平，保证实际利率为正。信贷管理员效率很高，平均每个信贷员要管理75~100个贷款小组，或者200~500名个体借款人。微型金融组织用小组成员之间的相互约束和监督作为还款保证，不要求有抵押物；放贷决策权下放给信贷管理员，借款程序比较

[①] http://www.grameen-info.org。
[②] 赵昕. 亚洲各国农村金融模式 [J]. 银行家，2006 (1)：114-117；MOHAMMAD SHAMSUDDOHA, A. S. M. S. AZAD. Assessing Impact of Microfinance on Poverty Alleviation - Bangladesh Perspective [J]. Working Paper Series, 2004: 1-9.
[③] 成立于1974年，目前已向2.8万人提供了贷款。
[④] 成立于1991年，目前已向1.1万人提供了贷款。

简单、方便，还款率很高，在95%以上。其中，最高的ASA金融机构还款率高达99.93%。从整体来说，微型金融组织的灵活性很强，可以根据其成员的需求迅速转变服务类型。不同的微型金融组织规模相差也很大。

据估计，在孟加拉大约有1 000多家微型金融组织，它们均提供贷款。其中一些吸纳存款，还有一些提供非金融服务。放款大多采取乡村银行的小组贷款方式。微型金融组织提供贷款的利率较高，至少其在扣除通胀率后实际利率为正，能够弥补所承担的风险。在存款动员方面，微型金融组织并不积极动员会员主动将富余资金存入组织。乡村银行的客户将存款看作是借款的一项额外费用，而微型金融组织大多不吸收存款。对380家微型金融组织的调查显示，会员总存款量只占总资金的16%。

7.2 印度尼西亚微型金融

印度尼西亚（以下简称"印尼"）目前总人口约为2.2亿人，其中贫困人口数量众多，截至2007年底共有3 417万人处于贫困之中。印尼的农村金融体系以印尼人民银行（Bank Rakyat Indonesia，BRI）为中心，它成立于1895年，为印尼五大国有银行之一，是一家为政府所有并面向农村的专业银行。1945年独立时，印尼经济基础薄弱，结构不合理，生产技术较落后。1969年，印尼政府为了鼓励水稻生产者使用化肥等现代生产投入品，在村一级成立了人民银行营业所，为化肥等投入品的使用者提供贴息贷款。在1969—1983年期间，村营业所主要作为上级银行的代理机构，没有独立的经营权，贷款对象也是由政府的农业推广人员选定的。尽管农业推广计划取得了巨大的成功，水稻单产提高了三倍，但信贷项目回收率低，亏损严重。

1984年BRI在内部建立农村银行，成为BRI内部的独立盈利性中心。1984年BRI存款客户数量为400多万户，2006年增加到3 000多万户，1987年贷款客户数为130万户，2006年增加到近350万户。1996年[①] BRI拥有3 595个分支机构，贷款总量达17.4亿美元，在印尼整体市场中占有率为14%。表7.3反映了1984—1996年BRI乡村信贷部普通农贷的增长情况，贷款笔数和贷款余额都呈现不同程度的增加。2003年11月，BRI在印尼上市，

---

① R. MARISOL RAVICZ. Searching for sustainable microfinance：a review of five indonesian initiatives [J]. Development Economics Research Group，1998：1-90.

并同时在美国证券柜台交易市场（OTC）挂牌交易，被《亚洲货币》评为当年最佳上市公司。2003 年以来，BRI 的资产回报率、股本回报率超过商业银行的平均水平，分别达到 2.7% 和 38%。到 2004 年，BRI 已经向 125 000 个农户小组的 120 万农户发放了贷款。有资料显示，得到资助的农户收入增加了 41%~54%。2006 年，BRI 资产回报率为 6.88%，股本回报率为 129.96%，经营自给率为 145.29%，利润率为 31.17%[①]。

表 7.3　　1984—1996 年 BRI 乡村信贷部普通农贷的增长情况

年份	贷款笔数（千笔）	贷款余额（10 印尼盾）	贷款余额（百万美元）	12 个月亏损率（%）
1984	639.4	111.1	110.5	0.98
1985	1 034.5	229.0	217.5	1.84
1986	1 231.7	334.3	299.8	2.65
1987	1 314.8	429.6	352.3	2.99
1988	1 386.0	542.3	412.0	4.55
1989	1 644.0	846.5	604.9	2.28
1990	1 893.1	1 381.8	915.9	2.01
1991	1 897.3	1 455.7	882.1	4.86
1992	1 831.7	1 648.5	928.9	5.14
1993	1 897.2	1 957.4	1 005.6	2.15
1994	2 053.9	2 485.1	1 163.8	0.69
1995	2 263.8	3 191.2	1 383.0	1.09
1996	2 488.1	4 076.2	1 636.8	1.59

资料来源：张伟《微型金融理论研究》，中国金融出版社，2011 年版：表 2-2。

其次，受 1997 年亚洲金融危机影响，印尼 9 家即将破产倒闭的银行经过了硬性简单组合，2003 年淡马锡公司通过收购其股权的 51%，成立了印尼金融银行（Danamon Simpan Pinjam，DSP）。目前在印尼拥有专营小额存贷的分支机构超过 700 家，员工 7 000 人，客户达到 31 万。2004 年至 2007 年，其总收益增长 1 倍，税前利润增长 1 倍，成为印尼资产规模排名第五、贷款规模排

[①]　张伟. 微型金融理论研究 [M]. 北京：中国金融出版社，2011：27.

名第五、利润排名第四、资本回报率排名第三的银行，新加坡淡马锡持股比例增至68%。截至2007年底，淡马锡实现印尼摩托车融资市场占有率15%，微型银行市场占有率7%，中小企业占有率8%，整体市场占有率7%。2004年至2007年，淡马锡的整体市场占有率由3%上升至7%。目前印尼整体市场占有率排名第一的是印尼人民银行BRI，2007年市场占有率14%，这是一家有百年历史的银行，开展微型金融服务30年，近7~8年来市场占有率一直在14%左右。

淡马锡模式成功的关键因素主要是：第一，向重点目标客户提供适合他们需求的金融产品。淡马锡贷款产品的重点客户是占印尼小型企业约20%的市场小规模贸易者。淡马锡提供两种产品Dana Pinjam 50（最大为5 000万卢比的贷款）和Dana Pinjam 200（最大为2亿卢比的贷款），迄今为止在淡马锡总的未偿贷款中两种产品相当，并在客户两公里范围内建立支行以确保其方便。第二，淡马锡通过与客户密切联系、有效执行来解决信息不对称。淡马锡员工每天都会去客户工作的地方进行拜访以收集信息、办理放款和偿还贷款，在执行上体现为简单（贷款申请流程简便、无纸化电子信息现金交易、指纹身份识别系统）、快速（三天内拨划所有款项）和方便（分行设立在社区集市中间、使用电子数据采集系统EDC收付款项）。第三，使用信息技术来提高客户便利程度并加强对其产品组合的内部监管。所有信贷人员使用电子数据采集机快速并准确地记录偿还情况。每天信息下载到银行支行电脑上，上传到淡马锡总部，为高级经理提供相关组织绩效的实时信息。第四，受益于Danamon银行的存款资产，可以专注于贷款组合业务，且无需动员大量储蓄，从而降低了间接营业成本。①

7.3　印度微型金融

7.3.1　印度微型金融体系

印度是一个农业大国，到2011年为止，其人口有12.10亿，而生活在农村地区的人口就占到了总人口的70%，2009年贫困人口估计有3.5亿。近几年来，印度经济发展速度显著提高，2003—2007年国内生产总值增长率都保

---

① 《印尼、印度微型金融服务模式及对我国的启示》，http://bbs.p5w.net/home.php?mod=space&uid=381675&do=blog&id=75371。

持在 8% 以上，人均国内生产总值也在不断上升，但失业率较高。此外，印度经济发展的一个显著特点，就是农业在国民经济中占重要的地位，并决定着整个国民经济的增长速度。表 7.4 显示了 2003 年印度农业占比为 21.5%，到了 2007 年比例依然高达 18.5%；相对来讲，服务业在印度显得异常不发达，在国内生产总值中所占比例一直在 10% 以下。

表 7.4　　　　　2003—2007 年印度宏观经济指标运行情况

	2003	2004	2005	2006	2007
国内生产总值（亿美元）	6 018	6 959	8 088	8 996	1 071
国内生产总值增长率（%）	8.4	8.3	9.2	9.2	8.4
人均国内生产总值（美元）	562.1	640.1	733.0	804.9	946.1
通货膨胀率（%）	5.4	6.4	4.0	5.7	4.5
失业率（%）	8.8	9.5	9.2	8.9	7.8
农业占比（%）	21.5	21.7	20.2	19.7	18.5
工业占比（%）	19.9	19.4	19.6	19.4	19.7
服务业占比（%）	8.8	9.5	9.2	8.9	7.8

资料来源：《INDIA：MICROFINANCE AND FINANCIAL SECTOR DIAGNOSTIC STUDY》，FINAL REPORT，2008。

1. 农村综合发展项目（IRDP）

印度政府于 1979 年选择了 2 300 个社区开展农村综合发展项目，并于 1980 年 10 月将其扩展到所有社区。农村综合发展项目的目标在于促进自我就业，方法是向贫困家庭提供银行软（贴息）贷款，以增加它们的生产性资产，贷款补贴可以高达 50%。到 1998 年 11 月，借贷者数量达到 5 380 万，但使贫困农户脱贫的只达到收益者的 16%～18%。还贷率也差强人意，只达到 25%～33%，致使贷款资金萎缩。后果是加深了银行的固有观念：穷人是不值得信赖的。[①]

2. 农业和农村发展银行（National Bank for Agricultural and Rural Development，NABARD）

1982 年，印度借鉴印尼模式由印度国家农业和农村发展银行进行了试点，并于 1996 年在全国推广，《国家农业农村发展银行法案》的序言中指出"提

---

① 杜晓山. 印度小额信贷的发展及借鉴 [J]. 现代经济探讨，2005 (5)：37 - 41.

供和管理信贷及其他政策,促进发展农业、小规模产业、农业产业、工艺品和其他农村工艺品以及有关的农村经济活动,并最终实现农村综合发展和繁荣农村的事业"。① 到 2007 年,农业和农村发展银行共有资产 371.1 亿美元,其使命是到 2008 年使 2 000 万贫困家庭或全国贫困群体的 1/3 获得小额信贷服务。现在它主要是在南部的 2 个邦开展银行和自助小组连接项目,占全国自助小组的 60%。

3. 自助团体(Self-Help Group,SHG)

印度小额信贷的发展主要是以自助团体为基础的联系银行计划(Linkage Banking Programme,LBP)所推动。SHG 由 10~20 个穷人组成,不需要注册登记,1 户只能有 1 个人参加,成员有相似的社会和经济背景,也面临相似的困难,通过小组的形式可以互相帮助。SHG 的经费来源主要由四个部分组成:村民自发筹集(1%)、银行资助(17%)、非政府组织(30%)和政府部门(52%)②。SHG 成员所获得的小额贷款,可以是生产性的,也可以是非生产性的。

4. 非政府组织(Non Government Organizations,NGOs)

目前在印度有 2 000 多家微型金融机构,大部分的印度微型金融机构属于非政府组织。由于对微型金融的巨大需求,很多规模比较大的印度微型金融机构的业务规模以每年 150% 的速度增长,2006 年银行对印度微型金融机构的融资增长率也达到了 50%。目前,70% 的小额信贷发生在经济相对发达的四个南部省份。印度微型金融机构的坏账率不到 2%③。非政府组织的主要功能有:将穷人组成团体;培养穷人的组织能力、管理能力和理财能力;帮助他们与正规金融机构获得更多的联系及贷款;帮助他们抓住机会促进经济发展;帮助穷人培养独立解决问题的能力④。

---

① N. TEJMANI SINGH. Microfinance practices in India: an overview [J]. International Review of Business Research Papers, 2009, 5 (5): 131-146.

② RAJESH CHAKRABARTI. The indian microfinance experience - accomplishments and challenges [J]. Working Paper Series, 2005: 1-21.

③ 赵冬青,李子奈,刘玲玲. 印度微型金融对我国农村金融发展的启示 [J]. 金融理论与实践, 2008 (6): 98-101.

④ N. TEJMANI SINGH. Micro Finance Practices In India: An Overview [J]. International Review of Business Research Papers, 2009, 5 (5): 131-146.

7.3.2 印度微型金融机构灾害风险管理[①]

印度位于亚洲南部，是南亚次大陆最大的国家，东南沿海地区常受热带风暴袭击、易遭水灾。据估计，可能受到自然灾害影响的土地面积中的54%的土地易受地震灾害影响、8%的土地易受龙卷风灾害影响、5%的土地易受洪水灾害影响。为减少自然灾害对当地贫困群体的不利影响、降低印度微型金融机构的流动性风险并维持贷款组合的完整性，印度微型金融机构非常重视对自然灾害的风险管理，并形成了一套与本国国情紧密结合的自然灾害风险管理系统，该系统在印度微型金融机构的具体经营过程中取得了良好的效果。

1. 事前安排

（1）内部安排：①高素质人力资源。印度微型金融机构一般在管理层面上建立具有丰富经验的灾后干预领导团队，及时地对自然灾害风险做出有效反应。该领导团队通常在印度微型金融机构内部建立自然灾害转移基金或自然灾害转移策略，研究并执行有效的灾后再融资运行机制。②完善的管理信息系统。通过充分地运用管理信息系统，印度微型金融机构的监管系统和高素质员工能够有效地规划出一系列自然灾害应对策略。③合理的财务管理系统。在正常时期，印度微型金融机构通常对内部资金、用于满足即时需求的可获得性现金储备，如扶贫贷款、应急贷款以及再融资策略中的可获得性潜在资金需求具有丰富的财务管理经验和账户管理经验。④良好的机构管理体制。在自然灾害发生之后，印度微型金融机构总部一般会缩减分支机构层面上的业务操作，而印度微型金融机构的分支机构通常已经具备了明确的自然灾害应对策略、管理能力和决策灵活性。⑤优质客户。印度微型金融机构普遍拥有纪录良好的长期客户。优质客户不仅有利于为小组贷款客户树立信心，而且在实际运作中还可以避免大量违约和缺乏信心的情况发生。

（2）外部安排。印度微型金融机构通常运用两种方式进行事前的外部安排：①与外部专业机构建立合作关系，共同进行自然灾害风险管理；②通过捐赠组织和微型金融网络机构作为跟踪、传播自然灾害预警信息的渠道。此外，后一种方式还可以考虑将印度微型金融机构与捐赠组织、救援组织联系起来，开展与商业银行或捐赠者的循环信贷，共同应对自然灾害风险所导致的一系列

[①] 罗建华，申韬. 印度微型金融机构（MFIs）灾害风险管理经验与启示 [J]. 东南亚纵横，2009（7）：80-84；JAYASHEELA1, DINESHA P. T, V. BASIL HANS. Financial inclusion and microfinance in India: an overview [J]. Working Paper Series, 2008: 1-20.

影响。通过与外部专业机构的交流合作，印度微型金融机构不仅获得了为客户提供更优质服务的重要机会，而且能够在灾后不丧失金融服务最终目标的前提下，获得可持续性的稳定发展。

2. 事后处置

（1）贷款重新安排。灾后的贷款重新安排容易使印度微型金融机构受到客户不满的影响，降低客户对机构的长期忠诚度，阻碍印度微型金融机构的可持续性发展。在自然灾害发生之后，印度微型金融机构一般面临两个选择：贷款取消和贷款重新安排。客户贷款的重新安排可以帮助印度微型金融机构避免贷款组合损失和贷款违约，并保证处于灾情最严重地区的任何现金流均保留于客户之中。在自然灾害发生之后，该操作能够树立客户对印度微型金融机构的信心和忠诚度。在实际运作中，绝大部分印度微型金融机构都倾向于贷款重新安排，从而保证更好地偿还贷款，而不是发展新的客户关系。

（2）避免贷款取消。印度微型金融机构的贷款取消通常是取消利息偿付和未偿余额，这种安排对受灾严重的客户具有显著的帮助效果，但是却严重地影响着未来贷款的偿还。无论何种类型的自然灾害，贷款取消通常都不被推荐采用，因为该项操作不仅会影响微型金融机构的当期收益和当期成本，同时还会对印度微型金融机构长期以来在当地培育的信贷文化产生不利影响。

（3）产品修改。产品修改安排一方面鼓励了客户在具有偿还能力时及时偿还贷款本息，另一方面又增加了新贷款的发放。

（4）建立自然灾害贷款基金（DLFs）。在自然灾害发生后，客户不仅要面对受破坏的健康生存环境，而且还可能因资产遭受到严重损失而丧失赖以生存的收入来源。为了解决该问题，印度微型金融机构和不同国家的捐赠者合作开发或建立了自然灾害贷款基金，该基金通常由捐赠者捐赠以应对自然灾害的不利影响。当自然灾害风险发生时，该基金的资金可以转入印度微型金融机构，对受到自然灾害影响的客户提供贷款，使他们能够从自然灾害的不利影响中逐步恢复。

（5）小额保险。自然灾害风险将显著地增加印度微型金融机构的贷款组合风险，因此，印度微型金融机构的最佳选择是作为客户与信誉良好保险公司之间的桥梁，实施小额保险计划，共同承担风险。

（6）强化组合管理系统。贷款组合分析可以帮助印度微型金融机构确保客户能够及时偿还自身贷款，使他们即使在比较困难的情况下也能够具有执行债务的较好条件。同时，较高水平的贷款组合质量、获得准确的贷款组合信息同样可以确保印度微型金融机构在灾后具有更强大的适应性。在自然灾害发生之后，确保灾后印度微型金融机构的运作，维持监督和管理贷款组合的能力显得更为重要。

7.4 玻利维亚微型金融

7.4.1 玻利维亚阳光银行的业绩

玻利维亚是拉丁美洲第六大国，国土面积109.8万平方公里，2010年人口为1 043万，人均国内生产总值为1 973美元，是拉丁美洲最贫穷的国家之一。2000年玻利维亚的贫困人口占51%，2009年12月已经下降到35%。玻利维亚是世界上微型金融业非常发达的国家，其中，阳光银行（BancoSol）是成功实现商业化运作的微型金融机构的代表。阳光银行成立于1992年，是一种由非政府组织项目成功转制为专门从事小额信贷业务的私人商业银行模式，其前身是1987年成立的非盈利性组织（PRODEM）。到1991年底，PRODEM组织已有2.2万个客户，贷款余额为450万美元，拖欠率几乎为零。

1992年，经玻利维亚银行和金融实体监管处的批准，PRODEM另成立了一家私人商业银行——阳光银行，接管了其在城市地区的业务，这就是后来的阳光银行。PRODEM自身的业务重点则转向农村，并继续保留非政府组织的身份。阳光银行的贷款是每两周或每周进行一次，贷款的年利率为46%，美元贷款的年利率为27%，使其不依赖补贴也可实现财务上的可持续。为了实现持续发展，阳光银行内部还发生了较大的调整和变化。从1994年起，它取消了为防止违约的强制储蓄，个人储蓄存款的最低限额为20美元。第一次贷款100美元的限额虽然在法令上得以保持，但实际其平均的初始贷款的金额为500美元。对过去的联合担保小组中有良好还款记录的个人可以发放10万美元以下的个人贷款，但超过5 000美元的贷款则需要抵押。住房和助学贷款的期限延长，最长可达2年。低收入客户已经达到81 503户，这占到玻利维亚整个银行系统客户数的40%，贷款余额达到7 400万美元，而到了2006年这些数据已经上升到了103 786人和16 400万美元，这充分表明了阳光银行在玻利维亚整个银行系统中的重要作用。目前，阳光银行是玻利维亚最大的微型金融机构，在2004—2006年中被评为最佳银行，并在银行监管机构的CAMEL评级

（信用评级）中，被认定为玻利维亚运营最好的银行（见表7.5）[①]。

表7.5　阳光银行和拉美其他商业化小额信贷机构的金融业绩比较

	玻利维亚阳光银行	巴拉圭Vision金融公司	乌拉圭Fucac信贷联盟	哥伦比亚WWB-Cali非政府组织
贷款业务总量（百万美元）	64	19	19	6
客户数量（千户）	76.2	12.1	10.4	10.9
平均贷款额度（美元/笔）	828	1 563	1 868	539
分支机构数量	34	14	2	5
资产收益率（%）	3	3	6	5
股本收益率（%）	23	19	52	14
组合收益率（%）	33	43	49	46
操作费用占平均贷款额度比（%）	18	18	10	15
每位信贷员负责的客户数（人）	416	205	2 072	407
每位信贷员负责的业务量（千美元）	349	320	3 871	219

资料来源：谢欣《玻利维亚阳光银行的草尖金融》，银行家，2008（6）：第110-113页。

与此同时，阳光银行的盈利能力也越来越强。2006年，阳光银行的净利润达到467万美元，净运营利润为294万美元，从1994年开始该银行就已经不再依赖捐赠资金，实现了财务上的独立和自给自足。1992年刚刚实行商业化运作的时候，阳光银行的资产回报率仅为-3.7%，股东权益回报率仅为-8.5%，到了1998年底，玻利维亚阳光银行的股权回报率接近30%，资产回报率达4.5%，而2005和2006年阳光银行的资产回报率则达到了2.73%和

---

① 谢欣.玻利维亚阳光银行的草尖金融［J］.银行家，2008（6）：110-113.

2.4%，权益回报率达到23.66%和24.5%①，商业化运作成功保证了机构的可持续性。

7.4.2 玻利维亚阳光银行的机制设计②

1. 小额信贷的商业化转型

在为贫困和低收入群体提供贷款时，信息不对称现象严重且交易费用过高，因此低利率很难使收益覆盖成本而造成较为普遍的财务不可持续问题。玻利维亚阳光银行则通过高利率（47.5% ~ 50.5%）的贷款来解决问题，主要贷款对象是城镇的微型企业及"非正规经济部门"，其首要关注的是银行业务而不是社会服务，被批准后即可以用十分简单的手续办理小额贷款，其无担保贷款也不必纳入高风险资产的管理。阳光银行由国家银行监管部监管，其资本金和报告制度与传统商业银行相似，虽然其只持有玻利维亚银行系统1%的资产，但却为这个系统全部借款客户的1/3以上提供服务。

2. 小组贷款机制

玻利维亚阳光银行采用小组贷款机制，要求3~8人组成小组，小组成员可以同时获得贷款，任何成员的贷款拖欠都将使整个小组丧失获得贷款的权利。贷款期限为4~12个月，相比BRI模式的期限较短，此外，贷款数额会随着借款人证明自己有良好还款能力后不断提高。这种小组联保的机制（成员间负有连带责任）对于违约问题存在一个特殊的"风险扩散机制"，即如果一个成员违约，所有成员都会失去借款的机会。这种连带责任不仅缓解了成员的逆向选择和道德风险问题，还降低了风险和成本。这种风险分散机制的成功已经被无数的小额信贷模式所验证。

3. 动态激励机制

团体贷款模式也存在着重大缺陷，无法防止成员集体违约（合谋都不还款）这一类道德风险。不过在实践中含动态激励机制的小组贷款可以有效地缓解这个问题。阳光银行也采用此种方法来化解这类道德风险，其贷款数额会随着借款人证明自己有良好还款能力后才不断提高。对于小组成员来说任何人违约使其失去以后贷款的成本将远高于其在以后贷款中所获收益，在此前提下的相互监督使违约合谋很难达成，因此集体违约的发生率也几乎为零。

---

① 赵冬青，王康康. 微型金融机构如何实现商业化运作——玻利维亚阳光银行的经验介绍 [J]. 中国农村金融，2010（2）：91-93.

② 谢欣. 玻利维亚阳光银行的草尖金融 [J]. 银行家，2008（6）：110-113.

4. 灵活的贷款偿还机制

阳光银行是根据借款人的人品和现金流量对借款人授信，贷款金额微小、利率高、期限短，每周或隔周分期偿还。这种分期还款机制一方面可以降低信贷风险并获得充足现金保持健康的财务状况，另一方面还具有早期预警功能，可以提早发现具有较大潜在风险的贷款。

5. 完善的监督与管理机制

作为具有商业银行特征的非政府组织，玻利维亚阳光银行将银行业的现代公司治理机制也发挥得淋漓尽致，在成本收益符合其经营目标的前提下，一个具有生命力、可持续发展的银行是善于利用先进的管理和监督机制的银行。

7.5　国外微型金融对我国的启示

十六届五中全会上正式提出了要"建设社会主义新农村"，这无疑将对我国"三农"的发展带来新的契机。据银监会官员披露，到2020年，社会主义新农村建设需要新增资金15万亿~20万亿人民币，而实际支农资金按照8%的年均增长率计算，只能提供10万亿人民币左右。由此可见，在未来，农村金融将会在推进新农村建设的进程中发挥极其关键的作用。我国微型金融的发展虽然已历经20多年，但仍然缺乏国际视野的比较分析，这将可能导致我们的改革措施失去一定的航标。尽管以上四国国情不同，措施各异，但也存在许多共性和相通的经验，学习并加以借鉴这些经验对保持我国农村微型金融机构健康持续发展必将起到一定积极的作用。

（1）政府资金的大力支持。近年来农村改革一直在稳步推进，农业整体实力进一步增强。但总体上看，农村经济因各方面桎梏因素的存在，其发展潜力还没有真正被调动起来。农业和农村经济存在着许多先天性不足，其发展需要政府予以大力支持，这一点在国外的实践中也得以证明。印度储备银行（Reserve Bank of India，RBI）是印度中央银行，可为各种农村微型金融机构的运行提供多种资金的支持和政策援助。根据NABARD官员的介绍，约有150~200个微型金融机构可以获得银行的资金。印度储备银行从1991年开始采取措施，通过SHG银行关联项目推动农村贫困人口获得银行部门的金融服务。正因如此，2007年印度农村银行已多达14 739个，储蓄额1 790亿美元，对农贷款930亿美元，有效地支持了农村事业的发展。

（2）建立了良好的组织结构和体制。农村微型金融机构必须建立完善的监管体制，运用现代企业制度降低经营风险。为应对1998年金融风险，印尼人民银行分成三个部门：一是法人业务部，负责30万美元以上的大额贷款；二是零售业务部，有323个分支机构提供储蓄服务、额度为2 500美元至30万美元之间的商业贷款以及贴息贷款项目；三是小额贷款业务部，下设地区办公室、分行和村银行。截至2004年9月，印尼人民银行共有13个地区办公室，13个地方审计办公室，324个分支，163个次级分支和4 046个村级银行，遍及印度尼西亚全国。在2003年实行股份制改革之前，印尼人民银行的主管部门是印尼的财政部和中央银行，银行董事会直接向财政部负责，同时受中央银行监督。其村级银行是基本经营单位，实行独立核算。尽管要受上级部门规章制度的制约，但村银行能自主决定贷款数量、期限和抵押，同时要尽力增加储蓄和保证贷款的收回。每个基层银行负责管理10个左右的村银行。基层银行经理有权解释上级的各种规章制度，决定每个村银行能自主决定的最高贷款限额，其监督和管理费用由村银行负担[①]。

（3）完善的市场运行机制。在金融市场中存在众多的资金供给者和需求者，良好的市场运行机制可以节约交易成本，反映资金流向，使资源得到最佳配置。完善的金融市场运行机制需要遵循市场规律，在法律许可范围内给予借贷双方充分的自由和权利，并建立个人信用制度以控制金融风险。1976年尤诺斯教授拿出27美元，以无担保贷款的形式借给了42个农村女性，她们获得了销售竹凳的全部利润，由此摆脱了贫困，很快就把钱还给了尤努斯。后来，乡村银行鼓励贷款人利用自身优势开展生产经营活动，对贷款用途不作限制，同时依靠小组成员的互相监督实现了高达97%的还款率。阳光银行通过小组贷款机制、动态激励机制、灵活的贷款偿还机制和完善的监管机制实现了小额贷款业务的可持续发展，这都是可供中国农村微型金融机构借鉴的良好模式。[②]

（4）有效控制贷款风险。由于道德风险的存在，金融机构贷款风险是必然存在的。贷款风险度越大，说明贷款本息按期收回的可能性越小，贷款风险度越小，说明贷款本息按期收回的可能性越大。因此，如何更好地降低风险从而保证金融机构稳健运行，是相关人员不断深思的重要话题。在实践中，玻利维亚微型金融机构分别建立了小组贷款机制、动态激励机制、灵活的贷款偿还

---

① 汪三贵,李莹星.印尼小额信贷的商业运作[J].银行家,2006(3):110-113.
② 周才云.我国"三农"发展中的金融支持研究[D].江西:江西财经大学博士论文,2009.

机制和完善的监督与管理机制。如果借款人在后续的还款过程中表现良好,那就可能得到反复的信贷服务;如果拖欠贷款,再获得贷款的可能性就随之降低。所以,我国的小型金融组织在贷款中要构建良好的征信体系,定期评定农户的信用等级,可以采用分期还款的形式,逐步降低金融机构贷款风险。

(5) 充分发挥协会的作用。协会是一种非政府性质的组织,是当今社会中重要的社会组织形式,在现代经济社会中发挥着越来越重要的作用。从以上四个国家的经验来看,基层农协在提高农民的组织化程度、促进农村社会经济发展和社会稳定方面都起到了非常重要的补充作用。然而,协会的发展需要各方面的互相支持与配合,需要充分调动会员的积极性,引导他们投身到发展生产、发展经济的潮流中。十一届三中全会以后,家庭联产承包责任制的实施,极大地调动了广大农民生产的积极性,农村经济日益繁荣,农民收入显著提高。事实上,如果能够有效地将分散化的农户组合起来,形成一个相互促进、协同发展、共同致富的有机整体,形成各具特色的农业发展协会,这将必然会在一定程度上增强农民之间的互助合作、降低生产成本和风险,可以更有效地将科学技术运用于生产,从而实现规模经营。同时,农协组织的出现,将以强大的凝聚力和吸引力有效组织农民整体进入市场,使农村不同利益主体的资金、技术、人才和土地等生产要素按市场要求进行合理配置、优化组合,从而可以最终实现农业的可持续发展。[①]

(6) 采用有差别的利率政策。利率作为调节经济的重要杠杆,应当具有协调经济发展的适应性,发挥调控自如的灵活性,这是我国当前利率政策必须要解决的一个重要问题。有差别的利率政策指管理当局有选择性地进一步放宽部分金融机构利率管制,对不同银行存贷款利率浮动范围采取差异化管理的政策,主要体现在针对城乡差别、地区差别、行业差别实行不同的利率政策。当前,我国的利率政策还没有完全放开,基本处于大一统的局面,这与我国长期以来的差别化发展模式并不相符合。笔者认为利率政策的放开有利于更好地促进经济发展,满足不同层次客户的需求;有利于优化金融机构信贷结构,适时调整信贷产品;有利于金融机构之间更为合理地竞争,并能起到"量体裁衣"的作用。

---

① 王永仕,刘华. 发展我国农协组织的现实意义及实践要求 [J]. 农业经济, 2003 (7): 2-3.

8. 我国农村微型金融机构风险的控制路径：事前防范

8.1 加强金融监管

金融监管指政府通过特定的机构（如中央银行、银监会等）对金融交易行为主体进行的某种限制或规定，有狭义和广义之分。狭义的金融监管是指金融监管当局依据国家法律规定对整个金融业（包括金融机构和金融业务）实施的监督管理。广义的金融监管在上述含义之外，还包括了金融机构的内部控制和稽核、同业自律性组织的监管、社会中介组织的监管等内容。为了维护金融业正常运行的秩序，防止出现系统性或区域性的金融风险，监管目标的实现必须通过金融机构实施谨慎经营来实现。

对于大多数金融机构而言，为了追逐利润容易过度承担风险，导致过多不规范借贷等问题。然而由于程序相对周密、监督系统健全能得到有效防范，即使出现一定的问题，但由于业务规模巨大，所占比重较小，再加上借款客户之间分散，便不可能形成模仿或攀比效应。但是对于农村金融机构来说，由于血缘、地缘关系的负面影响，其更容易产生道德风险，而且业务规模小，一旦出现呆死账，所占比重较大，影响也大，就容易造成内部经营混乱[①]。近些年，我们在遏制农村金融风险方面也取得了不少成效。①案件高发势头得到有效遏制。2006 年至 2008 年，全国农村合作金融机构发生案件、涉案金额总体上呈现逐步下降趋势。2008 年案件数量和涉案金额比 2005 年分别下降了 66% 和 55%。②案件治理高压态势全面形成。2006—2008 年共处理案件责任人 8 135

---

① 辛德树，等. 农村资金互助社的金融风险防范研究 [J]. 中国农民合作社，2011 (9)：30-32.

人，其中移交司法部门461人，行政开除（含解聘）850人，追究领导责任2 517人。③案件防控主动性明显增强。农村合作金融机构案件防控意识和能力逐步提高，2006年至2008年全国暴露陈案占案件总数的79%，案件自查发现率为82%，新案件由2006年的129件减少到2008年的48件①。

为了更为有效地防范农村微型金融机构风险的发生，我们需要从以下三个方面加强金融监管：

（1）构建良好的征信体系。信用关系主要表现为以偿还为条件的商品或货币的让渡形式。社会信用是现代市场经济的基石，是金融业得以持续和健康发展的关键，其发展的高低直接关系到经济发展的速度和老百姓的生活质量。图8.1展示了金融机构的贷款流程，我们可以看到，一个较为完善的贷款管理系统应该包含贷款审批、贷款监督、贷款催收三个基本过程，只有这三个程序通畅才能保证后续贷款的顺利进行。因此，良好征信体系的建设事关重大。具体措施有：其一，应加强对农村金融机构贷款审批的监管。为了最大限度地解决信息不对称问题，减少呆账、坏账，提高资金的盈利性、安全性和流动性，贷款的第一道关审批的审核和监管显得尤为重要。要在确定农户信用等级的基础上，建立完整的农户资信档案；同时还要加大诚信宣传力度，增强农户的信用意识。其二，着手有力的贷款跟踪机制。农村微型金融机构有必要建立农户信用评定委员会、农户经济档案、评定信用户、核定信用户授信额度、发放信用贷款证等措施，在授信期内，农村微型金融机构可根据授信额度发放农户小额信用贷款，及时跟踪、审核，经一段时间的运行后对贷款农户和企业进行信用度评级，信用度评级的方式可以采用农村金融机构内部人员打分与农户打分相结合的方式，这样一来就可以有效防范不知情放贷的风险。

（2）营造优质的金融法治环境。在目前的监管格局下，由于监管部门与各级金融机构之间缺乏一个相互信任、密切配合、运转高效的协调机制和政策软环境，仍然存在"重审批、轻监管，重检查、轻处罚，重救助、轻防范"的现象，因此不利于优质金融法治环境的建设。良好金融法制环境的建设是一个涉及建立多元化、多种所有制成分并存、产权主体明确、产权实现完整、产权约束严密的金融组织体系。改革开放以来，我国社会主义市场经济体制日益完善、经济结构日益合理、经济效益不断提高，其中一个最主要的原因就是法治水平的不断完善。优质的金融法治环境是保证金融正常运作的一个重要基础，因而这就要求在农村地区尽快制订相应的法律、法规，以制度的框架来加

---

① 蒋定之，等．中小金融机构案件风险防控实务［M］．北京：中国金融出版社，2010：48．

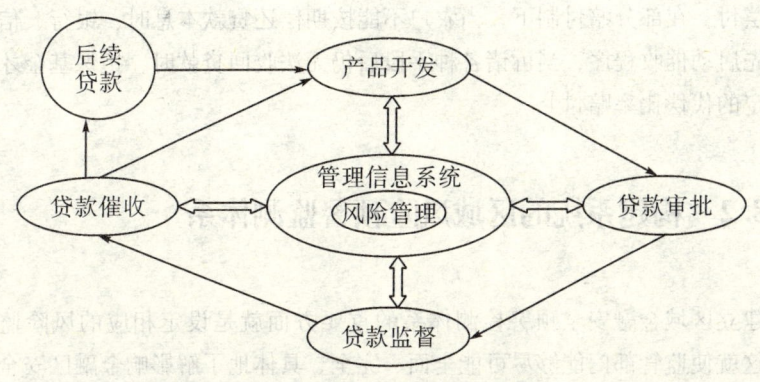

图 8.1　金融机构贷款流程

快市场机制的形成,从而维持正常的金融秩序,保证农村金融机构的合法运行。并且,要逐步完善农村金融机构的退出机制。对资产质量较差的农村金融机构及时提出限期改正措施,对限期不能改正的金融机构实施关闭、破产,以防止金融风险的扩散。

（3）建立农户小额信贷担保基金。农户小额信用贷款是一项增强信贷支农服务功能的重大政策措施,为解决农户贷款难、促进农民增收发挥了重要而积极的作用。由银行自主为符合贷款政策的个人发放贷款,个人申请小额贷款无需再找担保公司,这就改变了过去"跑断腿"、"等半天"的状况。而农户小额信贷担保基金一方面可以帮助农户迅速取得贷款,另一方面还可以极大降低金融机构贷款风险,引导更多的商业银行进入该领域,从而解决农村信贷资金不足的问题。2012 年山东省小额贷款担保基金规模迈上 5 亿元台阶,达到 5.9 亿元,累计发放贷款 10 524 笔,累计发放贷款 10.46 亿元,是 2011 年同期的 3 倍。发放贷款总额中,微利项目 10 239 笔,贷款金额 6.21 亿元,占贷款发放总额的 59.37%;小企业贷款 285 笔,贷款金额 4.26 亿元,占贷款发放总额的 40.73%,贷款累计回收率达到 99% 以上。①

目前我们建议以中央、省级财政为主要资金来源,地方财政为辅,社会富余资金为补充,以股份合作的形式成立专门的"农户小额信贷担保基金公司"。在运作模式上,担保基金对金融机构可以实行部分赔付制,国外通行的担保基金赔付比率一般为 70% ~ 80%。如果采取连带保证方式,可能会出现金融机构滥发贷款或追收坏账不尽职的现象,反正当农户违约时,担保基金会

---

① 《山东小额贷款担保基金突破 5 亿》,http://news.timedg.com,2012 年 8 月 27 日。

全额偿付。在部分赔付制下,当农户不能按期偿还贷款本息时,银行、信用社应首先启动催收程序,当诉诸各种手段后仍无法收回贷款时,担保基金才可按照约定的代偿比率赔付①。

8.2 构建系统的区域风险预警监测体系

建立区域金融安全预警检测体系的重要方面就是设定相应的风险监测指标,这就使监管部门能够尽可能全面、完全、具体地了解影响金融区安全的各种有关因素,以便有针对性地采取有效的措施。影响农村微型金融机构稳定发展的因素不胜枚举,而且各种因素的相对重要性及相互作用也因各个地区的发展水平、开放程度、经济规模、经济结构、经济周期、市场发达程度和政府干预程度的不同而大相径庭。因此,分析风险的角度不同,所选择的指标也就不同。在借鉴世界各国金融风险防范经验并结合各地区农村经济金融的风险实情的基础上,区域微型金融安全预警指标体系大致可以从宏观先行指标和微观审慎指标两个层面上予以构建。

(一)宏观先行指标

虽说某种意义上这是国家金融的指标,但是,有些指标对一个区域的农村金融安全监测同样适用。例如真实国内生产总值增长率、通货膨胀率、公共债务、财政赤字率、财政收入占国内生产总值的百分比等(见表8.1)。

国内生产总值增长率(A1):即经济增长率,该指标反映了农村经济的发展速度,同时也可以反映一个地区的农村经济发展水平,其中实际国内生产总值=名义国内生产总值/国内生产总值减缩指数。该增长率如果过高则说明经济过热,容易出现通货膨胀;过低则意味着经济有可能陷入衰退。

通货膨胀率(A2):用国内生产总值减缩指数或消费者物价指数计算,该指标过高意味着货币大幅度贬值,甚至可能引起社会公众信心的丧失,从而引发挤兑狂潮,导致金融体系的支付危机。国际上通常将该指标的安全区定为3%~6%。另外,我们不仅要观察通货膨胀率的高低,也应该关注通货膨胀率的波动性,因为其波动过于频繁剧烈不利于金融机构评估信用风险和市场风险。

公共债务(A3):(预算赤字/国内生产总值)×100%,国际通用指标为

---

① 孙琳. 关于发展我国农户小额信贷的思考[J]. 世界经济情况, 2006(14): 5-8.

3%~5%。

财政赤字率（A4）：即财政赤字占国内生产总值的比率，反映财政收支平衡状况，从而可以反映出一国（地区）宏观经济的稳健运行状况。国际通用警戒线为3%，并将此限作为"基本安全"的上限，上、下增减1%作为其他警限。

财政收入占国内生产总值的百分比（A5）：该指标用来衡量一个地区的财政实力以及政府部门调控能力的大小。财政部曾提出该指标警戒线为20%~24%。

债务依存度（A6）：对于一个国家来讲，债务依存度是指当年国债发行额占中央财政支出的比重；对于一个地区来讲，可以理解为该地区对内或对外举债占当年财政收入的比例。该指标是用来表示一个国家（地区）对债务的依赖程度，也可以间接表示偿债能力。国际上规定该指标的警戒线为20%。

实际利率水平（A7）：利率这一经济变量的敏感性很强，对一国经济的影响很大。过高会引起投资不景气，过低会导致股市和债市的低迷。其中，实际利率＝名义利率－通货膨胀率。

净出口（A8）：众所周知，对于一国而言，净出口与汇率成正比，另外净出口还取决于该国的经济实力。

表8.1　　　　　　　　宏观先行指标体系

序号	指标名称	警戒线	指标取值区间			
			安全	基本安全	轻度不安全	不安全
A1	国内生产总值增长率	8%	>12%	[8%，12%]	[4%，8%]	<4%
A2	通货膨胀率	6%	<3%	[3%，6%]	[6%，9%]	>9%
A3	公共债务	5%	<3%	[3%，5%]	[5%，8%]	>8%
A4	财政赤字率	3%	<2%	[2%，3%]	[3%，4%]	>4
A5	财政收入占国内生产总值的百分比	20%	>24%	[20%，24%]	[15%，20%]	<15%
A6	债务依存度	35%	<20%	[20%，35%]	[35%，50%]	>50%
A7	实际利率水平	/	适度	较为适度	偏高或偏低	过高或过低
A8	净出口额	/	均衡	大体均衡	顺差或逆差较大	顺差或逆差过大

注：表中的"[ ]"为数学意义上的区间符号。

(二) 微观审慎指标

如表8.2所示，微观审慎指标体系主要反映农村微型金融机构财务与稳健状况，主要涉及金融机构的安全性、流动性、盈利性三个方面的一系列指标（部分指标在第五部分中已经阐述过）。

表8.2　微观审慎指标体系

序号	指标类别	指标名称	警戒线	安全	基本安全	轻度不安全	不安全
B1	安全性	资本充足率	8%	>12%	[8%,12%]	[4%,8%]	<4%
B2		资本/总资产的比例	3%	>5%	[3%,5%]	[1%,3%]	<1%
B3		不良资产比例	10%	[0,5%]	[5%,10%]	[10%,15%]	>15%
B4		逾期贷款比例	8%	<4%	[4%,8%]	[8%,12%]	>12%
B5		呆账贷款比例	2%	<1%	[1%,2%]	[2%,3%]	>3%
B6		最大十家客户贷款比例	50%	<40%	[40%,50%]	[50%,60%]	>60%
B7	流动性	资产流动性比例	25%	>30%	[25%,30%]	[20%,25%]	<20%
B8		备付金比例	5%	>7%	[5%,7%]	[3%,5%]	<3%
B9		自有资金比例	5%	>7%	[5%,7%]	[3%,5%]	<3%
B10		存贷款比例	75%	<65%	[65%,75%]	[75%,85%]	>85%
B11		中长期贷款比例	15%	<10%	[10%,15%]	[15%,20%]	>20%
B12		流动负债依存度	30%	<10%	[10%,30%]	[30%,50%]	>50%
B13	盈利性	税后利润率	0	>10%	[5%,10%]	[0,5%]	<0
B14		资产利润率	2%	>4%	[2%,4%]	[0,2%]	<0
B15		资本利润率	8%	>12%	[8%,12%]	[4%,8%]	<4%
B16		营业费用率	30%	<20%	[20%,30%]	[30%,35%]	>35%
B17		应收利息率	15%	<5%	[5%,15%]	[15%,25%]	>25%

注：表中的"[　]"为数学意义上的区间符号。

1. 银行安全性指标

资本充足率（B1）：银行资本金是银行业务的基础，是弥补亏损的手段。资本充足率是反映金融机构资本状况和资产质量的综合指标，我国规定其数值不得低于8%。根据《巴塞尔协议》的要求，银行的资本充足率应不低于8%，其中核心资本充足率不低于4%。

资本/总资产的比例（B2）：该指标是目前在各国银行广泛使用的传统指标，它既反映了资本与整体资产的联系，也反映了银行对存款人和其他债权人的最低清偿保障。该指标不应低于3%。

不良资产比例（B3）：这里所谓的不良资产，主要是指银行到期不能收回的债权，包括到期不能收回的贷款、应收未收利息、其他应收未收款等。该指标反映了整个金融区内银行业的资产质量。这一指标的标准值一般不超过10%。

逾期贷款比例（B4）：逾期贷款余额与各项贷款总额的比例，该指标一般应低于8%。

呆账贷款比例（B5）：呆账贷款余额与贷款总余额的比例，该指标是季度考核指标，按月均额计算，不高于2%。

最大十家客户贷款比例（B6）：最大十家客户贷款余额占贷款总余额的百分比，一般不应超过50%。

2. 银行流动性指标

资产流动性比例（B7）：该指标是季度考核指标，按日均额计算，指流动资产与流动负债的比值。该指标可反映金融区的金融机构在整体上是否拥有足够的可及时用于偿付债务的资产，从而不至发生支付危机。该指标的标准值为不低于25%。

备付金比例（B8）：（备付金/各项存款余额）×100%。中国人民银行下达的《商业银行资产负债比例管理暂行考察指标》对不同的商业银行规定的标准是不低于5%~7%。

自有资金比例（B9）：用于衡量银行资产风险的大小，不应低于3%，小于5%时就应发出预警信号。

存贷款比例（B10）：各项贷款余额与各项存款余额的比例，一般不应超过75%。

中长期贷款比例（B11）：1年期以上贷款余额与各项贷款总余额的比例。银行业的贷款若过于集中在中长期贷款，资金周转就会受到不利影响。该指标一般不高于15%。

流动负债依存度（B12）：（流动负债/流动资产）/长期资产，该指标说明银行业的短期支付需求对其长期资产的依赖程度。公式中的分子意味着流动负债经流动资产冲抵后的差额。该差额与长期资产的比值越高，银行的长期资产中由流动负债转变而来的数值就越高，银行资产对流动负债的依赖性就越强，其支付能力也就越弱。该指标的标准值一般不超过30%。

3. 银行盈利性指标

税后利润率（B13）：税后利润与营业收入的比例，该指标的最低线为0。

资产利润率（B14）：利润总额与资产总额的比例，一般应不小于2%。

资本利润率（B15）：上市银行的税前利润对一级资本（或称核心资本）的比率。这与投资者常用的净资产收益率几乎没有区别，该指标一般不低于8%。

营业费用率（B16）：该指标一般不超过30%。

应收利息率（B17）：应收未收利息与总利息额的比率，一般不高于15%。

8.3 逐步提高农村微型金融机构经营绩效

在前面部分中我们已经阐述过，由于成立的时间相对较短、规模不大、经验缺乏，农村微型金融机构经营绩效普遍偏低，有的甚至一度出现亏损（见表8.3）。表中显示的是四川省11家村镇银行的基本运营情况，其中有4家经营利润为负。由此可见，如何更好地提高农村微型金融机构的经营绩效已成为社会各界亟需解决的重大难题。

表8.3　　　　　　四川部分村镇银行的基本运营情况　　　　单位：万元

村镇银行名称	存款余额	贷款余额	贷款类型划分				营业收入	营业支出	利润
			信用	抵押	联保	其他			
仪陇惠民村镇银行	15 242	6 942	102	4 209	0	2 631	331	237	94
绵阳北川富民村镇银行	5 355	3 099	522	1 420	51	1 106	113	14	93
广元包商贵民村镇银行	7 820	7 047	2	4 117	0	2 928	103	157	-54
都江堰金都村镇银行	35 962	39 010	800	5 390	0	32 820	926	572	354
邛崃国民村镇银行	6 392	8 211	123	4 041	0	4 047	428	258	170
双流诚民村镇银行	17 028	18 194	0	8 005	2 284	7 905	340	390	-50
大邑交银兴民村镇银行	2 331	9 166	0	426	8	8 732	187	218	-31
彭州民生村镇银行	12 324	6 570	0	1 005	686	4 879	185	165	20

表8.3(续)

村镇银行名称	存款余额	贷款余额	贷款类型划分				营业收入	营业支出	利润
			信用	抵押	联保	其他			
宣汉诚民村镇银行	5 890	3 888	0	1 190	0	2 698	90	107	-17
什邡思源村镇银行	8 911	6 484	31	1 536	80	4 837	126	109	18
绵竹浦发村镇银行	41 991	2 940	0	710	0	2 230	259	110	149

注：时间截至2009年6月底。

资料来源：陈雨露，马勇．中国农村金融论纲［M］．北京：中国金融出版社，2010：211．

（1）减少政府过多行政干预。政府与市场的关系问题一直是西方经济学研究和争论的焦点问题。尽管各种学说在主张政府干预经济的限度和深度上存在着区别和不同，但学者们在市场经济不能完全自由放任、政府应适当地干预经济方面已经取得了共识。从根本上讲，政府部门的全部责任和追求应当是公共效益，全心全意为人民服务。坚持以市场为基础、减少政府干预，就是要求政府由利益型转变为公共服务型，不断地整合现有资源为农村微型金融机构服务。这就要求，一方面，现有政府应该尽可能简化政府审批程序，规范政府行为，提高政府部门的办事效率，尽量减少信贷机构的交易成本，增强其经营效率。另一方面，对于农村微型金融机构，政府部门要给予他们一定程度的自由空间，为其创造一个宽松、有利的市场经营环境，为农村微型金融市场的发展营造一种良好、和谐的氛围。孟加拉小额信贷的成功实施就充分证实了这一点，穷人获得贷款后各自发挥优势谋生，相关的监管机构对于他们从事什么行业等问题没有进行过多干涉。

（2）加强信息沟通。大多数农户由于忙于农业生产以及自身文化水平的限制，对信贷机构的政策了解甚少，认知度较低，最终导致农村金融机构业务发展受到制约。有的人认为村镇银行是私人银行。绵阳市金融学会课题组随机访问的100位农民的资料显示，92%的被调查农民不知道村镇银行需由一家银行机构发起并控股，以为有钱就能办银行。有的人认为村镇银行是扶贫银行。17%的被调查农民甚至认为村镇银行贷款是国家政策性扶持资金，贷后不需还款。还有农民存在顾虑，因此村镇银行吸收存款难。村镇银行是刚刚起步的新型小银行，在全国处于试点阶段，由于不了解其经营宗旨、业务范围及发展前景，96%的被调查农民担心上当受骗，表示不敢将钱存入村镇银行，这就不利于村镇银行拓展业务①。因此各农村金融营业网点的工作人员，也要利用储蓄、收息和收贷的机会，耐心、细致地做好利率政策宣传解释工作，让农民及时知晓和正确理解现行利率政策。

（3）创建一个良好的人力资源环境。在世界资源开发的重心已由物力资源开发转向人力资源开发的今天，这种较低文化素质的状态不利于相关政策机制的推行。因此，农村微型金融机构正面临两难困境，一是迫切需要高学历、高素养的专业型人才以适应动态变化的金融行业；另一方面，大多数农村微型金融机构坐落在较为偏远的农村地区，艰苦的工作环境难以吸引优质人才。因此，现有的农村微型金融机构应着力加强人才的培养和人才引进机制，创建一个良好的人力资源环境，降低自身发展中人才缺乏的马太效应。具体措施有：①可以通过派遣一批具有发展潜力的人员进入专业高校或者相关机构进修和培训，充分发挥"干中学"的效应。②提供较为优惠政策（包括经济收入、工作地位等）吸引一批国内外优秀人才，营造一个尊重知识、尊重人才的优越环境和氛围，给他们创造一个充分发挥其才能的舞台。②

（4）提高经营管理水平。第一，尽可能规范负责人的权力范围。目前我国农村小型金融组织的操作上还存在许多不规范的地方，如许多借贷关系由某个负责人说了算，最终造成了许多寻租行为，而真正想借款的农户由于没有过硬的关系而被拒之门外。金融机构的上级部门可以采取增设人员或权力分散等方式，将第一负责人的权力进行弱化。第二，不断借鉴先进的管理经验。金融机构管理人员可以通过网络、电视、报纸、书刊等媒介学习经济状况较好机构的经验，或者聘请优秀人士作为兼职人员，传授、指导实践工作。第三，塑造金融家文化。如同企业家文化一样，金融家文化也强调金融机构管理人员在经营管理中遵循科学的经营理念，优良的文化素质、和谐的工作环境、独特的思维模式和行为方式是推动金融机构健康运转的核心力量，并且处于不断创新、不断发展之中，使管理人员能够处理好人、财、物的关系，形成凝聚力和向心力。

---

① 绵阳市金融学会课题组．西部欠发达地区新型农村金融机构问题初探——基于绵阳富民村镇银行的案例剖析［J］．西南金融，2008（3）：34-36.

② 2008年员工人均薪酬位居前3位的银行分别是浦发银行、民生银行和中信银行，其人均工资加上了福利收入后的人均薪酬分别为41.14万元、28.55万元、25.90万元以及45.62万元、39.82万元和34.61万元。参见：王松奇．中国商业银行竞争力报告2010［R］．北京：社会科学文献出版社，2011：351-353.

8.4 构建多元化农村金融体系

改革开放以来中国金融业迅猛发展,短短 30 多年从形式上几乎走完了西方国家近百年的历程,金融总量迅速增长、金融结构发生显著变化,呈现出一种面貌全新的金融成长状态。而在农村发展中,特别是在农村工业的发展中,资金已经成为一个重要的制约因素。农民进入非农产业往往得不到有效的资金支持,特别是小企业和家庭企业在起步阶段更是如此。正是在这一背景下,我国农村多元化金融体系(诸如农村政策性金融、商业性金融、合作性金融、邮政储蓄银行、新型金融机构、民间金融、农业保险、农村期货等)才得以形成和发展。

第一,多元化农村金融体系弥补了正规金融机构信贷服务不足。斯蒂格利茨和韦斯(1981)[①]指出,由于逆向选择和道德风险的存在,使得低风险的借款人逐渐退出信贷市场,而银行将目标主要锁定在高风险操作的借款人,因此在实际操作中,银行为了规避风险宁愿在相对较低的利率水平上拒绝一些借款者,而不是在较高的利率水平上满足所有人的需求。也正是基于该原因,我国农村正规金融才长期处于供给严重不足的状态。与之形成鲜明对比的是,农村非正规金融由于信息相对较为对称而日趋活跃,并且随着农村多种经济成分的兴起,融资形式逐渐多样化,融资范围和内容也在不断扩大。可以说,农村非正规金融是伴随农村民营经济发展壮大而成长起来的,它有效地弥补了正规金融支农不足的缺陷,促进了非国有经济的发展。

第二,多元化农村金融体系有利于打破正规金融垄断格局,促进农村金融市场的健康、稳定发展。近些年来,国家实施新农村建设计划,农村资金需求日益增加,农村多元化金融体系得到了长足发展。多元化金融体系的建立有利于满足广大农村地区的多样化需求,促进金融业之间的有效竞争,打破正规金融的垄断格局。在优胜劣汰的市场经济下可以加强两者之间的良性互动,促进农村金融市场的健康、稳定发展。事实已经证明,一个较为合理的农村金融市场的主体应该是农村合作性金融、商业性金融、政策性金融、民营银行以及民间金融等共同依存并充满竞争性的有机组成。

---

① JOSEPH E. STIGLITZ, ANDREW WEISS. Credit rationing in markets with imperfect information [J]. The American Economic Review, 1981, 71 (3): 393-410.

2007年年初，中央政府在召开的全国金融工作会议上提出，要在农村建立多层次、广覆盖、可持续发展的农村金融体系，建立和小额信贷互为补充、互相匹配、分工合理完整的金融体系。因此，建立多元化农村金融体系应从以下几个方面开展：

（1）继续深化农村信用社改革。农村信用合作社本意是由社员入股组成，实行民主管理，并主要为社员提供金融服务的农村合作金融机构，是农民为了解决融资困难而在商业银行体系外进行的金融互助活动，具有自愿性、互助共济性、民主管理性、非盈利性的特点。而实际上，从计划经济体制下发展来的我国农村信用社在很大程度上已经成为国家在农村地区设立的准银行业金融机构，并按照商业银行的信贷模式经营业务，已经失去了信用合作社的本意①。因此，未来需要继续深化农村信用社改革，建设政府过度干预，按照"股权结构多样化、投资主体多元化"的原则推进市场化进程，将农村信用社逐渐培育成真正自主独立的市场主体。

（2）积极引导农村民间金融规范发展。我国的民间金融存在了4 000年，历史悠久。随着改革开放的不断深入，市场经济的步伐也在日益加快，越来越多的乡镇企业得以创办建立，由此为民间金融的产生和发展提供了广阔的空间。但是，沿海地区民间借贷资金链断裂现象频繁发生，老板"跑路"、担保人自杀等悲剧不断涌现，严重影响了经济金融市场的稳定。目前，我国依然缺乏关于民间融资方面的正式法律文件，致使大量民间借贷只是遵循他们内部的"潜在规则"。今后要及时出台民间借贷的相关法规，明确界定非法吸收公众存款与民间融资的政策界限，按照《中华人民共和国合同法》的有关要求对民间借贷主体双方的权利与义务、交易方式、契约要件、期限利率、违约责任和权益保障等方面加以明确，积极引导农村民间金融规范发展。

（3）鼓励发展新型农村金融机构。2006年12月20日，银监会出台了《关于调整放宽农村地区银行业金融机构准入政策、更好地支持社会主义新农村建设的若干意见》。中国银监会公布的数据显示，截至2011年6月末，全国已组建包括村镇银行、农村资金互助社、贷款公司等在内的新型农村金融机构615家，其中369家设在中西部省份。建立新型农村金融机构是解决我国现有农村地区银行业金融机构覆盖率低、金融供给不足、竞争不充分、金融服务缺位等问题的创新之举，对于促进农村地区投资多元、种类多样、覆盖全面、服

---

① 郝耀东. 浅谈如何深化农村信用社改革现状及建议 [EB/OL]. (2011-07-25) http://news.zgjrw.com/News/2011725/News/673066844900.shtml.

务高效的新型农村金融体系的形成,进而更好地改进和加强农村金融服务,支持社会主义新农村建设,具有十分重要的意义。这里,我们以内蒙古方大村镇银行为例,受益农牧民户数由2009年的400多户增加到目前的2 591户,涉农贷款余额6.62亿元,占各项贷款的比重达到了76.05%,并以最低利率发放农牧户生产经营贷款,累计为广大农牧民节省利息支出800多万元[①]。为此,银监会应联合财政、税务、人民银行等政府相关部门,比照对农村信用社的优惠政策,尽快出台对资金互助社和村镇银行财政扶持、税收减免、农业贷款补贴利息等方面的优惠政策,降低新机构费用支出,提高其盈利和积累能力,支持其持续、健康、稳定地发展。

(4)积极发展农业保险。农业保险是对农业遭受自然灾害和意外事故所造成的经济损失提供保障的一种有效手段,在农村经济社会发展中具有稳定器的作用,尤其是在当前农村金融机构信贷结构趋短化日趋严峻的情况下其意义更为重大。例如,2009年福建省政府加大了对政策性农险的省级财政补贴力度。初步统计,全年省级财政统筹安排政策性农险保费补贴资金及赔偿准备金近1.3亿元。其中,森林火灾保险3 000万元,水稻种植保险3 729万元,渔工责任及渔船保险956万元,农房统保财政负担全额保费5 000万元。安徽省公布了16项强农惠农政策,其中包括政策性农险工作。一是明确了全省开办水稻、玉米、能繁母猪、奶牛等8个险种,并提供了农险机构对各险种收取保费的具体标准。二是明确了种植业和能繁母猪、奶牛保险保费的财政补贴比例及农户承担金额。三是明确了种植业保险金额为保险标的生长期内所发生的直接物化成本,并有最高赔付标准。四是明确了养殖业保险金额为投保个体的生理价值,并有最高赔付标准。[②]

然而,一直以来我国农业保险发展较为滞后,难以满足农村经济健康发展的要求。2007年,农业保费收入为53.0亿元,在全国保费收入中的比重仅0.75%;2011年,财政部联合地方省份的财政部门进一步完善了农业保险补贴政策,农业保费收入有了较大幅度的增加,上升至173.8亿元,但是在全国保费收入中的比重仍只有1.22%。2011年参保农户达1.69亿户次,为全国22.38亿亩粮油作物和林木提供了5 824.22亿元的风险保障,同比2010年分别增长31%和53%。因此,笔者认为当前应尽快制定适合我国国情的《农业保险法》及其配套的法律、法规,并加大财政和税收对农业保险的补贴,为

---

① 中国农村金融杂志社.村镇银行发展动态(内部资料).2012(5):12.
② 秦池江.把握政策不离方向 抓住机遇开辟市场[R].第三届中国村镇银行发展论坛主题报告,2010.

农业现代化建设和发展提供有力的保障。

（5）拓宽农产品期货市场的交易品种。2011年农产品期货成交量、成交金额占整个期货市场的54.33%和40.2%，基本一半商品期货的交易量体现在农产品期货上。实际上，我国农产品期货成立较晚。1990年10月12日中国郑州粮食批发市场经国务院批准，以现货为基础，逐步引入期货交易机制，并作为我国第一个商品期货市场正式开业。经过20多年的探索，尤其是2000年以后，我国农产品期货市场有了较快的发展。从农产品期货市场成交量和成交额上看，2006年的交易成交量和成交额分别为38 505.59万笔和139 539.91亿元，分别占总数的85.66%和66.43%；2010年的交易成交量和成交额分别为186 818.18万笔和1 334 243.22亿元，是2006年的4.85倍和9.56倍，分别占总数的60.50%和49.77%。另外，从市场参与者的数量来看，2001年大连商品交易所的投资者开户总数为42 415个，到了2010年底，大连商品交易所共有会员188家，指定交割库83个，投资者开户数超过120万户，分布在全国28个省、直辖市、自治区。

尽管在我国期货市场试点初期，曾经上市的农产品期货达到20多种，但由于风险事件频发以及当时宏观经济环境的影响，大部分期货品种都退出了期货市场，目前我国仅有12种农产品进入期货市场交易，而在国际市场上，仅芝加哥商业交易所集团（CME GROUP）一个交易所交易活跃的农产品期货期权交易品种就有55个，印度的农产品期货也有100多种。因此，今后我们要在健全期货市场法律体系、稳定发展农产品期货市场的同时，适时地拓宽农产品期货品种，以满足我国农民多元化种植状况下的风险规避需求。有了期货市场之后，就给了农民一个远期的价格参考体系，从而可以用更科学的价格来进行收益测算。并且，在期货市场上农民可以先根据不同交易信息预测到最适合市场的产品品种，之后再决定是否种植。因此，农产品期货市场的经济功能和风险转移功能如果能够得到有效发挥，就可以在一定程度上提高农民的市场意识，优化农业产业结构和农产品结构，并且为农业生产提供套期保值的工具。

8.5 建立区域金融发展圈

区域金融发展圈的概念来自于"增长极"概念的提出。增长极概念最初是由法国经济学家弗郎索瓦·佩鲁1950年提出来的。他认为，如果把发生支配效应的经济空间看作力场，那么位于这个力场中的推进性单元就可以描述为增长极。增长极是围绕推进性的主导工业部门而组织的有活力的高度联合的一组产业，它不仅能迅速增长，而且能通过乘数效应推动其他部门的增长。因此，增长并非出现在所有地方，而是以不同强度首先出现在一些增长点或增长极上，这些增长点或增长极通过不同的渠道向外扩散，对整个经济产生不同的最终影响，也就是经济增长通常是从一个或数个"增长中心"逐渐向其他部门或地区传导的。所以，实体经济发展过程中应选择特定的地理空间作为增长极，以带动经济发展。

区域金融发展圈是在市场经济进一步发展的基础上建立起来的，不仅会产生集中效应，使金融组织实现规模经济，而且还会产生扩散效应，带动中心城市周边地区经济的发展。它还可以满足不同层次、不同功能的金融需求，在信息共享的基础上有效地配置商业性金融资源。同时，区域金融发展圈的建立应加强与各省、市、自治区金融监管机构的配合与协调，将央行、银监局、证监局、保监局等监管部门有机连接在一起，定期研究监管过程中出现的重大问题，并及时通报各地区金融运行中的突出风险源，以防止金融风险扩大。因此，无论是从资源配置还是从监管职能来看，建立区域金融发展圈都能充分发挥地区优势、节约成本，从而更好地保障金融机构安全稳健运行。

实际上，从国内范围来看，在"十一五"规划中，各地纷纷提出了城市群发展战略，以整合各地资源提高区域竞争实力。随着农村经济贸易的发展，农村金融发展的扩散效应也逐步扩大，各级地方政府不能单靠本地区的经济金融独立发展，还需要建立一个拥有区位竞争优势的发展圈。这里，我们主要以四大地区的村镇银行分布实际情况作为设定金融发展圈的基础（见图 8.2 和 8.3）。图 8.2 为秦池江教授 2010 年在第三届中国村镇银行发展论坛作的主题报告《把握政策不离方向　抓住机遇开辟市场》。由图 8.2 我们绘制了图 8.3，可以看出，四大地区村镇银行的分布主要集中在西部地区，有 63 家，占总数的 39%；东北地区的村镇银行最少，只有 27 家，占总数的 17%；东部地区的村镇银行数量居次位，有 38 家，占总数的 24%；中部地区的村镇银行数量排行第三，有 33 家，占总数的 20%。

（1）东部地区建立以江、浙、沪"长三角"为中心的农村金融发展圈。"长三角"在我国的经济地位与日俱增，2011 年江苏、浙江和上海的国内生产总值总量都是名列前茅，在揭晓的 2011 年全国百强县市竞争力排名中，有八个"长三角"的县市（区）进入前十位，县域经济的崛起，使"长三角"城市连片化、都市化成为可能。上海是国际经济、金融、贸易中心之一，带动着"长三角"地区和整个长江流域的发展。江苏作为一个传统意义上的经济大

图 8.2　各省自治区、直辖市村镇银行的具体分布情况

注：图中数字代表各省已建村镇银行数量，截止时间为 2010 年 3 月 31 日。

资料来源：秦池江．把握政策不离方向　抓住机遇开辟市场［R］．第三届中国村镇银行发展论坛主题报告，2010．

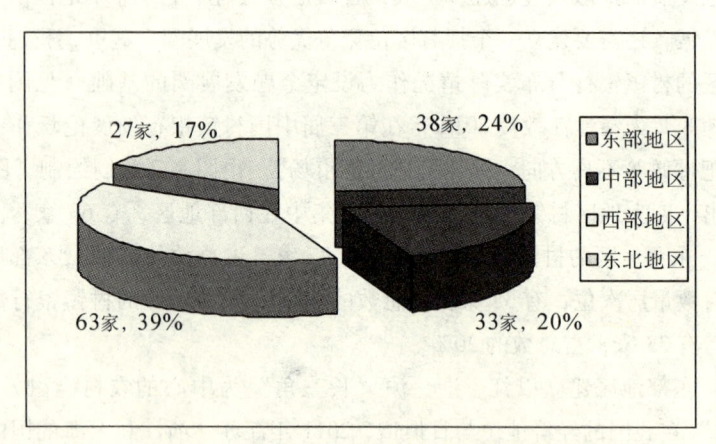

图 8.3　四大地区村镇银行的分布比较

省，无论从古到今都是中华最富庶的地区之一，2011 年国内生产总值总量以 40 088 亿元位于全国第二。浙江是全国民营经济最发达的省份，也是民间融资最为活跃的地区之一。2012 年 3 月 28 日，国务院总理温家宝主持召开了国务院常务会议，决定设立温州市金融综合改革试验区，逐步加快发展新型金融组织。

（2）中部地区形成了以豫、鄂、湘为核心，以晋、皖、赣为两翼的农村金融发展圈。从地理区位来看，豫、鄂、湘三省呈现"1字形"，而山西、安徽和江西正好位于两翼。河南、湖北、湖南都是传统的农业大省，2010年它们的农业总产值位于中部六省前三位，分别为3 540.8亿元、1 921.7亿元和2 059.6亿元，具有形成中部农村金融发展圈第一梯度地区的基础。众所周知，决定一个城市或地区是否能成为金融中心，成为哪一级别的金融中心，在以后的竞争过程中是否能取胜，经济、金融实力是最为核心的基础和先天条件，而武汉已成为中部金融实力最强的城市。

（3）西部地区打造以川、渝为中心的农村金融发展圈。1997年3月24日全国人大批准设立重庆直辖市，从此将四川和重庆划分为两地。尽管如此，两地区仍然是经济往来密切，有着许多共同之处。2006—2010年，四川省农村信用社贷款余额分别为1 142.59亿元、1 383.01亿元、1 677.32亿元、2 277.01亿元和1 930.56亿元，一直位于西部12省（市、区）的首位。并且，我国第一个村镇银行（四川仪陇惠民村镇银行）也是在四川省成立的，对农村金融市场的改革和发展具有深远意义。此外，重庆是我国设立的第四个直辖市，为推动西部地区大开发具有重要的促进作用，近几年经济发展迅猛，2011年农村居民人均纯收入6 480元，已由2006年西部省份的第4位上升至第2位。同时，金融中心功能的发挥也要借助于中心城市发达的基础设施和有利的区位，并且这还可以为金融中心在以后的竞争中创造有利的外在条件。成都和重庆有许多国内知名高校，尤其是财经类院校全国闻名，经济金融类人才聚集；交通基础设施发达，联系便利；中国人民银行成都分行还可以在西南四省区（四川、贵州、云南、西藏）履行中央银行的职责。

（4）东北地区坚持以辽为主体，黑、吉两省为补充的农村金融发展圈。东北地区占全国国土面积的13%，2010年国内生产总值总量为33 367.72亿元，占全国的8.38%，人口1.21亿，占全国总人口的9.18%。2007年在振兴东北老工业基地的号召下，东北三省经济发展迅速，尤以辽宁最为显著，2011年农村居民人均纯收入高达8 297元，在全国排名第9位，远远超过了黑龙江和吉林两省。另外，中国人民银行沈阳分行作为总行的派出机构，依法在辽宁、吉林、黑龙江三省履行中央银行职能。从图8.2来看，东北共有27个村镇银行，其中辽宁就有15个，为打造有竞争力的东北农村金融发展圈奠定了坚实的基础。

9. 我国农村微型金融机构风险的控制路径：事中控制

9.1 及时的财政资金援助

改革开放以来，国内许多政策的实施决定了金融业实际上是在抽调农村资金支持城市工业化发展，使得农村资金大量外流，农村经济出现资金短缺，从而使得农村事业的发展离不开财政资金的援助。李新生和谢元态（2002）[①]认为长期以来，我国采取了工农业产品价格"剪刀差"的形式转移农业剩余，为工业发展提供资本积累，巨大的"剪刀差"把农村部分生产资金也转移到了城市。据测算，由于工农业产品不等价交换，1952—1978年农村流失资金3 120亿元，1979—1990年流失5 000亿元，1996年流失765亿元。蔡昉（2008）[②]认为，在1980—2000年期间，以2000年不变价格计，国家通过各种渠道从农业吸取了1.29万亿元的剩余用于工业发展。如果从城乡关系看，同期有大约2.3万亿元资金从农村流入城市部门。尽管改革开放以来财政支农的数额在不断增加，但是其在全国财政支出的比重却不断下降。1978年财政用于农业占全国财政支出的比重为13.43%，1980年下降为12.20%，1990年下降至9.98%，2006年进一步下降到7.85%。

另外，由于某种原因一旦金融机构发生了金融风险，我们认为恢复信心是减弱风险程度最关键的因素。从国际经验来看，国际货币基金组织统计资料显

[①] 李新生，谢元态. 关于农村资金流失的实证分析及理论思考 [J]. 江西财经大学学报，2002（6）：27 – 30.

[②] 蔡昉. 中国农村改革三十年——制度经济学的分析 [J]. 中国社会科学，2008（6）：99 – 110.

示,从1997年11月到1998年,印尼政府向所有银行提供的资金支持由60亿卢比增加到170亿卢比;1998年5月菲律宾提供的紧急贷款和透支达185亿美元,解决了银行危机暂时困难问题;1998年1月,韩国政府分别向韩国第一银行和汉城银行注入15亿美元和12亿美元,并注销两家银行56%的银行坏帐;泰国则向10家资金短缺的金融机构提供无抵押担保的贷款,维护了储户和债权人的信心。过去我们也有资金支援破解金融风险的案例。1998年3月,财政部发行特种国债2 700亿元,用来补充国有独资商业银行的资本金,以加强国有银行的抗风险能力;1999年,财政部出资400亿元成立了四家全资的资产管理公司,共向四大国有商业银行收购了1.4万亿不良资产,使得它们得以轻装上阵;2004年1月,国家又动用外汇储备450亿美元,向中国银行和中国建设银行注资[①]。上述政策的实施成功化解了我国商业银行中的潜在金融风险,维护了储户和债权人的信心,保持了金融市场上的基本稳定局面。

对于农村微型金融机构而言,由于自身规模较小,尤其是许多新开业的新型金融机构起步晚、资金实力不足,使得它们承受风险的能力有限。换句话讲,这些新型金融机构的金融风险承受点较低,极其容易引发资金链的断裂,最终导致金融机构的破产、倒闭,如果得不到及时的资金援助就会波及到整个农村金融体系甚至全国性金融体系的安全。具体措施包括:①政府部门的财政资金支持。②发展资本市场进行融资。可充分发挥资本市场的"引水"功能,在农村微型金融机构中创建农业投资基金、农民技能培训基金、发行新农村国债等,通过对亟待发展的农业实行资本运作,以解决因财力有限而不能满足资金需求的困难。③实施税收减免。对出现明显风险的金融机构相关部门还可以给予免征税收的优惠政策,以增加金融机构破解危机的信心,增强其抗风险的能力。

9.2 实施有效的货币政策切断传染途径

货币政策主要指中央银行为实现其特定的经济目标而采用的各种控制和调节货币供应量或信用量的方针和措施的总称,包括信贷政策、利率政策和外汇政策。货币政策工具主要包括公开市场业务、存款准备金、再贷款或贴现以及

---

① 阎坤,陈新平.我国金融风险财政化问题及对策[EB/OL].(2006-07-25) http://www.chinaacc.com.

利率政策和汇率政策等。为了防止金融风险蔓延,大体可以从数量工具和价格工具着手。其中,价格工具集中体现在利率或汇率水平的调整上;数量工具则更加丰富,如公开市场业务的央行票据、准备金率调整等,它聚焦于货币供应量的调整。我们知道,金融风险具有较强的传染性,实施有效的货币政策切断传染途径是防范和控制金融风险加深的重要手段。

(1) 有差别的利率政策。在城乡金融市场开放的条件下,受城镇地区优越投资效率拉动及发达资本市场的吸引,农村地区资金仍呈现向城镇流动不断增加的趋势。其一,允许农村地区微型金融机构对农户和乡镇企业存款、储蓄存款实行存款利率在一定幅度上的浮动制,尤其是对于大额存款,以遏制农村地区的存款大量流失。其二,适度降低农村地区微型金融机构贷款利率水平,对于差额部分可以由上层金融监管部门进行弥补,这样就可以增强金融机构向农村发放信贷资金的动力[①]。

(2) 优惠的存款准备金率。存款准备金是指金融机构为保证客户提取存款和资金清算需要而准备的在中央银行的存款,也就是中央银行要求的存款准备金占其存款总额的比例。我国城乡二元经济社会结构在经济货币化方面的表现就是城市经济的货币化程度高,而且金融化程度也日益提高,但农村经济的货币化程度相对较低,制约着现代农业和农村经济的发展。根据货币乘数公式,货币乘数 = 1/(法定准备金率 + 现金漏损率 + 超额准备金率),由于法定准备金率和超额准备金率是全国统一的,而农村地区的货币化水平远远低于城镇地区,因而其现金漏损率较高,这就使得农村地区的货币乘数比城镇要小得多。由此,我们从中可以得到一个基本的判断,就是我国农村地区的货币化程度将会进一步扩大城乡商品流通的速度,从而使得城乡经济差距扩大。因此,要适度降低央行对农村微型金融机构的存款准备金率,增加农村微型金融机构的货币供应量。

(3) 公开市场业务。中央银行在公开市场买进或卖出各种有价证券,从而增加和减少商业银行的超额准备金,以达到控制货币供应量和市场利率的目的,这种活动有防御型和进攻型两种方式。对于农村金融市场而言,防御型的公开市场活动,是指中央银行买进和卖出证券,其目的在于缓和或消除在发行通货或代收票据过程中,因季节性或偶然性因素而给农村金融机构准备金和市场利率带来的不利影响,只是一种消极活动。进攻型的公开市场活动,是指中

[①] 周才云. 中国农村金融发展的困境、成因及其破解 [J]. 技术经济与管理研究, 2011 (4): 115-118.

央银行买进和卖出证券,作为积极活动,其目的在于预先控制农村金融机构超额准备金和市场利率,以维持农村金融市场稳定,促进农村经济发展(见图9.1)。

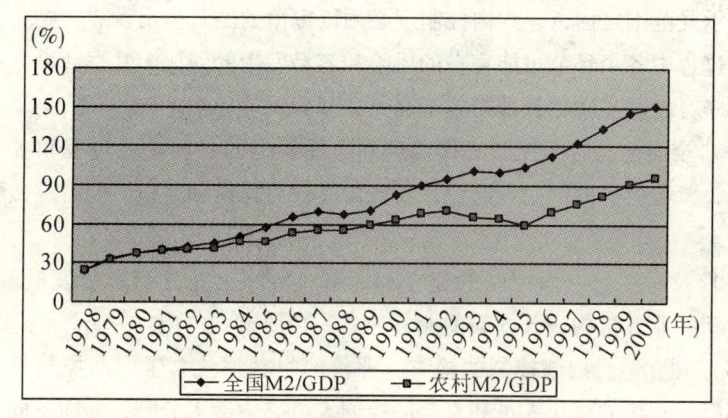

图9.1 1978—2000年我国农村与全国货币化程度比较①

9.3 完善微型金融机构内部控制

9.3.1 金融机构内部控制的一般特征②

金融机构作为一国或地区金融体系的微观基础,其内部控制的完善与否直接影响着一国或地区经济金融的稳定与发展。对于金融机构而言,内部控制系统是主要的自我保护措施,旨在防止潜在错误、损失和违规越权等行为的发生,金融机构内部控制的作用则在于防范和规避风险,实现稳健与审慎经营,这是金融监管目标实现的关键,因此对于保证金融机构运营的合理、安全、有效是必需的。一般而言,良好的内部控制的特征主要是有效性、审慎性、全面性、及时性和独立性。

(1)有效性。内部控制机制必须具有有效性,即各种内部控制制度包括最高决策层所制定的业务规章和发布的指令,必须符合国家和监管部门的法律

---

② 蒋定之,等. 中小金融机构案件风险防控实务[M]. 北京:中国金融出版社,2010:30-31.

法规，必须具有高度的权威性，必须能够真正落到实处，成为所有员工严格遵守的行动指南。

（2）审慎性。内部控制的核心是有效防范各种风险。为了使各种风险控制在可承受范围之内，建立内控制度必须以审慎的经营为出发点，要充分考虑到业务过程中各个环节可能存在的风险和容易发生的问题，并据此设立适当的操作程序、控制步骤、补救措施来避免和减少风险。

（3）全面性。内部控制必须渗透到金融机构的各项业务过程和各个操作环节中，覆盖所有的部门和岗位，不能留有任何死角和空白，要力求做到无所不控。

（4）及时性。内部控制的建立和完善，要跟上业务和形势发展的需要。要开设新的业务机构或开办新的业务种类，必须树立"内控先行"的思想。

（5）独立性。内部控制的检查、评价部门必须独立于内部控制的建立和执行部门，直接的操作人员和直接的控制人员必须适当分开，并向不同的管理人员报告工作；在存在管理人员职责交叉的情况下，要为负责控制的人员提供可以直接向最高管理层报告的渠道。

9.3.2 完善内部控制的措施

基于上述分析的内部控制的特征，结合农村微型金融机构发展的特点，可以从以下三个方面来加强内部控制：

（1）健全考核机制。目标考核机制是一种提升绩效动力的重要方式，它以管理目标为导向，以工作责任制为基础，通过组织定期检测金融机构或人员的工作行为，并以奖惩制度进行正向激励，肯定积极行为、否定消极行为，提供激励行政组织不断改进自身行为、努力创造工作佳绩的动力源泉。通常可分为组织工作目标责任制与个人岗位目标责任制。一方面，从微型金融机构整体来看，资本充足水平、资产质量改善情况、盈利能力提升情况、内控制度落实情况、法人治理结构完善情况、支农服务功能增强情况等方面应该纳入考核指标；另一方面，从工作人员层面来看，要改变过去经济利益的单一评价指标的缺陷，将内部控制评价指标与经济利益挂钩，考核机制应具有多层次、多元化和动态性，实行存贷款终生负责制，这样他们才能把所有的精力投入到自己的工作中去。

（2）完善微型金融机构法人治理结构。农村微型金融机构如同商业银行一样，应建立以股东大会、董事会、监事会、高级管理层等为主体的公司治理组织架构，保证各机构规范运作、分权制衡；应在相关职能和层次上建立并保持内部控制目标，建立分工合理、职责明确、报告关系清晰的组织结构；应建立和保持书面程序，以持续对各类风险进行有效地识别与评估；应确定需要采取控制的业务和管理活动，依据所策划的控制措施或已有的控制程序对这些活动加以控制；应建立并保持书面程序，通过适宜的监测活动，对内部控制绩效进行持续监测，同时应对违规、险情、事故的发现、报告、处置、纠正与预防措施做出规定。[①]

（3）建立相应的信息披露机制。要将农村微型金融机构的业务工作、人事安排、财务状况等方面向相关利益者公开，接受公众监督，实行民主管理制度。信息披露机制的建立要坚持真实性、准确性、及时性和完整性的基本原则，财务报告、盈利情况应由具有相关业务资格的会计师事务所或金融监管部门来审计或审核。对于农村微型金融机构，国家还没有信息披露方面的规定，一旦出现经营管理问题，无疑会给当地的经济金融环境造成损失。因此，笔者认为应该加强立法，以正规法律文件对农村金融市场作出具体的信息披露要求，进一步明确规定有关金融活动信息披露的义务人、信息披露的内容和形式、信息披露的原则和标准等，加强对储户和投资者的保护。

9.4　逐步扩大金融服务领域

金融服务是指金融机构运用货币交易手段融通有价物品，向金融活动参与者和顾客提供的共同受益、获得满足的活动。针对农村地区金融需求差异大、抵押担保物缺乏等特点，2010年7月，中国人民银行、银监会、证监会、保监会印发了《关于全面推进农村金融产品和服务方式创新的指导意见》（以下简称《指导意见》），决定在全国范围内推进农村金融产品和服务方式创新工作。2010年下发的《指导意见》是对2008年创新试点意见的发展和深化，不仅在农村金融创新所涉及的具体内容上更全面，而且指向性也更明确。

随着经济的发展和社会的进步，金融业已不能仅仅满足于传统业务，只有不断创新，才能满足人们日益增长的对金融产品多样化的需求。并且经济社会的发展对金融的需求是多样性的，因为各类经济部门对资金的需求是多样化的、多层次的，这就要求要有多元化的金融机构为之提供多元化、多层次的金

---

① 本报记者.中国银监会督促健全商业银行内控评价机制[N].上海证券报，2004-10-08.

融服务。目前，我国农村金融市场推出的产品都与其他商业银行推出的产品有较强的共性，如出一辙，缺乏人无我有、人有我新、人新我优、人优我特的创新品种。鉴于各地区经济、文化等因素导致的差异较大，相关的农村微型金融机构可以充分结合当地特点，开发、培植具有自身特色、个性化强、适合和满足县域和小城镇客户需求的新产品。同时，由于农村消费市场潜力巨大，要不断扩大现有的金融服务范围，推广农村消费信贷业务，包括农村住房消费信贷、房屋装修贷款、综合消费贷款、大额信用贷款、汽车消费贷款、生源地助学贷款等；扩大中间业务领域，农村金融机构还可以发展代收保费、电话费、代发工资、证券基金的买卖等业务，甚至还可以包括有的农户所希望得到的专家理财等方面的金融服务。

在银行卡服务方面，农村微型金融机构亦有很大的探索空间。2010年农村信用社发放的贷记卡有3.5万张，借记卡4 980.18万张，农村商业银行发放的贷记卡有22.02万张，借记卡2 278.49万张。而城市商业银行发放的贷记卡有331.04万张，借记卡2 325.79万张，国有商业银行发放的贷记卡则高达2 607.38万张，借记卡24 364.69万张[1]。此外截至2011年底，全国203家发放农民工银行卡的机构开通了农民工银行卡特色服务发卡方业务，6.44万个农村信用社营业网点及2.52万个邮政储蓄银行营业网点，开通了农民工银行卡特色服务受理方业务。2011年农民工银行卡特色服务实现交易笔数1 641万笔，金额200亿元，同比增长13.2%和24.5%[2]。银行卡助农取款服务全国推广工作从2011年7月份启动以来到2011年底，部分省市推广工作已覆盖辖区乡镇的50%，作为主要收单机构的农业银行和邮政储蓄银行则分别在全国布放了7.6万个和2万个助农取款服务点，2011年共实现取款交易笔数和交易金额250万笔、7.7亿元[3]。今后，农村微型金融机构还可以逐步扩大在农村地区实施惠农卡、针对中小商户推出的单位银行结算账户通卡等金融品牌产品，创新银行卡的服务功能，开发银行卡诸如代理种粮直补业务、代理新型农村合作医疗保险和新型农村社会养老保险业务等，还可以提供科技信息、理财等方面的服务，推荐收益率较高的人民币和外汇理财服务产品，全面提升农民工金融服务档次。

---

[1] 《中国金融年鉴2011》第419页。
[2] http://finance.sina.com.cn，2012年2月17日。
[3] 中国农村金融杂志社．村镇银行发展动态（内部资料）．2012（2）：5.

9.5 优化农村金融生态

9.5.1 农村金融生态发展的状况

国内学者较早系统探讨金融生态问题的是周小川（2004）[①]，他在"中国经济50人论坛"上作了题为《完善法律制度，改善金融生态》的演讲，分析了法律环境对金融生态的影响，并对金融生态进行了微观经济和宏观经济分析。之后，张鹏、姜玉东（2005）[②] 将金融生态概括为在一定时间和空间范围内，金融市场、金融机构、金融产品要素之间及其与外部制度环境之间相互作用过程中，通过分工、合作所形成的具有一定结构特征，执行一定功能作用的动态平衡系统。叶德磊（2006）[③] 认为金融生态圈与金融生态环境不应被混淆，前者能更深刻地揭示和刻画金融体系中各构成部分之间彼此依存、互为前提的关系，并指出我国目前的金融生态圈存在系统性缺陷，金融种类不符合现代金融良性循环的要求。

根据中国人民银行洛阳市中心支行课题组（2006）[④] 对区域金融生态环境的评价指标体系的研究，认为金融生态环境评价指标体系应包含定量指标和定性指标两个子体系，并设计了127项指标。定量指标设计包括经济发展水平、金融资源水平、社会信用和法制环境3个目标层、14个准则层，计90项指标；定性评价包括金融法律法规的完善程度和执行状况等四项标准，计37项指标。借鉴课题组的研究方法的同时，考虑到所列出的指标较多，这里只根据需要选择部分指标进行衡量描述，它们分别是经济发展水平指标中的城乡人均收入增长率、金融资源水平指标中的金融机构利润率，以及社会信用和法制环境指标中的银行不良贷款率。

1. 城乡人均收入增长率

通常，衡量地区经济发展水平的指标是生产总值的增长率，包括定期增长率、环比增长率、总量增长率、人均产出增长率、名义增长率和实际增长率

[①] 周小川. 完善法律制度，改进金融生态 [N]. 金融时报，2004-12-07.
[②] 张鹏，姜玉东. 我国金融生态体系的改进与优化 [J]. 财经科学，2005 (4)：25-30.
[③] 叶德磊. 论我国金融生态圈优化与金融创新的功效 [J]. 当代经济科学，2006 (7)：34-39.
[④] 中国人民银行洛阳市中心支行课题组. 区域金融生态环境评价指标体系研究 [J]. 金融研究，2006 (1)：167-177.

等。这里，我们使用历年居民实际收入增长率，即城镇居民人均可支配收入增长率和农村居民人均纯收入增长率来进行说明。

图9.2显示，1978年以来我国城乡居民收入都有较大幅度的提高，城镇居民人均可支配收入由1978年的343.6元增长到2007年的13 786.0元，增长了39.1倍；与此同时，农村居民人均纯收入也由1978年的133.6元增长到2007年的4 140.4元，增长了30.0倍。但是，相对于农村居民而言，城镇居民的收入水平增速表现得更为显著，近30年中只有10年低于农村居民收入的增长速度，而且主要还是集中在改革开放初期。事实上，金融业的发展水平与地区经济的发展状况密切相关，这必将会在一定程度上使得农村金融生态环境滞后于城镇地区。如果不及时采取有效支农措施，这种差距可能会越来越大。

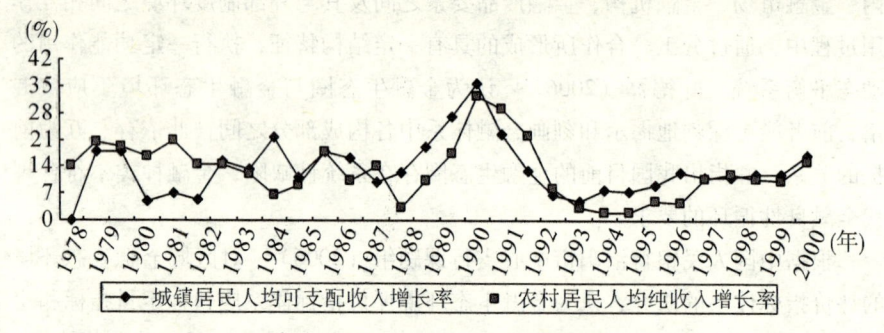

图9.2 1978—2007年我国城镇居民人均
可支配收入和农民收入增长率

资料来源：《新中国五十年统计资料汇编》、《中国统计年鉴》（2000年和2008年），其中的比例是根据相关数据计算得来的。

2. 金融机构利润率

金融机构的利润率可以反映一个金融机构的总体盈利水平。作为银行的三大目标之一，盈利性的高低是各银行的最终追求目的。2002年，中国农业发展银行和中国农业银行的净利润分别为0.34和28.97亿元，均远远低于同年的中国工商银行（61.74亿元）和中国银行（95.09亿元）的净利润。其中，中国工商银行的净利润分别是中国农业发展银行和中国农业银行的181.6倍和2.13倍，中国银行的净利润分别是二者的279.7倍和3.28倍。2008年，中国农业发展银行和中国农业银行的净利润分别上升至12.01亿元和515.91亿元，而中国工商银行和中国银行的净利润分别上升到1 115.51亿元和771.82亿元。同时，中国工商银行的净利润分别是中国农业发展银行及中国农业银行的92.9倍和2.2倍，而中国银行的净利润分别是二者的64.3倍和1.5倍（见表

9.1）。

表9.1　　　　2002—2008年四银行净利润和净利润率数据表

单位：亿元，万分之一

	中国农业发展银行		中国农业银行		中国工商银行		中国银行	
	净利润	净利润率	净利润	净利润率	净利润	净利润率	净利润	净利润率
2002	0.34	0.45	28.97	9.73	61.74	13.04	95.09	33.32
2003	2.10	2.86	19.22	5.50	21.10	4.03	45.87	14.61
2004	0.73	0.97	20.03	5.00	299.89	60.30	209.32	60.00
2005	0.24	0.28	10.44	2.19	337.04	52.88	274.92	69.71
2006	4.00	4.29	110.18	20.62	487.19	64.88	424.97	95.91
2007	15.33	14.38	433.83	81.80	819.90	94.41	462.62	92.33
2008	16.27	12.01	515.91	73.57	1 115.51	114.32	771.82	127.07

资料来源：《中国金融年鉴》2004—2009。

注：净利润率计算方法为：净利润率＝净利润÷资产总额，单位为万分之一，计算结果保留两位小数。

此外，从历年各银行净利润率来看，2002年，中国农业发展银行和中国农业银行的净利润率分别为万分之0.45和万分之9.73，也远远落后于同年的中国工商银行（万分之13.04）和中国银行（万分之33.32）的净利润率。2008年，中国农业发展银行和中国农业银行的净利润率分别上升至万分之12.01和万分之73.57，而中国工商银行和中国银行的净利润率分别高达万分之114.32和万分之127.07。

3. 银行不良贷款率

不良贷款率指金融机构不良贷款占总贷款余额的比重。银行不良贷款是指在评估银行贷款质量时，把贷款按风险基础分为正常、关注、次级、可疑和损失五类，其中后三类合称为不良贷款。银行不良贷款率是评价银行信贷资产安全状况的重要指标之一。不良贷款率高，说明金融机构收回贷款的风险大；反之，不良贷款率低，说明金融机构收回贷款的风险小。资料显示，2004年，中国银行的不良贷款率为5.12%，中国建设银行的不良贷款率为3.92%，工商银行为21.16%，而中国农业发展银行和中国农业银行的不良贷款率分别为17.5%和26.73%，其中中国农业银行的不良贷款率是五大银行中最高的。2005年，在国家金融政策的有效运行下，各银行的不良贷款率都有所下降，中国银行的不良贷款率为 4.62%，中国建设银行的不良贷款率为 3.84%，工商银行的为 4.69%，而中国农业发展银行和中国农业银行的不良贷款率仍然较高，分别为 10.2% 和 26.17%。2006 年和 2007 年，在国家金融政策的有效运行下，金融机构的不良贷款率继续有所下降，中国工商银行的不良贷款率分别为 3.79% 和 2.74%，而中国农业发展银行的不良贷款率仍然较高，分别为 7.65% 和 6.29%。

9.5.2 优化农村金融生态发展的建议

（1）不断提高农村居民收入。经济是金融发展水平的基础和依托，没有好的经济水平，金融就会成为无源之水、无本之木。2012 年党的十八大已明确指出，到 2020 年实现全面建成小康社会的宏伟目标，国内生产总值和城乡居民人均收入比 2010 年翻一番，城镇化质量明显提高，农业现代化和社会主义新农村建设成效显著。为此，优化农村金融生态的首要之举就是要不断提高农村居民收入，这可以从加大农业补贴、提高农村劳动生产率、加强针对性职业培训和为农民自主创业提供条件四个方面着手。

第一，加大农业补贴。我国有十三亿人口，农业是国民经济最重要的基础产业，是工业和其他产业腾飞的重要根基。过去，我们以牺牲农业农民的利益为代价大力发展了工业。如今在城乡统筹发展战略的背景下，要充分发挥工业对农业的支持和反哺作用、城市对农村的辐射和带动作用，建立以工促农、以城带乡的长效机制，逐步提高农民收入水平。"十二五"期间国家将进一步加大农业补贴补助力度，包括种粮直补、良种补贴、农机购置补贴、农资综合补贴，完善农业生产关键技术与服务支持政策等。

第二，提高农村劳动生产率。我们知道，劳动生产率是反映一个国家或地区生产力发展水平的重要标志，是衡量经济效益的主要指标。城乡劳动生产率自改革开放以来均取得了很大的提高。计算结果显示[①]，1978 年的农村劳动生产率为 0.043 万元/人，2007 年农村劳动生产率进一步提高到 1.945 万元/人，是 1978 年的 45 倍。此外，随着经济的不断发展，城镇劳动生产率也取得了长足的进步。1978 年的城镇劳动生产率为 0.244 万元/人，到 2007 年提高到了

---

① 宫希魁（1988）介绍了三个计算劳动生产率的统计指标：实物和价值指标、按全部劳动量计算的劳动生产率、按活劳动量计算的劳动生产率。本书选取的是第三个指标（按活劳动量计算的劳动生产率）来计算城乡劳动生产率，即城镇劳动生产率＝城镇总产值÷城镇就业总人数，农村劳动生产率＝农村总产值÷农村就业总人数。参见：宫希魁. 劳动生产率问题分析 [M]. 大连：东北财经大学出版社，1988.

5.345万元/人,是1978年的近22倍。但是,城乡劳动生产率差距却由1978年的0.201万元/人增加到2007年的3.4万元/人。①

第三,加强针对性职业培训。2010年中央一号文件首次明确提出了"新生代农民工"概念,其目的主要是将"60后至90后"四个不同年龄阶段的农民工有效地进行分层,这就要求在给农民工进行职业培训的过程中,应该根据不同年龄段、不同学历背景、不同技术水平的个性化的需求因材施教,培训工作不能搞一刀切,不能只有一份教材、一个模式。要大力发展民办职教,加大对各种渠道农村劳动力培训资源的整合。另外,开展培训的乡村和单位要安排专人负责培训过程的协调、服务和监管,深入了解和指导培训开展的情况,并及时记录参训人员的反馈意见、跟踪受训效果。按照财政监督、劳动保障部门管理、经办部门使用的原则,建立农村劳动力培训管理制度。

第四,为农民自主创业提供条件。由于各地城镇化程度不断提高,工业园区和乡镇企业逐步崛起,已有一部分剩余劳动力的转移呈现出本地自我吸收的态势。同时原来流出的打工农民积累了一定资本和经验,产生了返乡创业、就业的愿望。相关政府部门要出台扶持政策从创业培训和后续扶持、收费减免、税收优惠、财政补贴等几方面入手,积极为农民就业创业提供服务,不断提升农民的创业意识和创业能力,搭建创业平台,鼓励农民自主创业,实现从输出农民到输出岗位的跨越,更好地带动农民增收致富。

(2) 逐步完善农村金融服务基础设施。现代金融服务离不开通讯、电子、网上支付等发达的金融基础设施。一个完善的金融服务设施,一方面可以提高金融服务水平和质量,增强金融机构的竞争力;同时,借助这样的系统,还可以加强金融机构之间的信息沟通,降低信息成本,使金融机构获取准确可靠的信息,扩大服务范围。资料显示,截至2009年6月末,全国仍有2 945个乡镇没有银行业金融机构营业网点(占全国乡镇总数的8.3%),分布在27个省(区、市),其中西部地区2 367个,中部地区287个,东部地区291个。其中有708个乡镇没有任何金融服务(占金融机构空白乡镇总数的24%),分布在20个省(区、市)。针对农村存贷款户数杂、笔数多,农户数据收集、信贷档案建立和贷款跟踪等管理工作复杂的问题,相关职能部门有必要采取各种措施,加大资金投入力度、建立起一套统一的农村市场征信系统,以改善农村金

---

① 周才云. 人口红利趋缓下农村劳动力对接转移机制研究 [J]. 理论与改革, 2011 (6): 59-61.

融服务环境，加快农村金融业务的电子化、信息化进程，降低金融机构经营成本[1]。

（3）加强城乡金融市场互动。直到1997年底，相关主导部门对农村金融的发展主要采取的是约束和抑制性政策。这些措施实行后不但没能形成农村金融需求群体的资金自我良性循环机制，还使得农村金融机构亏损严重，中国农业银行多年亏损，50%~60%的农村信用社亏损，30%~40%的农村信用社甚至出现资不抵债[2]。城乡金融市场的分割使得金融业在经济社会中的作用不能够充分发挥出来。例如目前，村镇银行名义上开办了存款、贷款、结算三大类业务，但由于受村镇银行自身资金实力弱、网络系统建设不足和加入各类系统费用较高（如加入中国银联需入股资金300万元）等多种因素的影响，许多小型村镇银行基本上没有电子对账系统和账户管理系统，资金汇划渠道受阻，支付结算渠道不畅，信用卡及网上业务难以开办，这就制约了村镇银行中间业务的发展，从而增加了贷款利率确定的成本，使得城乡金融割裂，不利于城乡经济的协调发展。

（4）构建动态灵活的贷款利率形成机制。贷款利率既是农村微型金融机构资本价格与收益水平的综合体现，又是调节农村金融资源配置效率的有力杠杆，因此金融机构贷款利率的设定还应坚持及时性和动态性，也就是说要及时适应市场变化，动态调整利率定价策略，与时俱进地推出新型的贷款利率定价模式。农村微型金融机构有必要建立专门的经济信息档案，及时评定信用户等级，适度降低农村微型金融机构贷款利率水平，对于差额部分可以由上层金融监管部门进行弥补，可以增强金融机构对农户发放信贷资金的动力，更好地实现支农功能。农村微型金融机构还应将资金价格的贷款利率机制进行合理设计并且付诸实践，最终有效地动员储蓄并引导资金的流动和资源的配置，扩大支农资金的覆盖群体，从而降低农户和中小企业获得融资服务的边际成本。

---

[1] 周才云. 我国农村地区金融生态发展滞后现状、成因及对策 [J]. 商业研究，2011 (6)：153 – 157.

[2] 陈明，安虎森. 从城乡金融市场二元分割看我国农村金融的现状与改革 [J]. 胜利油田党校学报，2004 (7)：32 – 35.

附录 1

附表 1.1　　2000 年以来各地区农村信用社存款余额　　单位：亿元

地区	年份	2000	2001	2002	2003	2004	2005
东部地区	北京	492.14	588.11	675.06	826.57	930.75	1 089.18
	天津	209.43	231.97	267.63	462.88	512.58	570.93
	河北	1 389.04	1 524.35	1 651.42	1 846.73	2 077.52	2 285.53
	山东	1 292.33	1 517.51	1 735.49	2 071.72	2 460.82	2 522.87
	江苏	1 170.47	1 334.08	1 594.16	1 718.23	1 884.59	1 582.92
	上海	369.32	492.49	655.15	833.69	903.74	—
	福建	279.95	297.01	339.03	633.60	516.92	620.86
	浙江	1 267.21	1 510.71	1 847.52	2 399.62	2 731.70	1 344.75
	广东	2 363.11	2 546.76	2 844.32	3 284.06	3 802.40	4 029.36
	海南	54.34	53.64	61.32	69.70	76.37	83.48
中部地区	湖北	351.12	411.50	484.73	581.50	697.71	750.07
	湖南	560.02	633.27	715.23	825.37	929.82	1 066.91
	河南	877.88	977.58	1 096.98	1 270.14	1 451.67	1 707.90
	山西	422.84	511.50	612.95	819.38	1 002.32	1 213.11
	江西	268.99	310.19	355.32	423.11	506.50	605.44
	安徽	371.78	436.58	509.47	603.04	718.10	843.80

附表1.1(续)

地区	年份	2000	2001	2002	2003	2004	2005
西部地区	新疆	88.41	115.38	154.65	207.51	238.29	281.07
	西藏	—	—	—	—	—	—
	云南	285.28	318.43	368.54	442.85	551.23	768.09
	陕西	352.90	401.38	453.50	526.84	617.45	726.89
	四川	728.26	831.76	904.49	1 024.36	1 189.78	1 360.65
	重庆	267.00	318.37	371.00	448.72	545.02	649.14
	广西	248.21	281.22	317.83	377.49	458.61	531.42
	贵州	91.73	114.52	144.47	179.17	244.63	315.95
	青海	15.66	19.07	21.70	24.50	28.26	33.01
	甘肃	133.98	151.29	187.41	217.19	249.28	295.88
	内蒙古	126.67	174.73	204.90	258.57	317.54	390.75
	宁夏	28.86	35.44	52.67	86.25	117.27	144.50
东北地区	辽宁	569.66	619.94	685.89	797.63	835.96	965.68
	黑龙江	246.34	275.18	304.33	362.92	375.09	435.49
	吉林	206.49	229.47	258.32	286.82	323.16	389.96

资料来源：《中国金融年鉴》(2003年和2006年)。

附表1.2　　　2000年以来各地区农村信用社存款余额　　　单位：亿元

地区	年份	2006	2007	2008	2009	2010
东部地区	北京	—	—	—	—	—
	天津	419.78	432.16	259.07	302.49	—
	河北	2 573.09	2 918.39	3 398.10	4 075.65	4 770.26
	山东	2 723.57	3 144.77	3 892.22	4 349.21	5 027.47
	江苏	1 652.05	1 724.12	1 884.91	2 185.95	1 992.16
	上海	—	—	—	—	—
	福建	705.04	738.68	920.16	1 110.15	1 331.15
	浙江	1 430.96	1 636.22	1 526.63	1 543.51	1 643.70
	广东	4 753.64	5 394.77	6 321.61	7 420.43	4 866.91
	海南	95.87	119.69	158.56	207.89	306.77

附表1.2(续)

地区	年份	2006	2007	2008	2009	2010
中部地区	湖北	881.90	1 070.59	1 293.58	1 122.18	1 385.46
	湖南	1 167.31	1 254.38	1 532.37	1 837.71	2 167.01
	河南	2 023.30	2 325.38	2 701.71	3 125.31	3 604.72
	山西	1 367.73	1 661.82	2 072.07	2 477.94	3 054.64
	江西	676.84	804.30	1 023.50	1 202.95	1 514.27
	安徽	980.30	1 100.22	1 196.14	1 148.72	1 120.59
西部地区	新疆	352.20	412.40	550.78	714.05	1 056.09
	西藏	—				
	云南	878.59	1 060.17	1 312.83	1 731.19	2 234.86
	陕西	871.27	1 035.06	1 260.19	1 580.25	1 913.26
	四川	1 630.37	2 004.99	2 593.34	3 437.66	2 835.46
	重庆	766.14	945.97	1 146.65	—	—
	广西	702.66	931.05	1 039.97	1 255.73	1 648.30
	贵州	445.77	585.38	778.63	1 001.56	1 288.84
	青海	46.66	70.04	88.49	124.49	186.41
	甘肃	375.39	488.75	547.02	726.25	912.97
	内蒙古	496.90	586.39	766.36	861.97	1 114.26
	宁夏	160.23	176.46	215.46	221.54	308.27
东北地区	辽宁	1 050.36	1 189.37	1 352.38	1 601.25	1 879.98
	黑龙江	506.95	648.23	836.01	1 002.65	1 183.48
	吉林	607.18	707.24	860.37	938.01	1 062.67

资料来源:《中国金融年鉴》(2009年和2011年)。

附录2

附表2.1 2000年以来各地区农村信用社贷款余额 单位：亿元

地区	年份	2000	2001	2002	2003	2004	2005
东部地区	北京	252.47	305.93	361.26	527.40	486.36	557.11
	天津	149.80	166.47	212.19	334.29	406.40	432.61
	河北	895.70	996.75	1 077.09	1 207.89	1 353.51	1 362.36
	山东	951.02	1 170.71	1 402.01	1 739.97	1 947.94	2 001.71
	江苏	745.68	854.86	1 070.21	1 244.54	1 318.46	1 110.95
	上海	245.42	277.94	342.17	478.25	529.27	—
	福建	201.22	217.05	252.15	328.45	379.18	636.34
	浙江	940.61	1 084.05	1 338.86	1 802.87	1 998.31	999.71
	广东	1 781.23	1 862.07	1 998.47	2 250.16	2 536.36	2 431.82
	海南	30.84	31.56	35.86	45.54	66.23	48.93
中部地区	湖北	213.01	247.15	283.36	341.39	404.69	449.74
	湖南	372.04	414.45	459.97	534.04	626.13	674.24
	河南	670.75	766.63	875.64	1 009.24	1 167.64	1 274.92
	山西	281.92	347.40	423.30	581.86	706.51	818.08
	江西	169.21	195.47	237.29	301.17	353.58	423.62
	安徽	246.08	295.32	354.25	428.68	513.35	589.01

附表2.1（续）

地区	年份	2000	2001	2002	2003	2004	2005
西部地区	新疆	41.42	56.92	77.75	112.07	134.67	149.81
	西藏	—	—	—	—	—	—
	云南	186.05	218.38	260.29	323.48	382.96	517.09
	陕西	261.54	308.47	358.48	416.64	472.57	537.22
	四川	568.35	659.87	728.71	832.37	921.78	969.48
	重庆	184.93	277.46	284.83	348.71	401.08	480.28
	广西	173.68	194.71	227.62	263.54	326.85	389.08
	贵州	71.17	92.18	125.50	148.59	196.69	248.89
	青海	9.14	14.38	19.27	27.07	29.16	29.28
	甘肃	103.38	124.44	157.50	189.03	216.18	242.80
	内蒙古	91.62	124.62	146.35	174.11	211.15	245.99
	宁夏	19.11	28.10	50.20	83.37	106.67	131.25
东北地区	辽宁	403.43	427.20	460.07	523.19	604.50	599.70
	黑龙江	114.61	129.72	156.92	186.67	240.23	278.03
	吉林	113.85	130.88	160.18	194.09	219.47	250.80

资料来源：《中国金融年鉴》（2003年和2006年）。

附表2.2　　　　2000年以来各地区农村信用社贷款余额　　　　单位：亿元

地区	年份	2006	2007	2008	2009	2010
东部地区	北京	—	—	—	—	—
	天津	319.37	314.09	193.38	204.75	—
	河北	1 623.99	1 893.13	2 084.29	2 541.76	3 033.53
	山东	2 155.56	2 524.42	2 925.39	3 356.18	3 802.91
	江苏	1 165.05	1 265.72	1 406.47	1 615.00	1 458.14
	上海	—	—	—	—	—
	福建	499.31	532.36	630.07	764.65	911.77
	浙江	1 063.33	1 209.65	1 099.80	1 094.57	1 155.13
	广东	2 861.10	3 330.86	3 791.14	4 586.32	3 116.59
	海南	53.03	64.46	75.95	114.45	177.68

附表2.2(续)

地区	年份	2006	2007	2008	2009	2010
中部地区	湖北	519.98	630.06	744.83	683.85	830.99
	湖南	728.20	772.37	911.03	1 132.11	1 319.88
	河南	1 521.38	1 720.87	1 951.98	2 366.85	2 703.01
	山西	931.45	1 098.97	1 227.50	1 464.24	1 776.83
	江西	459.46	538.52	665.06	837.10	980.28
	安徽	670.60	790.46	855.92	839.70	776.22
西部地区	新疆	156.26	224.80	301.62	425.57	621.93
	西藏	—	—	—	—	—
	云南	563.47	711.20	897.39	1 167.28	1 439.90
	陕西	632.94	740.64	823.89	1 026.36	1 178.46
	四川	1 142.59	1 383.01	1 677.32	2 277.01	1 930.56
	重庆	551.42	628.42	758.16	—	—
	广西	498.54	621.88	694.67	904.29	1 129.96
	贵州	333.86	418.56	517.79	726.58	925.38
	青海	34.77	62.79	80.84	101.75	126.97
	甘肃	288.24	344.19	358.02	504.16	591.64
	内蒙古	315.96	378.46	490.34	590.02	720.58
	宁夏	154.34	173.52	204.73	211.24	266.67
东北地区	辽宁	685.13	805.70	943.19	1 208.81	1 411.01
	黑龙江	325.64	405.68	526.98	715.21	860.59
	吉林	426.94	536.82	614.27	696.51	726.29

资料来源:《中国金融年鉴》(2009年和2011年)。

附录3

农村中小金融机构风险管理机制建设指引

第一章 总 则

第一条 为促进农村中小金融机构建立健全风险管理体系，切实转换经营管理机制，有效防范各类风险，确保安全稳健运行，根据《中华人民共和国银行业监督管理法》《中华人民共和国商业银行法》等法律法规和审慎监管的要求，制定本指引。

第二条 本指引所称农村中小金融机构是指在中华人民共和国境内依法设立的农村商业银行、农村合作银行、农村信用社和村镇银行。

第三条 农村中小金融机构应积极完善风险管理组织架构，制订清晰有效的风险管理政策，强化风险管理运行机制，建立科学的激励和问责机制，培育良好的风险管理文化，建立有效的风险监督评价机制，形成与业务规模及其复杂程度相适应的全面风险管理体系。

第四条 农村中小金融机构风险管理的目标：

（一）确保持续发展，将风险管理纳入农村中小金融机构整体发展战略，通过风险管理促进发展战略的实现。

（二）确保审慎合规经营，严格遵循有关法律法规，符合监管要求。

（三）确保风险可控，在可承受范围内实现风险、收益与发展的合理匹配。

第五条 农村中小金融机构风险管理应当遵循以下原则：

（一）全面性原则。风险管理应当贯穿决策、执行和监督的全过程，覆盖所有业务、所有部门及岗位和所有操作环节。

（二）适应性原则。风险管理与机构的经营规模、业务范围和风险水平相适应，并根据发展状况适时调整，以合理的成本实现风险管理目标。

（三）独立性原则。风险管理的机构、人员和报告路线应单独设置，对业务职能予以制衡。

（四）融合发展原则。风险管理应与业务发展紧密结合，以风险管理推动业务稳健发展，确保机构价值的长期提高。

第二章　风险管理组织体系

第六条　农村中小金融机构应建立分工明确、职责清晰、相互制衡、运行高效的风险管理组织架构，加强风险管理条线独立性和专业性。

第七条　农村中小金融机构董（理）事会（以下统称董事会）负责建立和保持有效的风险管理体系，对风险管理承担最终责任，主要风险管理职责包括：

（一）决定整体风险战略、风险管理政策、风险限额和重大风险管理制度。

（二）领导本机构在法律和政策的框架内审慎经营，明确风险偏好并设定可承受的风险水平。

（三）批准风险管理组织机构设置方案。

（四）确保高级管理层采取必要的措施识别、计量、监测和控制风险，并对高级管理层执行风险管理政策情况实施评价。

（五）组织评估风险管理体系充分性与有效性。

第八条　农村中小金融机构董事会下设风险管理委员会，根据董事会授权履行风险管理职责。

第九条　农村中小金融机构监事会负责监督风险管理体系的建立和运行，主要风险管理职责包括：

（一）监督董事会、高级管理层是否履行了建立完善风险管理体系职责。

（二）监督董事会、高级管理层是否履行了风险管理职责。

（三）对高级管理层执行风险管理政策情况实施检查。

（四）要求董事会成员及高级管理人员纠正其损害机构整体利益的行为并监督执行。

第十条　高级管理层是农村中小金融机构风险管理的执行主体，对董事会负责，主要风险管理职责包括：

（一）认真执行董事会制定的风险战略，落实风险管理政策，制定覆盖全部业务和管理环节的风险管理制度和程序。

（二）推动建立识别、计量、监测并控制风险的程序和机制，采取适当的规避风险、缓释风险、降低风险和分散风险的方法和措施。

（三）提出业务部门与风险管理部门的设置方案，保证风险管理的各项职责得到有效履行。

（四）对风险管理体系的充分性与有效性进行监测、评估和改进。

（五）按照董事会要求定期或不定期向董事会报告风险状况、采取的管理措施以及风险管理长短期规划等情况。

第十一条　农村中小金融机构可根据业务发展需要设置首席风险官（风险总监），首席风险官负责分管风险管理条线工作，不得分管前台业务工作，直接对行长（主任）负责。

第十二条　农村中小金融机构应设立专门的风险管理部门，负责组织建立和实施本机构风险管理体系，逐步实现对信用风险、市场风险等风险的统一管理，该部门与业务部门保持独立。主要职责包括：

（一）拟订或组织拟订各类风险管理的政策和制度。

（二）组织对风险管理的政策、制度和流程的执行效果进行检查评估。

（三）研究确定风险识别、评估、计量、监控和缓释方法。

（四）研究提出本机构的重大风险限额。

（五）对风险状况进行监测和分析，并根据风险报告制度进行报告。

（六）对业务风险进行审查，提出风险审查意见。

（七）对客户信用等级评定及资产风险分类进行审查。

（八）牵头推动风险管理信息系统的建设。

（九）风险管理部门可向业务部门或分支机构委派风险管理人员。委派的风险管理人员独立实施风险审查，直接对风险管理部门负责。

第十三条　农村中小金融机构应根据实际，合理划分风险管理部门职能与合规、法律、信息科技及其他专业风险管理职能之间的界线，合理分设或合并，建立并完善风险管理的信息交流反馈与分工协作机制。

第十四条　各业务部门是农村中小金融机构风险管理的第一道防线，负责本部门和本业务条线风险管理的日常工作，对本部门和本业务条线的风险管理负第一责任。

第十五条　资产规模在5亿元以下的农村中小金融机构（农村信用社二级法人以县为单位），可根据业务发展与人员情况，在确保风险管理有效性的情况下，适当精简风险管理机构与岗位设置，并向属地监管部门备案。

第三章　风险管理政策和程序

第十六条　农村中小金融机构应根据风险管理的原则和要求，制定覆盖所有业务和管理环节的政策和程序，建立风险管理制度体系。

第十七条　农村中小金融机构应根据本机构的整体发展战略，确定风险偏好，制定风险管理政策。风险管理政策应与本机构的发展规划、资本实力、经营目标和风险管理能力相适应，符合法律法规和监管要求。

第十八条　农村中小金融机构风险管理政策应涵盖风险管理的主要方面，并保证连续性、稳定性和适应性，主要内容包括：

（一）风险管理组织、职责和权限安排。

（二）可以开展的业务。

（三）可以采取的风险管理策略和方法。

（四）能够承担的风险水平。

（五）适当的风险管理限额，包括信用风险限额、市场风险限额和流动性风险限额等。

（六）风险的识别、计量、监测和控制程序。

（七）采取压力测试的情形与范围。

（八）风险管理信息的报告路径。

（九）对重大和突发风险的应急处理方案。

第十九条　农村中小金融机构应根据风险管理政策，建立覆盖风险管理重要环节的程序和方法，至少包括以下方面：

（一）对各类主要风险的识别和评估的程序和方法。

（二）对各类主要风险的计量程序和方法。

（三）对各类主要风险的缓释或控制的程序和方法。

（四）对各类主要风险的监测程序和方法。

（五）对各类主要风险的报告程序和方法。

第二十条　农村中小金融机构业务发展与风险管理政策应符合资本约束与监管要求。针对业务发展和风险变化，应制定保持资本水平、提取减值准备的规划。

第二十一条　农村中小金融机构应逐步建立并保持压力测试程序和方案，根据业务发展状况、外部环境变化和监管要求，不定期开展压力测试，预防极端事件可能带来的冲击。

第四章　风险管理运行机制

第二十二条　农村中小金融机构应保证风险管理体系的有效运行。对已开展和拟开展的业务风险予以充分识别和评估，强化风险管理措施的执行，完善报告机制，有效管理风险。

第二十三条　农村中小金融机构应根据风险识别程序和方法，对经营管理中面临的各类风险，包括信用风险、市场风险、操作风险、流动性风险、合规风险等，进行主动的识别，分析风险来源，确定风险的影响范围。

第二十四条　农村中小金融机构在开办新业务、开发新产品或设立新机构时，应事先充分识别评估潜在的风险因素与影响，由业务、风险、合规等相关部门进行会商或会签。对决定开展的业务，应当事先制定明确的风险管理政策和制度。

第二十五条　农村中小金融机构应设定整体风险评估的工作模式和各类风险评估模块的联系机制，优化改进对信用风险、市场风险、操作风险等风险的评估体系。

第二十六条　农村中小金融机构应建立适合本机构业务特点的信用风险评级方法，逐步开发和完善针对中小企业、农户的评级打分卡，完善资产风险分类制度。鼓励有条件的机构采用违约概率、违约损失率等计量方法管理信用风险。

第二十七条　农村中小金融机构应针对自身特点选择灵活的风险缓释策略，创新风险缓释方式，扩大抵押担保范围，逐步建立完善贷款风险评估与定价机制，增加涉农信贷投入，有效平衡支农服务目标与风险管理之间的关系。

第二十八条　农村中小金融机构应加强综合风险关联性管理，逐步探索采取资产管理组合、银（社）团贷款等有效方式分散风险，严格控制授信集中度，明确行业风险限额，严格防范过度授信和集中授信风险。

第二十九条　农村中小金融机构应建立与本机构业务性质相适应的市场风险管理体系。基于市场风险管理能力，决定债券投资业务的品种、交易范围、交易限额、交易方向和方式等。确定总体限额与本机构的存款规模、涉农贷款规模和资本水平相挂钩的政策，并每年根据新增存款、涉农贷款增量予以调整。

第三十条　农村中小金融机构应完善资产保护机制，充分关注法律风险，研究完善土地承包经营权、林权抵押等新型抵押担保方式的法律保障，对抵押担保物的有效性进行审查，对不良贷款积极采取资产保全措施。

第三十一条　农村中小金融机构应系统梳理各项业务活动，合理设置前、中、后台，完善业务流程，制定操作手册，清晰划分各流程环节的岗位职责、风险要点、操作规范、合规要求，强化岗位相互约束与制衡，坚持关键岗位人员的轮岗轮调和强制性休假制度。农户与微小企业授信岗位职能可适当合并。

第三十二条　农村中小金融机构应建立科学严密的分级授权管理体系。以书面方式确定对董事长、高级管理人员、业务部门、分支机构、岗位和工作人员的授权，不能存在管理盲点与空白。对于转授权，应结合机构人员配置和工作特点，以书面方式做出有效的制度性安排。严禁越权从事经营管理活动，应通过管理信息系统权限设置、授权检查和规范化管理来防止超授权风险，凡发现被授权人有越权行为的，应立即纠正处理。

第三十三条　农村中小金融机构应确保业务、财务和其他管理信息完整、真实、准确和及时。完善交叉核对与对账制度，加强与客户、金融机构之间及本机构内部业务台账与会计账之间的对账，规定对账频率、对账对象和可参与人员等要求。对现金、有价证券等有形资产定期或不定期进行盘点。加强未达账项和差错处理的环节控制，记账岗位和对账岗位必须严格分开。建立事后监督机制，具备条件的机构逐步实施事后集中监督制度。

第三十四条　农村中小金融机构应建立合规检查制度。应对各业务条线和分支机构经营管理的主要领域、层面、环节和关键点的合规性进行检查，确保经营活动符合外部法律法规、监管要求及内部程序。

第三十五条　农村中小金融机构应高度重视管理信息系统的建设，逐步实现经营管理的信息化，提高风险管理有效性。建立贯穿各级机构、覆盖各个业务领域的数据库和管理信息系统，满足对各种风险的计量和定量分析，及时、准确地提供经营管理所需的各种数据，实现对各类风险的监控和预警，满足风险管理内部报告和对外信息披露的要求。同时，农村中小金融机构应当建立和健全信息系统风险防范的制度，确保信息系统设备、数据、系统运行和系统环境的安全。

第三十六条　农村中小金融机构应建立各类风险报告制度。根据不同业务风险特征，制订差异化的报告方式，明确报告对象、报告种类、报告内容、报告频率、报告路径等内容。风险管理条线的纵向报告路径应具备独立性。

第五章　考核问责

第三十七条　农村中小金融机构应当建立包含收益和风险在内的风险绩效评价体系，合理设置评价指标，逐步开展经济资本管理，提高风险管理绩效，提升经营管理水平。

第三十八条　农村中小金融机构应当建立风险管理和内部控制工作的考核机制，设定合理的考核范围、内容、标准和方法，将风险管理和内部控制考核纳入经营管理综合考核之中，考核结果与员工奖惩激励挂钩。

第三十九条　农村中小金融机构应当建立贯穿各个业务领域以及对高级管理人员与员工日常行为的问责制度。各业务条线要根据内部控制和风险管理的要求，对各项业务进行定期或不定期的检查，对违规行为及造成风险损失的责任人进行经济处罚和纪律处分，规范经营行为，确保各项业务健康可持续发展。

第六章　风险管理文化

第四十条　风险管理应植根于农村中小金融机构的企业文化，并作为董事会战略决策和高级管理层、风险管理部门和其他业务条线的负责人及员工日常工作的核心。

第四十一条　农村中小金融机构应建立风险为本的企业文化，树立诚实守信、依法合规、稳健审慎的价值观念，制定高标准的员工行为准则与职业操守，规划企业文化渗透方案，并在本机构推行实施。董事和高级管理人员应率先垂范并引导全体员工参与风险管理文化建设，并通过激励约束、典型案例、警示教育等方式进行传播与渗透。

第四十二条　农村中小金融机构应根据风险管理的要求管理与配置人力资源，实施主要风险岗位人员准入与退出管理制度，配备足够的、能够达到风险管理岗位资质要求的人员，并随风险管理状况的变化进行相应的调整。

第四十三条　农村中小金融机构应当制定并实施中长期培训计划，加强对员工从业知识、风险管理要求及道德思想方面的培训，强化案件警示作用。培训计划应定期评审，充分考虑不同层次员工职责、能力和文化程度以及所面临的风险。

第四十四条　农村中小金融机构应以健康的风险管理文化为导向，建立以风险管理为基础，风险、发展与效益平衡的激励制度，从源头上遏止经营人员为追求自身短期效益最大化而偏离机构长期目标的短期行为。

第七章　监督与评价

第四十五条　农村中小金融机构应建立独立、专业的内部审计体系。对风险管理各个组成部分和环节进行独立的审计监督。对风险管理体系的准确性、可靠性、充分性和有效性实施评价。

第四十六条　行业管理部门依法对农村中小金融机构风险管理情况实施检查与评价，做出风险提示，提出评价结论和处理意见，并以书面形式将评价结论与处理意见报监管部门。

第四十七条　农村中小金融机构董事会、监事会、高级管理层可以根据业务发展情况，聘请外部中介机构审计，并应积极创造条件保证外部审计的独立性和有效性。

第四十八条　农村中小金融机构应重视监管部门的风险检查评估与监管评级结果，依据监管意见认真改进，并按要求向监管部门报送整改报告。

第四十九条　农村中小金融机构董事会、高级管理层应定期对风险管理状况组织开展自我评估，评估风险管理的有效性，发现风险管理的缺陷。评估应定期持续进行，当经营管理环境发生重大变化时，应及时重新评估。

第五十条　农村中小金融机构董事会、监事会和高级管理层应根据各类评价结果对风险管理体系进行对照研究，分析问题性质，对属于风险管理体系的问题，应建立科学的纠偏和纠错机制持续改进，对因执行不力和违反风险管理制度而发生的问题，应限期整改。

第八章　附　则

第五十一条　本指引由中国银监会负责解释与修订。

第五十二条　本指引自公布之日起施行。

参考文献

[1] 陈松林. 中国金融安全问题研究 [M]. 北京：中国金融出版社，2002.

[2] 陈雨露，马勇. 中国农村金融论纲 [M]. 北京：中国金融出版社，2010.

[3] 高铁梅. 计量经济分析方法与建模 [M]. 北京：清华大学出版社，2006.

[4] 高铁梅. 计量经济分析方法与建模 [M]. 2版. 北京：清华大学出版社，2009.

[5] 戈德史密斯. 金融结构与金融发展 [M]. 周朔，译. 上海：上海三联书店，1990.

[6] 宫希魁. 劳动生产率问题分析 [M]. 大连：东北财经大学出版社，1988.

[7] 郭家万. 中国农村合作金融 [M]. 北京：中国金融出版社，2006.

[8] 韩红. 中国农村小额信贷制度及管理 [M]. 北京：中国社会科学出版社，2010.

[9] 蒋定之，等. 中小金融机构案件风险防控实务 [M]. 北京：中国金融出版社，2010.

[10] 焦瑾璞，陈瑾. 建设中国普惠金融体系 [M]. 北京：中国金融出版社，2009.

[11] 李嘉图. 政治经济学及赋税原理 [M]. 周洁，译. 北京：华夏出版社，2005.

[12] 李镇西. 微型金融：国际经验与中国实践 [M]. 北京：中国金融出版社，2011.

[13] 廖星成. 中国三农问题研究报告 [M]. 北京：新华出版社，2005.

[14] 刘鸿儒. 简明金融词典 [M]. 北京：改革出版社，1996.

[15] 刘进宝,何广文.中国农村中小型金融机构风险度量管理研究[M].北京:中国农业出版社,2009.

[16] 罗伯特·莫顿.金融学[M].欧阳颖,等,译.北京:中国人民大学出版社,2000.

[17] 唐旭.金融理论前沿课题:2辑[M].北京:中国金融出版社,2003.

[18] 王广谦.经济发展中金融的贡献与效率[M].北京:中国人民大学出版社,1997.

[19] 王国良,褚利明.微型金融与农村扶贫开发[M].北京:中国财政经济出版社,2009.

[20] 王曙光,乔郁.农村金融学[M].北京:北京大学出版社,2008.

[21] 王双正.中国农村金融发展研究[M].北京:中国市场出版社,2008.

[22] 王松奇.中国商业银行竞争力报告2010[M].北京:社会科学文献出版社,2011.

[23] 吴晓灵,焦瑾璞.中国小额信贷蓝皮书2009—2010[M].北京:经济科学出版社,2011.

[24] 谢玉梅.农村金融深化:政策与路径[M].上海:上海人民出版社,2007.

[25] 亚当·斯密.国富论[M].唐日松,译.北京:华夏出版社,2005.

[26] 杨德勇.金融效率论[M].北京:中国金融出版社,1999.

[27] 尹希果.计量经济学原理与操作[M].重庆:重庆大学出版社,2009.

[28] 应寅锋,赵岩青.国外的农村金融[M].北京:中国社会出版社,2006.

[29] 约翰,伊特韦尔,等.新帕尔格雷夫经济学大辞典[M].2卷.北京:经济科学出版社,1992.

[30] 张伟.微型金融理论研究[M].北京:中国金融出版社,2011.

[31] 张元红,等.当代农村金融发展的理论与实践[M].南昌:江西人民出版社,2002.

[32] 赵崇生.基于金融效率理论的中国农村金融改革研究[M].北京:人民出版社,2008.

[33] 中国人民银行金融市场司.2006信贷政策调研与金融市场分析[M].

北京：中国金融出版社，2007.

[34] 周晔. 金融风险度量与管理 [M]. 北京：首都经济贸易大学出版社，2010.

[35] 朱乾宇. 中国农户小额信贷影响研究 [M]. 北京：人民出版社，2010.

[36] 安翔. 我国农村金融发展与农村经济增长的相关分析——基于帕加诺模型的实证检验 [J]. 经济问题，2005（10）：49-51.

[37] 包群，等. 关于我国储蓄—投资转化率偏低的实证分析 [J]. 经济科学，2004（3）：35-42.

[38] 蔡昉. 中国农村改革三十年——制度经济学的分析 [J]. 中国社会科学，2008（6）：99-110.

[39] 陈明，安虎森. 从城乡金融市场二元分割看我国农村金融的现状与改革 [J]. 胜利油田党校学报，2004（7）：32-35.

[40] 陈秋玲，等. 金融风险预警：评价指标、预警机制与实证研究 [J]. 上海大学学报：社会科学版，2009（9）：127-144.

[41] 陈守东，等. 中国金融风险预警研究 [J]. 数量经济技术经济研究，2006（7）：36-48.

[42] 陈松林. 金融风险生成机理与化解 [J]. 经济理论与经济管理，1997（4）：26-30.

[43] 丁忠民. 村镇银行发展与缓解农村金融困境研究——以城乡统筹试验区重庆市为例 [J]. 农业经济问题，2009（7）：49-53.

[44] 杜朝运，范玲玲，毕柳. 我国小额信贷利率问题的实证研究 [J]. 农业经济问题，2009（5）：33-37.

[45] 杜晓山. 中国农村小额信贷的实践尝试 [J]. 中国农村经济，2004（8）：12-19.

[46] 杜晓山. 印度小额信贷的发展及借鉴 [J]. 现代经济探讨，2005（5）：37-41.

[47] 杜晓山，孙若梅. 中国小额信贷的实践和政策思考 [J]. 财贸经济，2000（7）：32-37.

[48] 冯兴元，何梦笔，何广文. 试论中国农村金融的多元化——一种局部知识范式视角 [J]. 中国农村观察，2004（5）：17-29.

[49] 傅强，刘远举. 信贷市场、资本市场与我国的储蓄投资转化率 [J].

金融论坛，2007（3）：33-37.

［50］傅铭深，米运生. 金融自由化、非对称调整与新兴市场的金融危机［J］. 当代经济科学，2010（2）：38-44.

［51］顾海峰，奚君羊. 金融担保机构信用风险的生成机理研究［J］. 广东金融学院学报，2009（4）：49-58.

［52］何大安. 中国农村金融市场风险的理论分析［J］. 中国农村经济，2009（7）：59-67.

［53］何广文. 新型农村金融机构试点全面推进［J］. 银行家，2008（1）：24-25.

［54］贺思辉，王茂. 小样本下的金融风险测度的技术研究［J］. 数理统计与管理，2006（5）：341-345.

［55］滑冬玲. 转轨国家制度与金融自由化关系的实证研究［J］. 金融研究，2006（1）：109-117.

［56］黄达. 由讨论金融与金融学引出的"方法论"思考［J］. 经济评论，2001（3）：56-60.

［57］贾立，王红明. 西部地区农村金融发展与农民收入增长关系的实证分析［J］. 农业技术经济，2010（10）：40-49.

［58］焦瑾璞. 创造微型金融规范持续发展的良好环境［J］. 中国金融，2010（3）：73-74.

［59］黎翠梅，武蔷薇. 我国农村金融发展的区域比较分析［J］. 财经论丛，2010（6）：42-49.

［60］李波. 对微型金融的认识及发展建议［J］. 武汉金融，2009（3）：47-48.

［61］李明贤，周孟亮. 我国小额信贷公司的扩张与目标偏移研究［J］. 农业经济问题，2010（12）：58-64.

［62］李晓健. 我国农村商业银行发展研究［J］. 学术论坛，2009（8）：96-100.

［63］李心丹，傅浩. 国外金融体系风险理论综述［J］. 经济学动态，1998（1）：66-72.

［64］李新生，谢元态. 关于农村资金流失的实证分析及理论思考［J］. 江西财经大学学报，2002（6）：27-30.

［65］刘旦. 我国农村金融发展效率与农民收入增长［J］. 山西财经大学

学报，2007（1）：44 - 49.

[66] 刘淑萍. 新型农村金融机构的困境与破解——以青海省大通国开村镇银行为例 [J]. 青海金融，2010（10）：17 - 19.

[67] 刘文璞，张保民. 小额信贷：国际经验在中国扶贫中的实践 [J]. 中国贫困地区，1997（1）：41 - 44.

[68] 刘锡良，洪正. 多机构共存下的小额信贷市场均衡 [J]. 金融研究，2005（3）：68 - 79.

[69] 柳松，邹帆. 新农村建设中农村金融风险的生成机理与防范化解 [J]. 农业现代化研究，2007（3）：168 - 172.

[70] 罗荷花，李明贤. 农村资金互助社试点中的问题及对策 [J]. 湖南农业大学学报. 社会科学版，2008（6）：40 - 42.

[71] 罗建华，申韬. 印度微型金融机构（MFIs）灾害风险管理经验与启示 [J]. 东南亚纵横，2009（7）：80 - 84.

[72] 绵阳市金融学会课题组. 西部欠发达地区新型农村金融机构问题初探——基于绵阳富民村镇银行的案例剖析 [J]. 西南金融，2008（3）：34 - 36.

[73] 秦池江. 把握政策不离方向　抓住机遇开辟市场 [R]. 第三届中国村镇银行发展论坛主题报告，2010.

[74] 史建平，周素彦. 农村信用社产权制度改革：理论、绩效与出路 [J]. 中央财经大学学报，2004（1）：21 - 26.

[75] 石俊志. 小额信贷发展模式的国际比较及其对我国的启示 [J]. 国际金融研究，2007（10）：4 - 9.

[76] 宋宏谋. 中国农村金融发展问题研究 [D]. 北京：中国社会科学院博士学位论文，2002.

[77] 孙琳. 关于发展我国农户小额信贷的思考 [J]. 世界经济情况，2006（14）：5 - 8.

[78] 孙玲. 金融风险的生成机理与传导问题研究 [J]. 中州学刊，2010（1）：69 - 71.

[79] 谭中明. 区域金融风险预警系统的设计和综合度量 [J]. 软科学，2010（3）：69 - 74.

[80] 汪三贵，李莹星. 印尼小额信贷的商业运作 [J]. 银行家，2006（3）：110 - 113.

[81] 王家传, 冯林. 农村小额贷款公司营运成效与发展方略: 以山东省为例 [J]. 农业经济问题, 2011 (7): 54-61.

[82] 王曙光. 新型农村金融机构运行绩效与机制创新 [J]. 中共中央党校学报, 2008 (2): 60-65.

[83] 王婷. 区域发展的非均衡性与金融资源配置差异研究——基于2000—2008年中国省际面板数据 [J]. 经济问题, 2010 (10): 22-28.

[84] 王修华, 谢朝华. 西方金融结构理论的演进与启示 [J]. 现代经济探讨, 2008 (4): 38-41.

[85] 王燕, 杨文瀚. 金融风险度量方法的研究进展 [J]. 科技进步与对策, 2005 (8): 194-196.

[86] 王毅. 用金融存量指标对中国金融深化进程的衡量 [J]. 金融研究, 2002 (1): 82-92.

[87] 王永仕, 刘华. 发展我国农协组织的现实意义及实践要求 [J]. 农业经济, 2003 (7): 2-3.

[88] 王志强, 孙刚. 中国金融发展规模、结构、效率与经济增长关系的经验分析 [J]. 管理世界, 2003 (7): 13-20.

[89] 温红梅, 韩晓翠. 基于VaR的我国农村金融机构市场风险的度量与实证 [J]. 哈尔滨商业大学学报: 社会科学版, 2011 (2): 3-9.

[90] 温涛. 中国农村金融风险生成机制与控制模式研究 [D]. 重庆: 西南农业大学博士论文, 2005.

[91] 温涛. 新时期我国农村金融风险控制前理论思考 [J]. 金融理论与实践, 2006 (5): 3-7.

[92] 温涛, 冉光和, 熊德平. 中国金融发展与农民收入增长 [J]. 经济研究, 2005 (9): 30-43.

[93] 吴国宝. 农村小额信贷扶贫试验及其启示 [J]. 改革, 1998 (4): 87-94.

[94] 武志. 金融发展与经济增长: 来自中国的经验分析 [J]. 金融研究, 2010 (5): 58-68.

[95] 吴少新, 等. 基于DEA超效率模型的村镇银行经营效率研究 [J]. 财贸经济, 2009 (12): 45-49.

[96] 吴言林, 陈崇. 农村金融发展与经济增长关系实证研究——来自于江苏省的实际样本数据分析 [J]. 学海, 2010 (4): 96-102.

[97] 谢平. 中国农村信用合作社体制改革的争论 [J]. 金融研究, 2001 (1): 1-13.

[98] 谢升峰. 微型金融与低收入群体信贷 [J]. 宏观经济研究, 2010 (9): 49-53.

[99] 谢欣. 玻利维亚阳光银行的草尖金融 [J]. 银行家, 2008 (6): 110-113.

[100] 辛德树, 等. 农村资金互助社的金融风险防范研究 [J]. 中国农民合作社, 2011 (9): 30-32.

[101] 杨青, 等. CVaR-EVT 和 BMM 在极端金融风险管理中的应用研究 [J]. 统计研究, 2010 (6): 78-86.

[102] 姚京, 李仲飞. 从管理风险的角度看金融风险度量 [J]. 数理统计与管理, 2010 (7): 736-742.

[103] 姚耀军. 中国农村金融发展与经济增长关系的实证分析 [J]. 经济科学, 2004 (5): 24-31.

[104] 叶德磊. 论我国金融生态圈优化与金融创新的功效 [J]. 当代经济科学, 2006 (7): 34-39.

[105] 张红伟, 曹邦英. 我国农村信用社贷款利率定价研究 [J]. 价格理论与实践, 2010 (11): 60-61.

[106] 张鹏, 姜玉东. 我国金融生态体系的改进与优化 [J]. 财经科学, 2005 (4): 25-30.

[107] 张润林. 微型金融研究文献综述 [J]. 经济学动态, 2009 (4): 133-137.

[108] 赵冬青, 李子奈, 刘玲玲. 印度微型金融对我国农村金融发展的启示 [J]. 金融理论与实践, 2008 (6): 98-101.

[109] 赵冬青, 王康康. 微型金融机构如何实现商业化运作——玻利维亚阳光银行的经验介绍 [J]. 中国农村金融, 2010 (2): 91-93.

[110] 赵洪丹. 中国农村金融发展与农村经济发展的关系——基于1978—2009年数据的实证研究 [J]. 经济学家, 2011 (11): 58-63.

[111] 赵昕. 亚洲各国农村金融模式 [J]. 银行家, 2006 (1): 114-117.

[112] 仲彬, 等. 区域金融风险预警系统的理论与实践探讨 [J]. 金融研究, 2006 (7): 105-111.

[113] 中国人民银行洛阳市中心支行课题组. 区域金融生态环境评价指标

体系研究 [J]. 金融研究, 2006 (1): 167-177.

[114] 周才云. 区域金融预警指标体系与风险防范 [J]. 商业研究, 2006 (4): 146-148.

[115] 周才云. 金融危机的生成、传导及治理 [J]. 理论探索, 2007 (4): 67-69.

[116] 周才云. 中国农村金融发展与农村居民收入增长关系的经验研究 [J]. 统计与信息论坛, 2010 (8): 54-59.

[117] 周才云. 我国"三农"发展中的金融支持研究 [D]. 江西: 江西财经大学博士论文, 2009.

[118] 周才云. 农村金融发展与农村经济增长关系的统计检验 [J]. 统计与决策, 2010 (15): 125-127.

[119] 周才云. 中国农村金融发展的困境、成因及其破解 [J]. 技术经济与管理研究, 2011 (4): 115-118.

[120] 周才云. 我国农村地区金融生态发展滞后现状、成因及对策 [J]. 商业研究, 2011 (6): 153-157.

[121] 周才云. 人口红利趋缓下农村劳动力对接转移机制研究 [J]. 理论与改革, 2011 (6): 59-61.

[122] 周宏, 李远远, 官冰. 中国国际金融风险预警的理论问题研究 [J]. 统计研究, 2012 (1): 49-54.

[123] 周孟亮, 李明贤. 小额信贷商业化、目标转移与交易成本控制 [J]. 经济学动态, 2010 (12): 75-79.

[124] 周小川. 完善法律制度, 改进金融生态 [N]. 金融时报, 2004-12-07.

[125] 本报记者. 2011年农村金融十大新闻 加快水利发展成主题 [N]. 金融时报, 2012-01-05.

[126] 本报记者. 中国银监会督促健全商业银行内控评价机制 [N]. 上海证券报, 2004-10-08.

[127] 胡召平, 黄旭. 应重视商业银行的贷款集中度风险 [N]. 上海证券报, 2012-03-15.

[128] 项俊波. 金融风险的防范与法律制度的完善 [EB/OL]. (2005-04-27) http://biz.163.com.

[129] 阎坤, 陈新平. 我国金融风险财政化问题及对策 [EB/OL].

(2006-07-25) http://www.chinaacc.com.

[130] AJAI NAIR. Sustainability of microfinance Self Help Groups in India: would federating help [J]. World Bank Policy Research Working Paper, 2005, 3 516: 1-33.

[131] AMITRAJEET A. BATABYAL, HAMID BELADI. A Model of microfinance with adverse selection, loan default, and self-financing [J]. RIT Economics Department Working Paper, 2009, 09: 1-20.

[132] ASHUTOSH KUMAR. Reducing default rate in rural credit: how effective is enhanced supervision approach for formal financial institutions [J]. Working Paper Series, 2004: 1-18.

[133] ANDREW BERG, CATHERINE A. PATTILLO. Are currency crises predictable? a test [J]. IMF Working Paper, 1998 (98/154).

[134] ASHUTOSH KUMAR. Reducing default rate in rural credit: how effective is enhanced supervision approach for formal financial institutions [J]. Working Paper Series, 2004: 1-18.

[135] BEGOÑA GUTIÉRREZ-NIETO, CARLOS SERRANO-CINCA, CECILIO MAR MOLINERO. Microfinance institutions and efficiency [J]. Omega, 2007, 35: 131-142.

[136] BELTON M. FLEISHER, YUNHUA LIU AND HONGYI LI. Financial intermediation, inflation, and capital formation in rural China [J]. China Economic Review. 1994, 5: 101-115.

[137] CLAUDIO. ROMANO. Calibrating and simulating copula functions: an application to the Italian stock market [J]. Working Paper Series, 2002.

[138] COLIN KIRKPATRICK, SAMUEL MUNZELE MAIMBO. The implications of the evolving microfinance agenda for regulatory and supervisory policy [J]. Development Policy Review, 2002, 20: 293-304.

[139] DALE W. ADAMS, H. Y. CHENA, M. B. LAMBERTE. Differences in uses of rural financial markets in Taiwan and the Philippines [J]. World Development Vol. 21, 1993: 555-563.

[140] DALE W. ADAMS, ROBERT C. VOGEL. Rural financial markets in low-income countries: Recent controversies and lessons [J]. World Development, 1986, 14: 477-487.

[141] DAVID HULMEI. The story of the Grameen Bank: from subsidised microcredit to market – based microfinance [J]. BWPI Working Paper 60, 2008: 1 – 10.

[142] FRANKLIN ALLEN, DOUGLAS GALE. Optimal currency crises [J]. Carnegie – Rochester Conference Series on Public Policy, 2000, 53: 177 – 230.

[143] FRANCIS KEHINDE EMENI. Micro Finance Institutions (MFIs) in Nigeria – problems and prospects: questionnaire survey findings [J]. Journal of Financial Management and Analysis, Vol. 21, No. 1, 2008.

[144] FRANKLIN ALLEN, DOUGLAS GALE. Financial contagion [J]. The Journal of Political Economy, 2000, 108: 1 – 33.

[145] IRVING FISHER. The debt – deflation theory of great depressions [J]. Econometrica, 1933: 337 – 357.

[146] JAMEEL JAFFER. Microfinance and the mechanics of solidarity lending: improving access to credit through innovations in contract structure [J]. Working Paper, 1999, 254: 1 – 31.

[147] JAYASHEELA1, DINESHA P. T, V. BASIL HANS. Financial Inclusion and microfinance in India: An Overview [J]. Working Paper Series, 2008: 1 – 20.

[148] JEAN – FRANCOIS BACMANN, GREGOR GAWRON. Fat tail risk in portfolios of hedge funds and traditional investments [J]. EFMA 2004 Basel Meetings Paper, 2004: 1 – 28.

[149] JENS KOVSTED, PETER LYK – JENSEN. Rotating savings and credit associations: the choice between random and bidding allocation of funds [J]. Journal of Develop ment Economics, 1999, 60: 143 – 172.

[150] J. JORDAN POLLINGER, JOHN OUTHWAITE, HECTOR CORDERO – GUZMÁN. The question of sustainability for microfinance institutions [J]. Journal of Small Business Management, 2007, 45: 23 – 41.

[151] JOHN WEISS, HEATHER MONTGOMERY. Great expectations: microfinance and poverty reduction in Asia and Latin America [J]. ADB Institute Research Paper 2005, 15: 1 – 30.

[152] JOSEPH E. STIGLITZ, ANDREW WEISS. Credit rationing in markets with imperfect information [J]. The American Economic Review, 1981, 71: 393 – 410.

[153] JOSHUA V. ROSENBERG, TIL SCHUERMANN. A general approach to integrated risk management with skewed, fat-tailed risk [J], 2004, 185: 1-67.

[154] KABIR M. HASSAN, BENITO SANCHEZ. Efficiency analysis of microfinance institutions in developing countries [J]. Networks Financial Institute Working Paper 2009-WP-12, 2009: 1-22.

[155] KELLEE S. TSAI. The local political economy of informal finance and microfinance in rural China and India [J]. World Development, 2004, 32: 1 487-1 507.

[156] KLAUS P. FISCHER. Financial cooperatives: a "market solution" to SME and rural financing [J]. Working Paper, 1998, 3: 1-29.

[157] LAURA E. KODRES, MATT PRITSKER. A rational expectations model of financial contagion [J]. Board of Governors of the Federal Reserve Finance and Economics Discussion Series, 1998: 98-48.

[158] MAMIZA HAQ, MICHAEL T. SKULLY, SHAMS PATHAN. Efficiency of microfinance institutions: a data envelopment analysis [J]. Accepted Paper Series, 2009: 1-39.

[159] MICHAEL S. BARR. Microfinance and financial development [J]. Michigan Journal of International Law, 2005, 26: 271-296.

[160] MITALI SEN. Assessing social performance of microfinance institutions in India [J]. Icfai Journal of Applied Finance, 2008, 14: 78-86.

[161] M. KABIR HASSAN, BENITO SANCHEZ. Efficiency analysis of microfinance institutions in developing countries [J]. Working Paper Series, 2009: 1-22.

[162] MOHAMMED OBAIDULLAH. Role of microfinance in poverty alleviation: lessons from experiences in selected IDB member countries [J]. 2008, 1 429/2 740: 1-72.

[163] MOHAMMAD SHAMSUDDOHA, A. S. M. S. AZAD. Assessing impact of microfinance on poverty alleviation-Bangladesh perspective [J]. Working Paper Series, 2004: 1-9.

[164] NAVEEN K. SHETTY, DR. VEERASHEKHARAPPA. The microfinance promise in financial inclusion: evidence from India [J]. The IUP Journal of Applied Economics, 2009, 8: 174-189.

[165] NIELS HERMES, ROBERT LENSINK, ALJAR MEESTERS. Financial development and the efficiency of microfinance institutions [J]. Working Paper Series, 2009: 1 - 29.

[166] NIKHIL CHANDRA SHIL. Microfinance for poverty alleviation: a commercialized view [J]. International Journal of Economics and Finance, 2009, 1: 191 - 205.

[167] N. TEJMANI SINGH. Microfinance practices in India: an overview [J]. International Review of Business Research Papers, 2009, 5: 131 - 146.

[168] PETER DEMERJIAN. Financial covenants, credit risk, and the resolution of uncertainty [J]. Working Paper Series, 2010: 1 - 42.

[169] PETER F. CHRISTOFFERSEN, SILVIA GONCALVES. Estimation risk in financial risk management [J]. Journal of Risk, 2005, 7: 1 - 28.

[170] RAJESH CHAKRABARTI. The Indian microfinance experience - accomplishments and challenges [J]. Working Paper Series, 2005: 1 - 21.

[171] R. MARISOL RAVICZ. Searching for sustainable microfinance: a review of five Indonesian initiatives [J]. Development Economics Research Group, 1998: 1 - 90.

[172] ROBERT CULL, ASLI DEMIRGUC - KUNT, JONATHAN MORDUCH. Financial performance and outreach: a global analysis of leading microbanks [J]. Economic Journal, 2007, 117: F107 - F133.

[173] ROSS LEVINE. Law, finance, and economic growth [J]. Journal of Financial Intermediation, 1999, 8: 8 - 35.

[174] ROY MERSLAND. The cost of ownership in microfinance organizations [J]. MPRA Paper, 2007, 2 061: 1 - 31.

[175] SALVADOR RAYO, JUAN LARA RUBIO SR, DAVID CAMINO BLASCO. A credit scoring model for institutions of microfinance under the Basel II Normative [J]. Journal of Economics, Finance & Administrative Science, 2010, 15: 90 - 124.

[176] SUDHANSHU HANDA, CLAREMONT KIRTON. The economics of rotating savings and credit associations: evidence from the Jamaican 'Partner' [J]. Journal of Development Economics, 1999, 60: 173 - 194.

[177] THANKOM ARUN. Regulating for development: the case of microfinance

[J]. The Quarterly Review of Economics and Finance, 2005, 45: 346-357.

[178] TITO CORDELLA, EDUARDO LEVY-YEYATI. Deposit insurance, financial opening and risk in a model of banking competition [J]. Working Paper Series, 1998: 1-45.

[179] VALENTINA HARTARSKA. Governance and performance of microfinance institutions in central and eastern Europe and the newly independent states [J]. William Davidson Institute Working Paper, 2004, 677: 1-30.

国家自然科学基金项目"电商生态系统中平台与入驻企业的动态适应机制：复杂适应视角的研究"（71672183）

江西省文化艺术科学规划项目（YG2021187）

抚州市社会科学规划重点项目（23SK06）

东华理工大学地质资源经济与管理研究中心

联合资助

中国独角兽企业
成长机制与模式研究

孙琪霞◎著

江西人民出版社

图书在版编目（CIP）数据

中国独角兽企业成长机制与模式研究／孙琪霞著.--南昌：江西人民出版社，2023.12
 ISBN 978-7-210-15274-3

Ⅰ.①中… Ⅱ.①孙… Ⅲ.①企业发展-研究-中国 Ⅳ.①F279.23

中国国家版本馆 CIP 数据核字（2024）第 030694 号

中国独角兽企业成长机制与模式研究
ZHONGGUO DUJIAOSHOU QIYE CHENGZHANG JIZHI YU MOSHI YANJIU
孙琪霞 著

责 任 编 辑：徐 旻
封 面 设 计：回归线视觉传达

江西人民出版社 Jiangxi People's Publishing House 出版发行

地　　　　　址	江西省南昌市三经路 47 号附 1 号（邮编：330006）
网　　　　　址	www.jxpph.com
电 子 信 箱	jxpph@tom.com
编辑部电话	0791-88629871
发行部电话	0791-86898815
承　　印　　厂	北京虎彩文化传播有限公司
经　　　　　销	各地新华书店
开　　　　　本	720 毫米×1000 毫米　1/16
印　　　　　张	14
字　　　　　数	208 千字
版　　　　　次	2023 年 12 月第 1 版
印　　　　　次	2023 年 12 月第 1 次印刷
书　　　　　号	ISBN 978-7-210-15274-3
定　　　　　价	48.00 元

赣版权登字-01-2023-649

版权所有　侵权必究
赣人版图书凡属印刷、装订错误，请随时与江西人民出版社联系调换。
服务电话：0791-86898820

前　言

独角兽企业(简称独角兽)是指市场估值超过 10 亿美元的获得私募投资但尚未上市的私营初创企业。独角兽所具备的拓展生产边界、增强经济韧性、强化创新赋能以及高度市场驱动的创业模式正在展现新兴的活力,其数量成为评价世界新经济(New Economy)增长潜力的重要参照指标。从《2023 全球独角兽榜》来看,全球已有超过 1300 家的独角兽企业,总估值超过 4 万亿美元。

从地理分布上看,独角兽企业主要出现在高度重视数字化应用和高科技领域研发的国家和地区,拥有独角兽企业最多的地区为北美洲、亚洲(主要集中在中国)及欧洲。美国的独角兽企业成长极大地依托于资本市场的培育:高校负责原始创新,创业实验室负责创新转化和成本研发,企业则负责市场化运营和创业,整个过程都离不开金融资本的助力。硅谷诞生了世界上最多的独角兽企业。欧洲独角兽企业成长的模式则秉承资本驱动与政府引导并驱的模式。与美国模式不同,欧盟以及各国政府普遍采用支持大学实验室或者校企联合研究中心孵化原始创新的模式,加快新技术的市场化推广,对创业企业的直接扶持较少,主要是提供稳健的金融融资环境和人才扶持机制。因此,欧洲独角兽企业成长模式具有美国模式中依托资本市场驱动的特征,也具备政府扶持和引导的双重特征。中国是独角兽企业数量世界排名第二的国家,培育了字节跳动、蚂蚁集团、滴滴出行等企业。但近几年来特别是受新冠疫情影响,独角兽企业在成长中存在巨大的不确定性,诸如新旧力量带来的竞争压力、创业团队的更迭风险、政府的监管、市场环境的突变等等。据不完全统计,中国每年约有 20 家独角兽企业消失在榜单中。我国政府提倡"有效市场+有为政府"的政策,对于独角兽这类高成长型的企业创业研究仍处于初期阶段,中国独角兽是否存在不同于欧美独角兽的独特的成长模式,我们尚不清楚。

本书尝试揭开中国独角兽企业成长的"神秘面纱",对于理解独角兽企业为何能获得高成长机会提供了新的理论见解和实证证据。立足于中国独角兽企业培育实践,解构中国逐渐成熟的创业生态系统,利用多源公开数据的组合开创性地构建了独角兽企业创业数据集,采用定量方法识别影响独角兽企业成长的关键要素和作用机理。研究揭示了独角兽企业成长所依赖的创业生态系统的赋能作用,从政策扶持、风投助推以及组织创业三个维度较为系统地阐述了独角兽企业成长作用机制,并发现了中国独角兽企业高估值成长的多种模式。本书主要开展了以下四项研究工作:

研究 1 提出并论证了独角兽企业三大关键创业生态要素。基于创业生态系统理论提出独角兽企业创业生态系统的核心结构可由制度、关系和结构三个维度解释。接着使用 70 万字的咨询报告和新闻文本数据集,利用隐含狄利克雷分布(LDA)模型,从社会公众和政府部门视角提取了独角兽企业成长的 8 个关键要素。借助于上述自上而下的理论解构和自下而上的实践归纳相结合,提出政策扶持、风投助推以及组织创业是独角兽企业高估值成长的关键机制,据此设计了后续三项实证研究内容。

研究 2 量化识别了独角兽企业扶持政策工具密度和强度的关键特征与作用。基于政策工具理论,系统设计了独角兽政策编码体系,量化了 2015 年以来 25 个城市 287 份独角兽企业扶持政策文件。识别了扶持政策工具的倾向性和区域差异特征,具体表现为各地政府"重供给型和环境型政策工具,轻需求型政策工具";政策工具密度呈"环境、供给和需求梯度下降"特征;杭州、成都、青岛和济南四个城市对独角兽企业的政策扶持在全国表现最好;政策工具强度对政策工具密度具有约束结构,北京和上海平衡了政策工具的密度和强度。实证研究还解析了政策工具密度和强度两个关键特征对独角兽企业成长的扶持作用,发现政策工具密度与独角兽企业成长数量呈倒"U"形关系,政策工具强度与成长数量呈指数增长关系。

研究3实证检验了风投对独角兽企业成长的两种助推机制。根据2017—2020年独角兽企业融资数据和对应的机构投资数据,利用社会网络分析方法计算了独角兽企业嵌入风投机构的投资组合网络属性特征,使用Heckman两阶段计量模型,实证检验了风投对独角兽企业成长绩效的助推作用。主要结果发现:①结构嵌入和关系嵌入对独角兽企业成长绩效具有显著的直接影响;②风投机构投资组合多样性的调节作用只发生在关系强度对独角兽企业估值的影响中,即在风投机构追求多样性、规避投资风险的基本前提下,如果独角兽企业能够获得领投机构的认可,那么估值将显著提升。

研究4结构化勾勒了独角兽企业创业高估值成长的三类组态模式。从创业生态系统全局视角审视政策扶持、风投助推和组织创业的相互关系,根据58家典型独角兽企业的案例,采用fsQCA方法进行组态建模,提炼出3种独角兽企业高估值成长的关键模式,分别为众星拱月导流型、资本赋能科创型、政策助力探索型。研究发现,每一种组态均存在政府的"帮助之手",而"风投之手"则存在"双刃剑"效应,其作用取决于独角兽企业创业团队的能力和创业模式的选择。

本书主要的研究贡献和创新之处在于:

第一,利用政策工具系统量化了我国城市层面的独角兽企业扶持政策,解析了政策工具密度和强度两个关键特征对独角兽企业成长的扶持作用,为评估各地政府的独角兽企业政策工具使用效率以及调整方向提供了量化基准。

第二,从网络嵌入视角探究风投对独角兽企业成长的影响机制,扩展了先前聚焦的创业企业资源获取视角,从企业间投资组合角度验证风投直接作用和边界效应,为独角兽企业如何有效利用多轮次的风投促进增长提供新的理论解释。

第三,将创业生态系统理论应用于独角兽企业成长场景,打开了独角兽企业成长机制的"黑箱",揭示了中国独角兽企业不同于美国、西欧注重"资本创业"的独特成长机制。制度扶持的"优而不过",风投介入的"网络关系"以及创业团队的"创新模式导向"共同揭示了中国独角兽企业成长的独特机制,有助于推动中国式创业的理论研究和实践指导。

本书基于本人博士学位论文修改完善而成。在此特别感谢朱镇教授，作为博士生导师，在论文研究方向的确定、框架设计、研究方法的选择等各个环节，朱老师都倾注了大量心血。感谢中国地质大学（武汉）经济管理学院的於世为教授、赵晶教授、池毛毛教授、王飞博士，他们对本书提供了重要的修改意见。感谢课题组团队成员刘琪博士生、阮昊怡博士生、谈斯奇硕士生、朱坚硕士生、叶浩翔硕士生、张爽硕士生，他们对书中涉及的数据收集及方法操作提供了莫大的帮助。感谢东华理工大学经济与管理学院熊国保教授、周明教授、侯志才副教授、何小云副教授、邹静副教授、张帆博士、赵建彬博士、涂海丽博士、黄国华博士，他们为完善本书提供了宝贵的建议。

由于作者学术水平有限，本书难免存在不足之处，敬请读者同仁批评指正。

孙琪霞

2023 年 11 月

目　录

第一篇　绪　论 —— 1
第一章　独角兽企业概述 —— 1
　第一节　独角兽企业的提出及其作用 —— 1
　第二节　独角兽企业的特征及分类 —— 4
　第三节　独角兽企业与一般创业企业的成长差异 —— 6
　第四节　我国独角兽企业发展现状 —— 8
　第五节　独角兽企业研究现状 —— 11
　第六节　研究思路与研究结构 —— 16
　第七节　研究创新点 —— 18

第二篇　文献综述与理论基础 —— 20
第二章　独角兽企业创业成长的研究进展 —— 20
　第一节　独角兽企业的区位生态研究 —— 20
　第二节　独角兽企业的创业融资研究 —— 22
　第三节　独角兽企业的创新模式研究 —— 25
　第四节　数字化情境下独角兽企业创业研究 —— 26
　第五节　本章小结 —— 27
第三章　独角兽企业成长的理论基础 —— 29
　第一节　创业生态系统理论 —— 29
　第二节　政策工具理论 —— 42
　第三节　资源依赖理论 —— 46

第四节　社会网络理论 —— 48
　　第五节　高阶理论 —— 51
　　第六节　本章小结 —— 53

第三篇　研究架构与研究逻辑 —— 55

第四章　基于创业生态系统的独角兽企业成长理论架构 —— 55
　　第一节　制度维度的影响 —— 56
　　第二节　关系维度的影响 —— 57
　　第三节　结构维度的影响 —— 58
　　第四节　本章小结 —— 58

第五章　基于文本主题挖掘的独角兽企业成长影响要素识别 —— 60
　　第一节　文本主题挖掘方法介绍 —— 60
　　第二节　文本采集 —— 62
　　第三节　数据预处理 —— 63
　　第四节　主题挖掘步骤 —— 64
　　第五节　主题挖掘结果 —— 66
　　第六节　本章小结 —— 69

第六章　总体研究逻辑关系 —— 70
　　第一节　研究框架结构 —— 70
　　第二节　研究内容 —— 71
　　第三节　研究数据集 —— 72
　　第四节　本章小结 —— 76

第四篇　政府政策扶持 —— 77

第七章　政府扶持独角兽企业的政策量化与作用解析 —— 77
　　第一节　政策工具识别框架 —— 77
　　第二节　政策工具编码 —— 82
　　第三节　政策工具的权重测算 —— 90
　　第四节　扶持政策的倾向性与区域差异特征 —— 97

第五节　扶持政策的作用解析 —— 112
　　第六节　本章小结 —— 116

第五篇　风投机构助力

第八章　风投网络对独角兽企业成长绩效的助推效应实证研究 —— 117
　　第一节　研究模型与研究假设 —— 117
　　第二节　研究设计 —— 125
　　第三节　计量模型设定与分析结果 —— 132
　　第四节　结果讨论 —— 141
　　第五节　本章小结 —— 144

第六篇　高估值成长模式

第九章　独角兽企业高估值成长的创业组态模式探究 —— 146
　　第一节　研究模型提出 —— 146
　　第二节　研究设计 —— 149
　　第三节　fsQCA 建模分析 —— 156
　　第四节　创业组态模式总结与案例评析 —— 163
　　第五节　独角兽企业创业模式选择 —— 167
　　第六节　本章小结 —— 168

第七篇　结　语

第十章　结论与建议 —— 170
　　第一节　研究结论 —— 170
　　第二节　管理建议 —— 173

参考文献 —— 175

附　录 —— 197

附录 A　扶持政策工具的编码准则 —— 197
附录 B　基准衡量法举例 —— 200
附录 C　各样本城市政策工具强度值及比较 —— 204
附录 D　投资组合网络的拓扑图 —— 211

第一篇 绪 论

第一章 独角兽企业概述

第一节 独角兽企业的提出及其作用

一、独角兽企业的概念

"独角兽企业"的概念最早由 Aileen Lee(2013)提出,她在《独角兽俱乐部:10亿美元创业公司的启示》一文中提出了"独角兽俱乐部(Unicorn Club)"的标准,即:在2003年创办的美国软件公司,在私募和公开市场上的估值超过10亿美元。其中估值超过1000亿美元的为"超级独角兽(Super-Unicorn)"。Barry Kramer、Michael Patrick 和 Nicole Harper(2015)对"独角兽企业"的定义相对而言就比较宽泛了,他们认为估值超过10亿美元且具有风险投资背景的企业就是"独角兽企业"。2017年,我国科技部火炬中心确定了中国独角兽企业官方遴选的标准为:①中国境内注册;②成立时间不超过10年;③获得私募股权投资的非上市企业;并根据估值大小分为独角兽(估值≥10亿美元)和超级独角兽(估值≥100亿美元)。

二、独角兽企业在新经济发展中的角色作用

独角兽企业以突破性的技术产品或新颖的商业模式颠覆了传统产业模式,成为引领产业变革的先锋和产业的新核心,在新经济发展中充当重要的角色。

(一)独角兽企业是新型商业模式的创造者

独角兽企业通过新的商业模式挖掘出人们的新需求,并以全新的产品和服务给人们的生活和工作带来了本质性的改变。多数独角兽企业是依托互联网平台开展业务活动,在这个过程中实现了商业模式的创新,创造出了新需求(牛禄青,2018),由此彻底改变了人们的生活和工作方式。

参照创新过程的研究,学者们一般按照时间顺序对商业模式创新过程的各个阶段进行划分,并对各阶段的特点和问题进行描述性研究。例如,Cavalcante等把商业模式创新过程划分为商业模式产生、商业模式推广、商业模式调整和商业模式终结四个阶段;Schaltegger等基于Mitchell和Coles对商业模式创新过程阶段的研究,将商业模式创新划分为商业模式调整、商业模式采纳、商业模式改善和商业模式再完善四个阶段;Osterwalder和Pigneur则认为商业模式创新过程的各阶段不具有时间上的先后顺序,某些阶段是交互的或非线性的,基于此,他们提出了商业模式创新过程的五阶段模型,分别是商业模式创新动员、商业模式创新理解、新商业模式设计、新商业模式执行和新商业模式管理;王炳成将商业模式创新分为两个阶段,分别为商业模式创意和商业模式应用,并且指出这两个阶段不是相互独立的,而是相互融合的;Martins等和吴晓波等将商业模式创新过程的研究分为三个学派,分别是理性定位学派、演化学习学派和认知学派。理性定位学派按照时间顺序将商业模式创新分为发展和研发、执行和筛选、商业化三个阶段,并认为企业的商业模式创新一般是建立在原来的商业模式基础上,即商业模式原型。在这一过程中,随着外部环境的变化,企业会对商业模式原型进行调整和改变,通过计划、设计、测试和重新设计能够替代商业模式原型的变量,直到商业模式能与现有环境进行最优的匹配,从而实现商业模式创新。演化学习学派认为,因为环境存在不确定性,商业模式创新过程是企业通过试错学习从而不断地设计、改进、测试和调整初始商业模式的过程。通过识别、优化、适应、修改以及重塑等环节,最终实现商业模式创新。而认知学派的观点则是,在外部环境没有发生任何变化的前提下,管理者首先前摄性地感知到商业模式创新,从其他概念中借鉴、获取知识并将其整合到现有的商业模式图景中,从而改变现有的商业模式,其结果即是一个创新的商业模式。

(二)独角兽企业是产业新业态升级的引领者

独角兽企业对社会经济发展、产业变革及新业态升级、行业创新发展都具有重要的引领作用。国外的雅虎和谷歌、国内的阿里巴巴和腾讯等互联网独角兽,通过技术创新催生出更多的独角兽企业,并成为引领产业新业态升级发展的"领头羊"。独角兽企业在新经济和创新发展中起着举足轻重的核心作用。从产业变革来看,独角兽企业作为产业变革的先锋,对传统模式进行着颠覆性的全新改造,并成为产业创新发展的新核心(陈靖等,2019)。

我国独角兽企业所在行业中,目标市场大多聚焦于消费级市场。现阶段,我国互联网独角兽企业基本可分为三大类(金雪涛,2020)。第一类是聚焦于消费级市场的互联网独角兽企业,几乎涵盖衣食住行、理财服务、娱乐消费等生活的方方面面,包括支付宝、美团、携程、滴滴、今日头条等,市值规模占比60%以上。这类企业的最大创新源泉来源于消费者的需求,在不断提升用户体验的过程中寻求可持续发展模式。第二类是服务于企业级服务市场的互联网独角兽企业,将"互联网+"思维、人工智能等技术融入制造业中,采用互联网销售模式快速成长或者利用人工智能优势迅速构建品牌影响力,如小米、魅族、大疆、蔚来汽车等公司,市值规模占比15%左右。这类企业大多采用融合式发展路径,跨领域打造出独具特色的"平台+内容+终端+应用"的商业模式。第三类是同时跨足于企业服务级市场与消费级市场的互联网独角兽企业,凭借其在区块链、云计算、生物科技、大数据、人工智能等"硬科技"上的核心技术优势,在智能芯片、识别软件、生物制药等领域声名鹊起,如商汤科技、数梦工场、信达生物等公司,市值规模占比25%左右。这类企业专注于未来,力求探索未知新领域,利用核心技术驱动其在各种软硬件制造上成为行业翘楚,进而成为独树一帜的寡头垄断企业。

不同于以高新技术的独角兽企业为主体的美国,我国的互联网独角兽企业具有成长周期短、创新能力强、爆发集中等特点,这在一定程度上彰显出我国整体创新实力的提升。但美国在"硬技术"上拥有绝对的自主权和专利权,因为其技术在一定程度上具有不可复制性和不可替代性,而我国由于绝大多数互联网独角兽企业缺乏核心硬科技的支撑,导致其商业模式和创新模式具有很强的复制性和可替代性。因此,我国出现了互联网独角兽企业扎堆现象,未来在不同产业与区域间,可能面临互联网独角兽企业"强者愈强,弱者愈弱"的"马太效应"风险。

(三)独角兽企业是区域科技创新的推动者

独角兽企业是区域产业集聚的招牌,对产业集聚具有强有力的吸引作用。它能够促进区域经济活力的提升,对上下游产业发展起着重要的辐射带动作用,能产生"杠杆效应",成为区域经济发展新引擎。在区域经济发展过程中,好的独角兽企业能够吸引并聚集更多的创新人才、创新设备等创新要素。同时,独角兽企业能够成为区域城市"名片",提升区域知名度(任泽平,2018)。

科技创新是将科学发现和技术发明应用到生产体系,创造新价值的过程(张来武,2011)。而区域科技创新以提高科技创新能力建设水平为目标,其构成要素包括主体要素、功能要素和环境要素等。主体要素主要包括区域内的企业、大学、科学研究机构、中介服务机构和区域内的地方政府;功能要素主要包括制度创新、技术创新、文化创新、管理创新和服务创新等;环境要素主要包括体制、机制、政府或法制调控,基础设施建设和保障条件等。科技创新通过作用于经济、社会、环境子系统间接影响可持续发展复杂巨系统,使系统呈现出可持续发展的趋势。同时,科技创新又受到可持续发展观的约束,符合可持续发展方向的科技创新才能真正长久、持续、有效地推动系统的协调发展。

第二节 独角兽企业的特征及分类

一、独角兽企业的特征

独角兽企业的特征最早被提出是在 2016 年 Massis 等于《哈佛商业评论》上发表的论文"What big companies can learn from the success of the unicorns"中,文中指出,独角兽企业具有四个特征:规模小、由连续创业者领导或创立、通过风险投资融资、业务范围限制在很小的范围内。以此为基础,我国学者开始独角兽企业特征的研究,主要聚焦于独角兽企业普遍的基本特征和财务特征,以及细分行业领域的独角兽企业特征。

独角兽企业具有的典型特征是跨界融合、颠覆性、自成长(刘程,2016;郑健壮,2019;余维臻等,2020)。跨界融合,是指独角兽企业通常能融合不同领域、行业和文化的现象;颠覆性,主要表现在独角兽企业的理念、技术以及商业模式等方面与传统行业存在较大差异,通过创造新的需求或以更好的方式满足行业快速成长;自成长,即独角兽企业可以在低成本的基础上实现自我成长的商业模式(朱宇澄等,2018)。除此之外,独角兽企业成长过程中还有其他一些特征:成长周期短(卢泽华,2017),一般在4—6年(袁晓辉,2016);规模和估值呈指数式增长趋势(陈文丰,2016;郑健壮,2019);拥有优秀教育背景的创始人或创业团队,空间布局位于创新创业中心(袁晓辉,2016);普遍不上市(朱宇澄等,2018),主要是因为私募资本的支撑和企业对长期发展战略目标的坚持。

除了上述基本特征外,独角兽企业在财务方面呈现低资产负债率和资本低收益率风险特征(郭建华,2018)。第一,独角兽企业属于轻资产企业,容易出现业务外包、核心技术泄露的风险。第二,独角兽企业收入呈现"马太效应",收入模式在原有基础上随着高科技的发展不断变化,容易引起资金短缺的风险。

少部分学者关注细分行业领域的独角兽企业特征。例如,新能源行业独角兽企业的特征为发展速度快、市场竞争中"马太效应"明显、依赖私募股权大量投资、独特的政策环境(产业政策倾斜)、轻资产、技术是企业的"心脏"(李香梅和王琪,2020);物流行业独角兽企业则呈现较为明显的沿海和一二线城市聚集、特定细分领域聚集、主要资本系聚集等特征,其中最典型的两个特征是:培育周期显著缩短,估值水平和估值增速逐步递增(徐青松、徐岚、王荣,2021)。

二、独角兽企业的类别

我国学者根据不同的标准对独角兽企业进行了分类(见表1.1)。①按照企业业务形态的差异,独角兽企业分为拥有颠覆性产品的产品型企业、业务个性化需求明显的方案型企业、创新商业模式的平台型企业、立足完整生态圈的生态型企业。②根据成长驱动模式的不同,独角兽企业分为技术创新驱动型、商业模式驱动型、资本驱动型和市场驱动型四类,在此研究基础上,独角兽企业还可以简化为两种形式：商业模式型、技术驱动型。③按照创新形态，独角兽企业分为技术驱动型和平台生态型。技术驱动型企业属于典型的资本密集型企业，大多服务于生产型市场，部分会跨足生产型与消费型市场。平台生态型企业的核心理念主要是"共享"，表现为通过新兴技术挖掘消费需求，进而实现基于互联网的平台共享，基本服务于消费型市场，比如美团。我国大多数平台生态型独角兽企业自身不生产任何产品，主要分布在互联网金融、文化娱乐、互联网服务三个行业。目前，平台生态型是我国独角兽企业较为主流的存在方式，比如字节跳动、蚂蚁集团、滴滴出行都属于该类型。

表1.1　独角兽企业划分标准及构成

划分标准	学者及年份	构成
企业业务形态	刘程（2017）	拥有颠覆性产品的产品型企业、业务个性化需求明显的方案型企业、创新商业模式的平台型企业、立足完整生态圈的生态型企业
成长驱动模式	郭洪（2017）	商业模式驱动型、技术创新驱动型资本驱动型、市场驱动型
	杜芳（2017）	技术驱动型、商业模式型
创新形态	长城企业战略研究所（2016）	平台分布型、技术驱动型
	金雪涛（2020）	技术驱动型、平台生态型

资料来源：作者根据相关文献整理。

第三节　独角兽企业与一般创业企业的成长差异

一、企业成长的内涵

Penrose在《企业成长理论》一书中指出，创业企业成长不仅体现出"量"的增长，还突出"质"的改善，反映了企业存在的现状。Nuscheler等人进一步将创业企业成长表述为创业企业的员工总数与估值的提高。一般创业企业的成长是根据规模而定("量"的增长),大致经历微型、小型、中型、大型几个阶段。独角兽被明确归类为高成长的初创企业,已有研究对其描述为更关注于成长速度("质"的改善),其典型特征是成立时间短且成长速度高于初创企业平均速度,是一类能够持续促进经济增长,带动高新技术行业创造就业的新兴企业。不同于一般的创业企业成长路径,独角兽从初创企业发展为瞪羚企业,最终化身为独角兽企业,这个过程中市场估值在指数级爆发式地增长。

二、企业成长环境的差异

独角兽企业与一般创业企业的成长差异可以归结为企业外部环境和企业内部特征两大方面。

从企业外部环境看,独角兽企业和一般创业企业的成长差异主要体现在对外部环境的依赖方面。独角兽依赖独特的创业环境,良好的制度环境和营商环境是其高成长的重要因素。另外,独角兽由风投融资驱动成长,出现在创新型企业聚集的城市。而一般创业企业并没有表现出如此依赖外部环境。

从企业内部特征看,独角兽企业和一般创业企业的成长差异主要体现在创业者、企业特征、企业竞争战略三个层面。

一是创业者层面的差异。独角兽的创业者在大学教育、创业经历、行业背景等方面具有支撑其高成长的知识结构。与一般创业企业显著不同的是,独角兽创业者拥有优秀的教育背景,如多数毕业于国内外顶尖大学,具有大量优秀校友资源,多为持续创业者,且创业者组成创始人团队可以弥补企业家个人专有技术或知识不足。

二是企业特征层面的差异。独角兽的规模、创立时间、成长绩效、所有制形式等方面表现出与一般创业企业不同的高成长特征。独角兽规模小,成长周期一般在4—6年,普遍未上市,以估值代表成长绩效,估值呈现指数级增长趋势。另外,独角兽在所有制形式上普遍采用有限责任公司的法律形式,比创始人需要对私营企业负全部责任的创业企业增长率更高。

三是企业竞争战略层面的差异。独角兽的资源禀赋以及选择的创新战略异于一般创业企业。独角兽具有跨界融合、颠覆性、自成长的典型特征,创业团队凭借丰富的创业经验做出的战略决策拥有更宽阔的战略视野和更灵敏的市场洞察力,且独角兽的高成长与颠覆性创新战略的选择息息相关。

表1.2列举了独角兽企业成长的独有特征。

表1.2 独角兽企业成长的独有特征

特征	解释
市场估值	独角兽企业的估值增长远高于一般创业企业的平均水平
价值增长原因	普遍开拓和创造蓝海市场,技术创新、商业模式创新或者两者联合驱动,而非依赖于一般生产性资源的投入
资本来源	依赖于多轮私募机构的风险投资(从种子轮开始),创业者资本和金融机构贷款占比较少
创业者特征	以年轻创业者为主,学历高、多毕业于名校,创业经验较丰富
运营能力	产品研发和商业模式创新强,组织管理能力(如供应链、渠道)整体弱
创新路径	强调互联网氛围和技术研发,追求产品品质和商业模式的颠覆性
环境适应能力	依赖于政策和行业的稳定性,在动荡环境中战略风险极高

资料来源:作者根据相关文献整理。

第四节 我国独角兽企业发展现状

胡润《2021全球独角兽榜》数据显示,截至2021年12月31日,全球独角兽总数达到1058家。按地域划分,数量排名前五的国家依次为美国、中国、印度、英国和德国,分别为487家、301家、54家、39家、26家。中美两国独角兽数量占比高达74.48%。在位列榜单前10名的独角兽企业中,有4家来自美国、3家来自中国(字节跳动、蚂蚁集团、菜鸟网络),其余的3家分别来自澳大利亚、英国和瑞典。前10名独角兽企业的总价值占全球独角兽企业总价值的25%。总部位于北京的字节跳动成为全球最大的独角兽,估值高达2.25万亿元(约3529亿美元)。蚂蚁集团以1万亿元(约1568亿美元)估值排名第二。美国最大的独角兽SpaceX估值6400亿元(约1004亿美元),排名第三。

一、地域分布

从地域分布来看,独角兽企业集中于北京、上海、广东、浙江四个区域。前瞻产业研究院发布的《2021年中国独角兽企业研究报告》指出,截至2021年12月31日,北京独角兽企业总量和估值均位列全国第一。从数量上依次排名是北京(91家)、上海(71家)、广东(44家)、浙江(28家),数量占比分别为30.23%、23.59%、14.62%、9.30%。从估值上依次排名是北京(5923.08亿美元)、浙江(2561.37亿美元)、上海(1860.73亿美元)、广东(1591.26亿美元),估值占比分别为43.96%、19.01%、13.81%、11.81%。其中,北京和上海作为我国最为发达的两个城市有较好的经济、教育基础,给独角兽企业的创立与发展提供了沃土;浙江、广东依托阿里巴巴和腾讯孕育出强大的生态圈,提供了良好的商业环境,对创新型企业有着极大的引导力。

同时国内的独角兽企业主要集中于我国创新服务发达地区,这些地区便于获取和利用丰富创新资源,有较好的创业政策,更易招聘到高素质人才。例如,我国的高新技术产业开发区受各级政府重点关注与扶持,为企业成长提供了良好的孵化环境,因而成为独角兽企业的主要集聚区域。天津、广州、武汉、南京等发展良好的省会城市、副省级城市、直辖市也有不少独角兽的身影。苏州独角兽企业与准独角兽企业几乎都分布在苏州工业园区内。

二、行业分布

独角兽企业大多出现在互联网与科技相关领域。在互联网领域,独角兽企业主要集中于电子商务、文化娱乐、医疗健康等领域。在科技领域,独角兽企业主要集中于高端制造、人工智能、区块链等领域。由于对技术、人才、资金投入等均有更高的要求,科技领域独角兽企业形成难度较大,不似互联网领域的爆发式发展。因此,高科技制造领域独角兽企业数量少且估值大,同时一旦形成其技术壁垒也更为坚固,表现出稳健而强大的发展态势。例如主攻柔性屏幕的柔宇科技、主攻人工智能的商汤科技和旷视科技、主攻机器人的优必选等,排名与估值上升幅度均较大。

根据《2021年中国独角兽企业研究报告》,独角兽企业分布在14个领域,包括电子商务、医疗健康、企业服务、文化娱乐、物流、汽车交通、教育、房车服务、本地生活、人工智能、工具软件、金融科技、硬件及区块链领域。在这些行业中，电子商务行业独角兽数量最多，企业数量为42家，估值规模为1191.54亿美元；医疗健康行业独角兽数量位列第二，企业数量为30家，估值规模为706.92亿美元；企业服务行业独角兽数量则位居第三，企业数量为18家，估值规模为290亿美元。

三、投资机构

互联网巨头企业成为中国独角兽诞生的重要推手，企业服务领域是巨头目前关注的重点。在当前互联网生态化的趋势下，独角兽企业已经成为巨头生态的重要构成部分。通过自孵化或战略投资等方式，众多巨头企业开始搭建生态系统，并逐渐完善。从CB Insights、PitchBook、桔子IT等发布的数据和榜单可以看出，大约50%的企业或多或少与巨头BATDM（百度、阿里巴巴、腾讯、抖音、美团）等相关联。其中，企业估值越高，巨头对其影响力更强。从估值前十的企业来看，与巨头BATDM关联程度高达100%。从投资策略来看，阿里巴巴、百度、腾讯、京东、美团是基于各自主营业务和重点布局领域而展开，例如电子商务之于阿里巴巴、搜索和广告之于百度、游戏之于腾讯等。但企业理念影响各自对待被投企业的方式，出于对阿里生态整体战略的严格控制要求，截至2021年12月31日，阿里巴巴超过26%的投资事件为战略投资（泽平宏观，2022），百度、腾讯、京东、美团投资事件基本集中在早期的天使轮和A轮。从投资行业来看，各大互联网企业均加大对包括大数据、云计算等在内的企业服务行业投资力度，企业服务行业是阿里巴巴、百度、京东所投数量最多的领域，是腾讯、美团所投数量第二的领域。

四、发展模式

不同城市的独角兽企业具有不同的发展模式。北京的独角兽企业涉及的领域比较全面；上海的独角兽企业在"互联网+"领域的比例高达60%；深圳的独角兽企业主要分布在智能硬件、互联网金融、云服务、人工智能等行业；杭州的独角兽企业大多数集中在电子商务和互联网金融行业（楚天骄和宋韬，2017）。

独角兽企业的发展模式为"互联网+"思维的跨界融合。独角兽企业崛起的原因之一是"双创"政策激发了企业内在的发展动力。互联网与金融、教育、卫生保健等领域或行业之间的全面融合和深入合作,改变了传统的生产方式,创造了新的消费空间;颠覆式技术的创新突破使得大数据、云计算、物联网、人工智能等技术为独角兽企业的颠覆性创新提供了独特的手段,通过技术而不是成本驱动来提供定制化和差异化的服务。

"航母级"的平台型企业是孕育独角兽的温床(朱宇澄等,2018)。互联网经济为平台型企业的发展提供了良好的机遇,同时平台型企业的成长壮大为孵化独角兽企业奠定了前所未有的基础。数据显示,与BATDM相关联的独角兽企业占比约50%,这足以说明平台型企业为生态系统各群体之间的互动创造了健全和有效的机制,从而打破了传统的商业发展模式。基于平台发展的企业可以不参与企业核心价值的创造,在独立发展交易环节中具有比较优势的互补领域,能够在平台型企业的生态链中获得相当的竞争优势。通过平台型企业生态系统的布局,独角兽企业能够不断完善自己,形成更大的竞争优势。高质量的平台型企业也可以帮助城市和地区形成更加完整的创新生态系统,培育更多的独角兽企业。

五、政策环境

坚持创新是实现科技强国、优化企业营商环境、强化企业核心竞争力的第一动力,独角兽企业爆发式增长离不开国家政策的大力扶持和良好的营商环境。我国国家层面对于创新创业的扶持政策始于2009年7月发布的《关于发挥国家高新技术产业开发区作用促进经济平稳较快发展的若干意见》,之后陆续有相关政策出台、落地,意味着独角兽企业的营商环境、融资难题得到了一定程度的解决,相关的税收优惠也为独角兽企业的发展降低了成本,政府对高科技行业的补助也降低了独角兽企业的投入成本。

第五节 独角兽企业研究现状

一、成长条件和基础

早期研究大多是对独角兽产生条件的描述。主要观点为在互联网背景下,依托良好的创业环境,同时创始人发挥企业家精神,是独角兽企业产生的条件和基础。

Aileen Lee(2013)认为超级独角兽的诞生需要顺应划时代的科技潮流。互联网的发展为独角兽的成长提供了技术保障(长城企业战略研究所,2016)。基于互联网技术的创新全球化和社交全球化是独角兽产生的基础(刘程,2016)。深入调查我国独角兽企业密集度最高的中关村创新中心区(Center of Innovation District,CID)的生态环境,发现风险投资、创新成果、孵化器、人力资源、新兴产业、扶持政策六个方面为独角兽企业的成长提供了"土壤""水源"和"牧草"(赵刚,2017)。在梳理我国独角兽企业区域发展特征的基础上,发现促进独角兽企业形成的重要因素包括平台型企业的孕育、人才、城市基础设施建设、新型互联网技术运用等(胡艳明,2018)。进一步将影响我国独角兽企业发展的因素概括为两个方面:一是实力因素,包括产品服务、行业领域、地理位置、创业者素质等;二是机遇因素,包括经济环境、创新环境、产业科技环境、国家政策等(秦德生和陈楠,2019)。

极少数研究展开实证。以楚天骄和宋韬(2017)为代表,对独角兽企业运用主成分分析法进行了实证研究,选取了35个样本城市,基于2016年中国独角兽的空间分布数据以及高素质人才分布和科技创新水平对独角兽企业的分布做了细致研究,研究得出新经济发展和高等教育人才共同促进独角兽企业产生。

对创始人企业家精神、企业家灵性资本的关注逐步体现学者们用规范性的理论研究范式对独角兽企业展开研究,主要以 Lehmann、车运景、陈辉发、顾建平等学者为代表。Lehmann 等(2018)综合比较了独角兽企业和"隐形冠军"企业的分布情况,认为这两类企业的出现和分布可以用制度背景,特别是人力资本的提供来解释,充分体现了企业家的重要性。车运景(2018)从企业家精神的角度分析了独角兽企业产生和发展的条件,指出开拓创新、引领经济、信任包容、合伙经营、追求超越、天使护航的新时代企业家精神是独角兽企业的爆发源。陈辉发和施博辉(2019)从资源依赖理论出发,选取了59家中国独角兽企业作为研究对象,分析了独角兽企业创始人人力资本和社会资本构成情况,认为独角兽企业创始人资本越多,越有利于自身发展。顾建平和邓荣霖(2021)基于独角兽企业创业导向的视角,采用问卷调查的方法,研究企业家灵性资本对团队创新绩效的影响,实证结果表明,企业家灵性资本积极影响企业的团队创新绩效,而创业导向在其中起到中介作用。另外,环境动态性对企业家灵性资本与团队创新绩效、创业导向之间的关系起到调节作用。

二、培育和产生的经验及建议

独角兽企业在新经济中起着重要作用。归纳而言,部分学者关注中美独角兽企业的发展比较研究。以孙金秀等(2020)为代表,通过对中美两国独角兽企业的估值、行业分布、区域分布、商业模式和政策的对比研究,发现中国独角兽企业发展面临研发投入不足、投资环境亟待提升、人才保护不足等问题。其他大批学者更关心我国区域独角兽企业的培育状况,因为我国不同区域独角兽企业培育和产生的状况存在明显差异。

我国独角兽企业发展的高地是北京、上海、深圳、杭州四大城市,由此吸引了学者们浓厚的兴趣。北京和深圳培育成长型企业的主要经验总结(乐嘉昂,2019):北京的优势是高端技术供给足,创新生态系统强,创新政策给力,科技服务到位;深圳的优势是立法保障企业成长,创新要素集聚,科技金融供给完善,营商环境良好,政府全力支持。京、沪两地独角兽企业发展的对比研究:陈强等(2018)从企业聚集与创新创业生态系统的关系视角,提出应加强对独角兽企业的人才、资金、政策、基础设施等的支持;张梅燕(2019)认为新经济的发展、有效的政策支持、多方协同的发展合力等有利于加快独角兽的形成。还有研究立足浙江独角兽企业发展现状,建议重视顶层设计和规划、大力发展新经济、持续做好资本对接服务、建设服务于高端人才的良好生态以及精准化的政策支持(胡文显,2018)。同样,深圳的独角兽企业培育状况也引起了关注(黄思,2019),基于行业、培育周期、企业估值三方面比较北京、上海、杭州、深圳独角兽企业的特点,并梳理国内独角兽企业政策,提出深圳发展独角兽企业面临的问题并给出建议。

我国其他城市的独角兽企业培育状况也引起了学者们的关注。例如,张琤琤(2019)思考南京独角兽企业的发展,从互联网经济、政府支持政策、平台发展方面分析了独角兽企业成长的现实困境,提出南京培育独角兽企业的路径选择。朱宇澄等(2018)探讨苏州培育独角兽企业的策略,从政策、产业、人才方面总结苏州缺乏独角兽企业的原因,并提出相应的培育对策。王颖和王娜(2019)分析了独角兽企业的成长环境,指出人文环境、科技力量、创业环境和政策、服务等是西安发展独角兽企业的优势资源。田霖和李恒良(2020)运用主成分分析法对影响独角兽企业分布的因素进行客观评价,通过构建综合评价模型,得出经济发展水平、科学技术发展水平以及政策因素是独角兽企业空间区位分布主要影响因子的结论,最后基于实证分析提出河南省积极发展经济、完善创新体系以及发挥政府作用的政策建议。

还有极少研究从整体上把握我国独角兽培育的区域特征。以周晓艳、侯美玲和李霄雯(2020)的研究为例,采用社会网络分析方法,通过探讨中国城市创新网络的构建特征,体现独角兽企业内部的联系。结果表明:中国城市创新网络呈现"1+3+N"的核心城市驱动发展格局,"北上杭深"组合领跑全局,空间极化现象明显,这也恰好反映了中国独角兽企业的地域分布情况。

三、估值驱动及评价

独角兽企业估值之高、融资速度之快、资产扩张规模之大是其他类型的创业企业所无法比拟的(蒋阿力,2018),但是未公开上市导致其难以由市场给出公允价值,同时轻资产、轻利润、重模式、重流量等特点又使得传统估值方法失效,因此,独角兽企业的估值既可能存在泡沫也可能被低估(宋立丰等,2019)。高估值和高增速的特点为独角兽企业赋予了某种成功的属性,但由于未公开上市难以由市场给出公允价值,加上背后利益相关者各有诉求,这些企业的估值总体上存在极大的不确定性和模糊性(诸国华,2020)。目前关于独角兽企业估值的研究和实践探索都处于初级阶段(史璇和江春霞,2019),主要围绕独角兽企业估值的驱动因素及估值评价展开研究。

国外学者主要针对独角兽企业的前期估值条件以及后期首次公开募股(IPO)退出进行研究。作为初创公司的独角兽企业极易获得超高估值,并根据估值水平获得投资。如果公司估值水平并非企业真实价值,而且过分夸大,会不利于公司财务状况的稳定和企业的长期发展(Rohini,2017)。Michael Patrick(2015)认为独角兽企业作为各个利益相关者的利益集合体,一家独角兽企业的成立需要考虑各利益相关者之间的需求。他以 37 家独角兽企业为研究对象,通过分析 37 家企业的估值条件以及退出条款,发现独角兽企业上市的融资条款可以在一定程度上保护投资者的利益。Smith(2016)通过对相关独角兽企业进行研究,证实了这一观点,同时他认为投资者保护条款可以极大程度保证投资者的利益,尤其是独角兽企业估值水平处于下降趋势时。Nicole Harper(2016)以 2014—2015 年在美国上市的科技独角兽企业为例,通过分析这些独角兽企业上市之前三年的融资情况,发现企业的融资条款会对企业的上市融资以及估值水平造成一定的影响。

国内学者主要关注独角兽企业估值的驱动因素和估值评价方法研究。以陈靖、宋立丰等学者为代表的研究关注独角兽企业估值的驱动因素。陈靖等(2019)首次对独角兽企业的估值进行量化研究并分析其背后的驱动因素,描述性统计的结果显示,增长潜力和融资环境是这一现象背后最主要的两大驱动因素。宋立丰等(2019)提出独角兽企业内外部多方利益相关者,包括创业团队、风投机构、社会公众和政府部门,他们都存在对估值的博弈动机,从而对独角兽企业估值产生不同影响。而传统的企业估值方法并不适用于评估独角兽企业的价值,为此构建了包括媒体报道、企业类型(科技或模式型)、血统(企业背后的孵化机构和平台)、制度环境以及社群人力资源等要素纳入的独角兽企业估值框架。以周乐婧、吕梅萌、乐凯等学者为代表的研究关注独角兽企业估值的评价。周乐婧和余鲲鹏(2020)结合独角兽企业的特征来比较国际上目前公认的三大价值评估方法(成本法、市场法和收益法),认为采用收益法对独角兽企业进行估值更合理。吕梅萌等(2019)以小米集团为案例,用收益法对其进行价值评估,将企业所在行业及经营状况、文化理念和企业架构等因素纳入评估体系。乐凯和廖伊凡(2020)以美团为例,提出用适用性原则选择符合美团的估值方法,综合美团财务和非财务两方面信息进行评估,为独角兽企业估值方法提供指导。

第六节 研究思路与研究结构

一、研究思路

本书以中国独角兽为研究对象,采用总分结构,基于创业生态系统视角研究独角兽的成长机制与组态模式。全书遵从理论演绎与实践推演的耦合,提出并利用LDA主题模型论证了三大独角兽关键创业生态要素,提出了政策扶持、风投助推以及组织创业是独角兽高估值成长的关键的创业生态系统要素。这些关键的要素在创业生态系统中对创业企业绩效影响的关系呈现如图1.1所示。

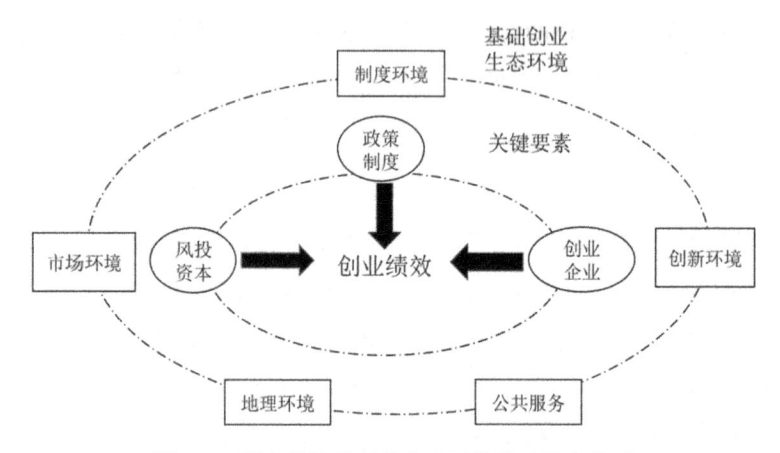

图1.1 研究关注的创业生态系统关键要素关系

在此基础上,本书充分利用政策量化—计量模型以及组态建模等一系列定量化研究方法检验了三个关键创业生态要素对独角兽成长的作用机制。

首先,采用量化政策工具对独角兽的培育发挥宏观扶持作用,描述扶持政策的倾向性与区域差异特征,并定量解析了政策工具密度和强度两个关键特征对独角兽成长的扶持作用;其次,采用社会网络分析方法识别独角兽嵌入风投机构的投资组合网络属性,构建计量模型,实证分析风投对独角兽成长的助推作用;最后,从创业生态系统全局视角审视政策扶持、风投助推和组织创业的有效组合模式,利用组态建模方法确定独角兽高估值成长的创业组态模式。以上三项研究的具体思路体现在图1.2的技术路线中。

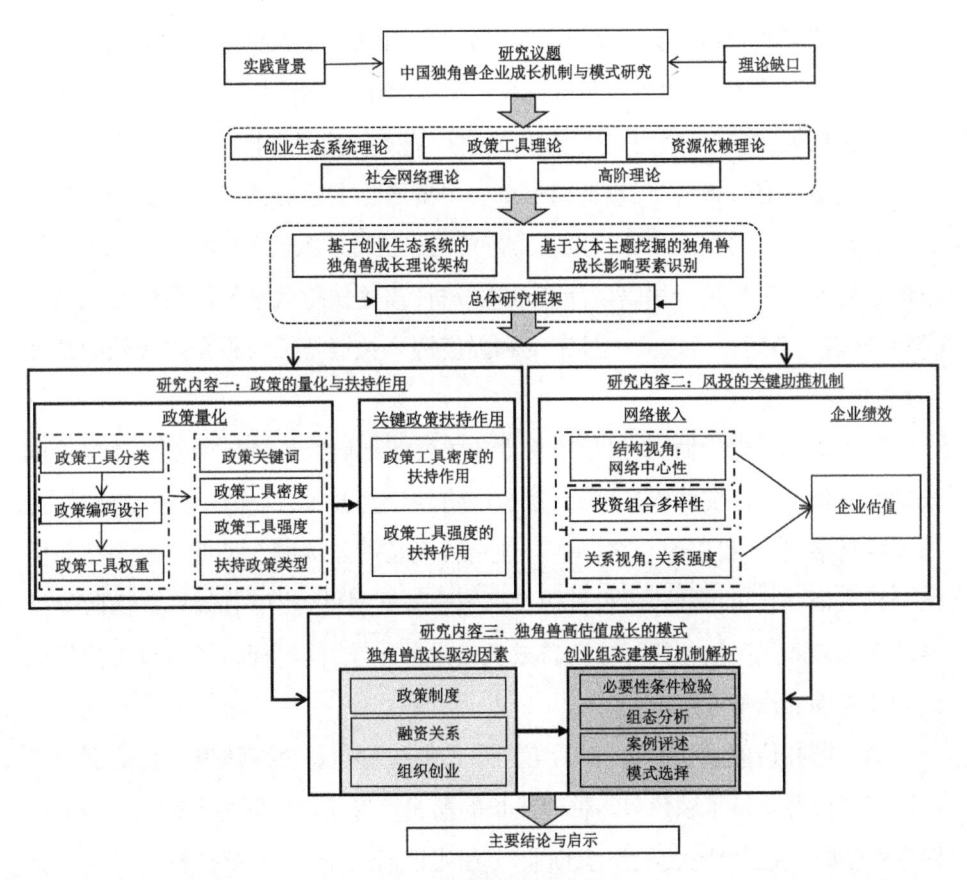

图 1.2 研究技术路线图

二、研究结构

根据上述研究思路，本书共分为七个篇章，主要内容阐述如下。

第一篇绪论，包括第一章。主要介绍创业生态视角下独角兽成长研究的背景，从独角兽创业实践和理论进展两个方面总结了研究的必要性，结合我国创业生态情境，明确本书研究思路、研究结构以及创新点等。

第二篇文献综述与理论基础，包括第二章和第三章。首先从区位生态、创业融资、创新模式和数字化情境创业四个方向梳理了独角兽企业成长的已有研究。然后对本研究依赖的主要理论进行综述，阐述其研究思想及支撑本书研究主题的理论逻辑，为后文构建研究框架和研究模型奠定基础。

第三篇研究架构与研究逻辑，包括第四章、第五章和第六章。以理论归纳和主题挖掘耦合的方式，明确独角兽成长的关键创业生态要素，并以此为基础提出总体研究框架，概述三个研究内容，以及对研究所需数据进行了总结。

第四篇政府政策扶持，包括第七章。主要量化了政府扶持独角兽的政策并解析了政府扶持的作用。从政策工具视角构建扶持政策的分析框架，对25个城市的扶持政策工具进行编码设计和量化分析，描述扶持政策的倾向性与区域差异特征，进一步解析了政策工具密度和强度两个关键特征对独角兽成长的扶持作用。

第五篇风投机构助推，包括第八章。主要实证研究了风投网络对独角兽成长的助推效应。以资源依赖理论、社会网络理论为基础，结合注意力基础观，提出风投网络嵌入、投资组合多样性与独角兽成长绩效的概念模型。采用社会网络分析法识别独角兽嵌入风投机构投资组合网络属性，使用Heckman两阶段模型建立并检验了网络特征对独角兽成长绩效的影响，同时探讨了风投机构投资组合多样性的调节作用。

第六篇高估值成长模式，包括第九章。主要对独角兽高估值成长的创业组态进行建模并解析了独角兽高估值成长的模式。将独角兽创业生态的三个关键要素"政策制度、融资关系、组织创业"（在实证研究中，以政策扶持来具化政策制度，以风投助推来具化融资关系）结合起来，基于创业生态系统理论和高阶理论，构建独角兽成长的创业组态模型，从组态视角探索创业生态多因素驱动中国独角兽高估值成长的模式，并结合典型案例进行关键模式的评析，解释当前高估值成长的独角兽创业成长特征，基于提炼的高估值成长模式，进一步论述创业模式选择的决策过程。

第七篇结语，包括第十章。依据前述篇章总结阐述了本研究最终得到的主要结论，并给出了诸多管理建议。

第七节　研究创新点

本研究的创新点主要体现在以下三个方面。

第一，利用政策工具系统量化了我国城市层面的独角兽扶持政策，为识别扶持政策工具的倾向性和区域差异特征提供了重要的测量工具，弥补了独角兽扶持政策领域定性研究的不足。我们首次解析了政策工具密度和强度两个关键特征对独角兽成长的扶持作用，为评估各地政府的独角兽政策工具使用效率以及调整方向提供了量化基准。

第二，从网络嵌入视角探究风投对独角兽成长的影响机制，突破了以往研究直接考察风投对企业资金支持的二元关系模式，转移到以独角兽嵌入风投组合网络为中心的分析，为独角兽如何有效利用多轮次的风投促进增长提供新的理论解释。本书扩展了先前聚焦的创业企业资源获取视角，从企业间投资组合角度验证风投的直接作用和边界效应，为精准地估计风投对独角兽成长绩效的助推效应进行了新的探索。此外，研究还进一步揭示跨组织合作间的注意力资源稀缺性造成的风投收益受约束现象，拓展了注意力分配理论在高成长型企业创业中的应用。

第三，从创业生态系统视角揭示独角兽成长机制，打开了独角兽成长作用的"黑箱"，清晰描绘了高估值形成的多种创业模式，丰富了中国特色的创业企业成长理论。政策扶持的"优而不过"、风投介入的"网络关系"以及创业团队的"创新模式导向"共同揭示了中国独角兽成长的独特机制。我们找到政策制度、融资关系、组织创业三个层面的创业生态关键要素共同影响独角兽高估值成长的三类组态模式，揭示了中国独角兽不同于美国、西欧注重"资本创业"的独特成长机制，有助于推动中国式创业的理论研究和实践指导。

第二篇
文献综述与理论基础

本篇主要介绍已有相关研究进展和理论基础。从区位生态、创业融资、创新模式和数字化情境等方面梳理对独角兽企业创业成长的影响,从创业生态系统、政策工具、资源依赖、社会网络和高阶理论部分介绍本书的理论基础。

第二章 独角兽企业创业成长的研究进展

在创新创业蓬勃发展的背景下,独角兽企业作为新经济时代的产物,已经成为衡量一个国家或区域创新能力和经济发展水平的重要指标,同时也逐步成为推动经济增长的有力引擎。独角兽企业的发展,能够有效拉动上下游相关产业的发展和融合,提供更多的就业机会。

独角兽企业带来的巨大价值迅速引起了国内外学者的研究兴趣,但由于现象较新,尚未形成完整的理论体系。专家学者们的研究往往是从不同角度出发,较难达成一致。基于独角兽企业的本质是初创企业,在广泛搜集相关文献的基础上,从独角兽企业的区位生态、创业融资、创新模式以及数字化情境等方面梳理其研究进展。

第一节 独角兽企业的区位生态研究

基于独角兽企业产生的地域集中和数量集中状况,学者们对独角兽企业的区位生态展开研究,主要围绕独角兽企业区位生态的重要性、区位生态的评估以及区位生态视角下独角兽企业的成长路径展开研究。

首先,众多研究肯定了良好的区位生态系统是独角兽企业成长必不可少的要素。以 Acs、Spigel 和 Harrison 等学者为代表。Acs 等(2017)认为,如果发现数十亿美元的初创企业(独角兽)扎根于一座城市,那么就可以推断它拥有一个运转良好的创业生态系统。Spigel 和 Harrison(2018)从创业生态系统视角出发,提出拥有丰富创业资源以及促进这些资源流动的结构特征的创业生态系统,将孕育出高成长型创业企业。

其次,学者们就独角兽企业区位生态的构成指标展开研究。国外以 Corrente 等的研究为代表。Corrente 等(2018)提出一种战略管理分析与评估的 SMAA 方法,检验创业生态系统因素与区域内成长型初创企业之间的关系。研究结果表明,促成高成长型初创企业(独角兽)诞生和活跃的较相关的创业生态系统因素是文化和社会规范、政府项目和内部市场动态。国内以楚天骄、陈强、周佳纯、季辰宇等的研究为代表。楚天骄等(2017)对 2016 年分布在 35 个城市的中国独角兽企业进行实证研究,发现孕育独角兽的最佳区位是将新经济发展水平和高素质人口规模有机结合的城市。陈强等(2018)认为独角兽企业往往集聚于拥有良好创新创业生态的城市,具体体现在融资便捷、人才齐聚、政策优惠、基础设施完善、创业文化浓厚等方面。周佳纯等(2018)构建了经济发展、金融发展和信用环境三大指标评价体系,探究了中国独角兽企业发展和金融生态环境之间的关系,同样得出了正相关的结论。季辰宇等(2019)针对北上深杭 4 个独角兽集聚区,从经济基础、金融发展、社会环境和政府治理等方面构建了区域生态环境评价体系,研究显示独角兽企业数量与金融生态环境质量存在正相关关系。

最后,极少研究关注到区位生态视角下独角兽企业的培育路径。我国学者任声策和胡迟(2020)以中国 54 个省会城市和部分经济较活跃地区的地级市为调查样本,基于创业生态系统理论,采用主成分分析法和模糊集定性比较分析法,探讨独角兽企业培育绩效的创业生态系统建设路径。结果表明:存在 7 种促进独角兽企业培育的创业生态系统建设方案,依据其要素组成特点可以分为 3

种类型,即全面型创业生态系统、贫乏型创业生态系统和非制度型创业生态系统。

通过上述文献梳理,我们发现区位生态对于独角兽企业培育非常重要。学者们也提出了独角兽企业区位生态的不同构成指标,但极少研究关注到具体的培育路径。虽然对于区位生态的指标构成存在不同观点,但大家一致认为政策扶持是独角兽企业成长中必不可少的要素,并且结合独角兽企业培育的状况,学者们均给出了相应的政策扶持建议(胡文显,2018;张梅燕,2019;黄思,2019)。以往的创业政策相关研究主要围绕具体的政策类型对创业企业的影响展开,如杨静怡(2014)探讨科技政策聚集对科技企业创新创业的影响;陈思远和王雄(2019)实证研究降准降息的货币政策对网络借贷平台上创业者的借款利率和借款成功率的影响;余菲菲和施晔(2020)探究"互联网+"创业政策力度、数量及主题内容对新创企业实施"互联网+"的影响。但是,独角兽企业不同于常规的创业企业,它具有跨界融合、颠覆性、自成长等特征,过去的研究仅仅是肯定政策对独角兽企业产生的积极性,并没有探究政策到底是如何影响独角兽企业的孵化和培育。目前仅有的研究是宋羽晨(2020)以独角兽上市企业作为研究对象,基于委托代理和市场失灵理论,探讨高管激励、政府科技补贴对企业创新绩效的影响。这项研究关注政府科技补贴如何对独角兽企业的创新绩效产生影响。可是我们尚不清楚独角兽企业在上市之前,有哪些政策及其以多大强度对独角兽企业的孵化和培育呈现多大效用。所以本研究关心的第一个问题是:政策成熟度对独角兽的孵化和培育存在什么影响?

第二节　独角兽企业的创业融资研究

独角兽企业经历的发展阶段是:初创企业—瞪羚企业—独角兽企业。当初创企业的资产大多是人力资本、无形资产时,获得外部融资是这些企业成长、估值增长关键的一步(Hsu,2004;Bernstein, Korteweg and Laws,2017)。已有大量文献证实了早期融资与初创企业成功之间的因果关系(Sorensen,2007;Kerr, Lerner and Schoar,2011)。

归纳而言,独角兽创业融资研究分为两类。一类研究关心独角兽企业如何吸引外部投资,另一类研究关注融资对独角兽企业成长的影响。

以 Anita Kerai、S. J. Zzrgiebel 为代表的学者对独角兽企业吸引外部融资的因素进行了分析。Anita Kerai 从信号传递的角度,研究独角兽标签在获取组织合法性和资金中的作用,结果表明有独角兽标签的新企业比没有独角兽标签的新企业有可能拥有更多的媒体曝光度,独角兽的标签使新企业能够在潜在投资者中保持吸引力。S. J. Zzrgiebel 探究媒体效应对独角兽企业估值的影响,采用 Thomson Venture Expert 数据库中 1990 年至 2015 年 10 月之间全球风投支持的交易数据进行多元回归分析,实证结果表明技术进步增加了媒体对初创企业的报道,在风投市场上通常不活跃的投资者最容易受到媒体报道的影响,媒体报道的增加对初创企业的估值有积极影响。这项研究说明媒体报道是独角兽企业吸引外部投资的一个因素。综上,这类研究主要从外部因素探讨了独角兽企业对外部融资的吸引,缺乏结合独角兽企业内部因素的整体研究。

以 Goumagias、陈靖、孟韬、段茹等为代表的学者就创业融资对独角兽企业的影响展开了研究。Goumagias 等(2019)以技术驱动型的中国独角兽企业为研究对象,实证分析风险投资和联合企业对独角兽企业的影响,结果表明融资金额和融资轮次之间存在显著的相关关系,融资联合在其中起到中介作用,研究强调了融资环境对于独角兽企业成长的重要性。陈靖等(2019)通过整理全球 4 个重要的初创企业数据库中 273 家独角兽企业的信息,采用描述性统计方法得出融资环境是独角兽企业产生的一个典型驱动因素的结论。段茹和李华晶(2019)关注独角兽企业以不同股权融资方式进入市场的决策研究,从侧面反映出创业融资对于独角兽企业创业的影响。具体研究内容是:基于资源拼凑理论,采用多案例分析方法,探究 4 家独角兽企业的市场进入模式。研究发现:第一,创业型企业资源水平越高,采取的拼凑方式越稳定,面临的经营风险越低,更倾向于选择股权涉入程度高的市场进入模式;第二,随着企业成长的延续,创业型企业面临的经营风险不断升高,更倾向于选择股权涉入程度低的市场进入模式;第三,创业型企业所处行业实体化程度越高,采取的拼凑方式越稳定,面临的经营风险越低,更倾向于选择股权涉入程度高的市场进入模式。孟韬和徐广林(2020)选取中国2016—2018年的独角兽企业,实证研究专利申请、创业融资对独角兽企业估值的影响,结果表明专利申请数以及创业融资(包括风险投资和私募股权投资)是独角兽企业主要的驱动因素。通过文献梳理,发现这类研究充分肯定了创业融资对独角兽企业成长的正向作用,但是并未揭示创业融资对独角兽企业的影响机制。

实践中推动独角兽企业成长的风险投资一般都是联合投资模式。联合投资有助于形成一个创造社会资本的网络,即风险投资网络(Ju Kimberly,2004; Zheng,2006)。大量文献强调风险投资网络可以给创业企业带来成功,以 Erik E. Lehmann、Hochberg、朱振坤、金永红等学者为代表。Erik E. Lehmann(2006)通过对德国 IPO 市场的实证研究,发现风险投资网络可以比独立投资带来更高的增长率。多家风险投资机构提供的资源能够帮助创业企业克服成长中遇到的困难,从而获得较快的成长。Hochberg 等(2007)对 1980 年到 2003 年美国的风险投资数据进行实证检验,证实了在风险投资网络中处于有影响地位的风险投资机构通过 IPO 或者并购等方式实现成功退出的比例明显增加,并且其所投资的创业企业存活到新一轮融资当中的可能性也更大。朱振坤和金占明(2009)采用社会网络分析方法研究了中国 50 家创业企业和 68 家风险投资机构的投资网络,证实了投资网络有助于创业企业克服新生者不利条件,创业成功。金永红、廖原、奚玉芹(2021)收集 419 家风险投资机构的 3903 轮次融资事件数据,实证研究风险投资网络位置、投资专业化对企业创新的影响。结果表明,风险投资网络位置越靠近中心,被投资企业的创新能力就越强;行业专业化程度较高的风险投资机构,获得和利用联合投资网络的信息和资源的能力更强,更容易从良好的网络位置中获益;地理范围专业化程度较低、发展阶段专业化程度较低的风险投资机构,拥有更全面的内部能力,更容易利用联合投资网络带来的机会,从良好的网络位置中获益。

通过文献梳理,发现已有风险投资网络对创业企业影响的研究成果较丰富,风险投资网络研究为独角兽企业创业融资研究提供了一个很好的视角。但是目前关于风险投资网络对独角兽企业孵化和培育的影响研究几乎空白。我们亟须了解风险投资网络是如何帮助初创企业一步步成为独角兽企业的。所以本研究关心的第二个问题就是:风险投资网络如何影响独角兽企业孵化和培育?

第三节　独角兽企业的创新模式研究

独角兽企业的典型特征之一是具有颠覆性,这意味着独角兽企业独特的创新性是助推其成功的关键因素之一。独角兽企业创新存在两种形式:技术创新、商业模式创新。学者们围绕这两种创新模式开展了一系列研究。

关注独角兽企业技术创新的研究,主要突出专利申请、R&D 投资方面反映技术创新的水平,从而驱动独角兽企业的成长。技术的创新会加快新公司的诞生,并为其提供突破式成长的机会(Jensen,1990)。每一次巨大的技术浪潮都会催生一批初创企业,独角兽企业就是其中的佼佼者(Kogan,2017)。反过来说,独角兽企业的发展高度依赖技术创新,而且对特定技术敏感度越高的公司,增长的机会更大。以蒋师、Lu、宋羽晨、孟韬等为代表的学者关注独角兽企业技术创新研究。蒋师等(2018)基于独角兽企业的专利申请情况进行描述性统计分析,得出结论:中国的独角兽企业总体上十分重视专利布局,但不同行业、不同地区的重视程度差别较大,侧重点也有所不同,且同类企业之间的技术创新实力存在较大差距。Lu 等(2018)基于人工智能领域独角兽企业的财务灵活性,探究了 R&D 投资与独角兽企业价值的关系,认为高 R&D 投资强度将有助于进一步增强独角兽企业在技术创新方面的竞争力,帮助其更好地发展。宋羽晨(2020)以独角兽上市公司为研究对象,探讨高管激励对创新绩效的影响机制,政府科技投入与中介二者之间的关系。孟韬和徐广林(2020)通过实证研究得出专利申请数是独角兽企业最根本的驱动因素之一。

大部分学者关注独角兽企业以平台商业模式创新的创业研究,主要围绕平台商业模式的优势作用、平台商业模式创新产生的驱动因素、商业模式的设计方面展开,以 Hess、周乐婧、Andrea、余维臻等为代表的学者在这些方面做出了贡献。我国独角兽企业有一大半都采用了平台商业模式(诸国华,2020),平台商业模式具备聚集以及网络效应优势,随着数字经济时代互联网基础设施建设的完善,平台型企业能够快速获得高增长机会(Dyer & Hatch,2006)。Hess 等(2016)认为,独角兽的平台在扩大用户群、扩大内部、外部利益相关者和用户之间的网络效应,以及传播价值主张方面发挥着关键作用。因此,平台是独角兽业务模式的基础,因为它支持独角兽的业务战略,并涵盖产品、流程、部门、公司等不同方面。Andrea 等(2018)重点关注了商业模式设计在独角兽企业创新扩散中的作用,发现今天许多基于数字技术的新产品和服务,不符合传统的扩散模型(流行病传播模型、社会传播模型以及信息级联模型等),因为它们扩散的速度快得令人难以置信,而该现象与商业模式的设计和创新密切相关。为了进一步研究,他们选取了50家经历过快速扩散和业务增长的科技独角兽企业为样本,运用历史研究方法,从价值网络、客户价值主张和界面、经济模型3个方面进行分析,划分出大型合作伙伴生态系统和较小的合作伙伴生态系统两大商业模式配置,然后从多角度对比了两者特点的异同,并详细分析了其对扩散速度和效果的影响机制,认为前者比后者更利于快速传播和扩散。周乐婧等(2019)归纳总结了商业模式创新的驱动因素、路径和强度的相关研究,并构建了一个中国情境下的独角兽企业商业模式创新分析框架。余维臻等(2020)基于颠覆性创新视角,构建了"创业网络—颠覆性创新—创业企业高成长绩效"研究框架,采用多案例分析方法,以4家典型的瞪羚、独角兽企业为研究对象,探究独角兽企业的内在成长机理及成长路径。研究表明,颠覆性创新可以通过低端颠覆与新市场颠覆两种形式激发创业企业高成长,不同的创业网络与颠覆性创新匹配路径对创业企业高成长绩效的积极作用呈现差异性。

第四节 数字化情境下独角兽企业创业研究

数字经济是实践中独角兽企业产生及成长的一个时代背景,理论界也开始转向从数字化情境视角对独角兽企业创业进行研究,目前已有学者主要就数字化情境下的独角兽企业创新模式、创新战略、创业路径等展开探索性研究。以董洁林、郭海、刘莎莎、祁大伟等学者为代表,主要研究进展详述如下。

董洁林和陈娟(2014)通过对小米进行案例分析,揭示互联网生态环境下产品创新模式的特点。结果表明,互联网生态中产品是"无缝开放式创新"的模式,其主要特点是充分利用客户认知盈余进行开放众包,并应用迭代循环创新快速推出新产品。刘莎莎、宋立丰、宋远方(2020)关注数字化情境下互联网独角兽公司的创业路径。基于数字化情境与过去创业的两种逻辑——目标逻辑和手段逻辑适用情景的差异,通过对美团、滴滴两家独角兽企业的案例分析,以数字经济时代的核心要素——数据,构建了适应新时代互联网独角兽企业公司创业的理论,从新资源、新情景和新目标等方面对两种创业逻辑进行了补充和延伸,并且基于此完善了过去的公司创业绩效评价体系。郭海、李阳、李永慧(2021)对数字化新创企业进行实证研究,重点以独角兽企业为例,基于最优区分理论,探讨创新战略和政治战略对数字化新创企业绩效的影响机制。研究发现,探索式创新和利用式创新都有助于提高数字化新创企业绩效,积极型和反应型政治战略可对上述关系产生不同调节作用。祁大伟、宋立丰、魏巍(2021)通过对滴滴和美团进行案例分析,研究互联网独角兽企业生态圈与数字经济环境的双向影响机制。结果表明:数字经济环境下平台型互联网独角兽企业生态圈的构建动机和逻辑分为数据生成、数据获取、数据分析、数据应用和数据辅助五个阶段;独角兽企业的互联网生态圈从用户黏性与生态圈数据沉淀、用户数据权与数据价值密度、用户消费习惯与数据价值深度、平台数据创新与数据应用多样化四方面和数字化环境双向影响。

通过文献梳理发现,数字化情境下的独角兽创业相关研究呈现碎片化,主要以案例分析为主,缺乏实证研究,尚未深刻揭示数字化情境下独角兽企业如何利用其独特的创新优势产生平台机遇及成长路径。

第五节 本章小结

综上所述,通过梳理前人对独角兽企业发展及创业的相关研究,可以发现,国内外关于独角兽企业的研究多见于新闻报道,而且大多数研究都是抛出独角兽企业未解决的问题。对于独角兽企业的学术研究大多采用描述性统计分析、案例分析的方式,实证研究非常少,研究内容大多局限于独角兽企业的地域分布、特点、分类、今后发展以及估值难题等。从创业角度看,独角兽企业的研究成果也呈现碎片化、缺乏深入性。因为独角兽企业创业不同于普通企业,有着自己独有的特征,我们对于这种新现象的出现过程还存在认知"黑洞"。目前,实践中独角兽企业的发展已然如火如荼,但独角兽企业的理论研究明显滞后,无法助力于实践发展。所以理论上,独角兽企业是一个亟待挖掘的"深矿"。我们亟须用新的理论方法揭示独角兽企业的成长机制。

第三章 独角兽企业成长的理论基础

第一节 创业生态系统理论

企业实践证明，独角兽成长是大量创业要素叠加的过程。本节首先介绍创业生态系统的内涵及构成，然后归纳已有创业生态系统的研究领域与研究方法，为从创业生态系统视角研究独角兽成长奠定理论基础。

一、创业生态系统的内涵及构成

现有研究对创业生态系统的概念没有统一，存在系统观和生态观两种主流观点。

第一，持有系统观的研究者指出创业生态系统是系统性的，但围绕创业企业是否包含在创业生态系统之内，衍生了环境与交互两种概念。聚焦创业环境的学者将创业生态系统视为创业企业的外部成长环境。代表性学者 Isenberg 从政策的视角提出创业生态系统是一项支持多主体但不包括创业企业在内的协作工程。Spigel 也认为创业生态系统是一个区域内由社会、政治、经济和文化等因素组合在一起支持创新创业企业成长的生态系统。持交互概念的学者将创业企业纳入创业生态系统中，认为创业企业是创业生态系统的一部分。如 Mason 和 Brown 认为创业生态系统包括以正式和非正式的方式互相联系的创业主体和创业环境。我国著名的创业学者蔡莉定义创业生态系统为参与创业的多个主体与其创业环境彼此交互作用的有机整体。

第二，持有生态观的研究者强调创业生态系统的"生态属性"，指出创业生态系统构成要素具有"共生"特性，即创业生态系统的运行旨在维持系统的动态平衡，创业企业与外部生态环境高度依存。代表性学者 Vogel 认为创业生态系统是一个区域内由各种相互依赖的行动者(如企业家、机构、组织)和影响因素(如市场、基础设施、支持环境、创业文化等)共存并相互作用，来促进创业企业产生的创业群落。张秀娥也主张创业生态系统是创业参与主体和支持创业主体产生交互并共生演化而来的生态体系。

虽然当前创业生态系统的概念定义并未达成共识,但学者们都赞同针对创业生态系统构成要素进行解构,才能科学认识创业生态系统的作用。这些构成要素包括政策、区域文化教育、科研中介以及创业商业环境等。表3.1总结了近年来研究者对创业生态系统的核心要素分析,大体上体现了系统观和生态观,多类、多维的创业生态要素的融合构成创业生态的多元化。

表3.1 创业生态系统的构成要素

代表学者	构成要素
Isenberg	政策、财务、市场、文化、人力资本、创业服务支持
Vogel	基础要素:市场、基础设施、支持环境、创业文化 环境要素:金融服务、创业教育、文化氛围、网络服务、创业支撑、公开性 主体要素:创业者
Mason 和 Brown	环境要素:基础设施、市场、地理位置、制度 主体要素:创业组织、投资机构、银行、大学和公共机构
Spigel	文化要素:支持性文化、创业历史 社交要素:社交网络、专业人才、创业导师、交易促成者、创投资本 物质要素:政策、大学、基础设施、开放市场、支持性服务
Erik Stam	网络、领导力、金融、人才、知识、支持服务/中介、制度、文化、基础设施、市场需求
蔡莉	主体要素:新创企业、创业的成熟企业、大型企业、政府、大学、科研机构、投资机构、中介机构 环境要素:自然环境、文化、市场、制度、基础设施、专业服务
孙金云	基础要素:文化环境、制度环境、市场环境 结构要素:人力资本、金融资本、科技研发

资料来源:作者根据相关文献整理。

综上所述,创业生态系统各个要素之间存在共生关系,这种共生体现了支持组织创业的要素之间产生互动形成多样化的生态关系和网络,这也是创业生态系统的主流观点。基于生态观,本书给出定义:创业生态系统是以创业企业为核心,其他企业、政府、投资机构、科研机构、中介机构等主体为创业企业提供资源,不同利益相关者之间相互联系并产生互动,由此形成的一种为创业企业提供支持的创业系统。

二、创业生态系统研究主线

目前,创业生态系统的研究主要存在于三个领域:区域发展领域、战略管理领域和组织领域。这三个领域构成了创业生态系统研究的主线。

区域发展领域和战略管理领域在生态系统思维中有着共同的根源,关注于特定社区中行动者之间的相互依赖以创造新的价值,并在过去几十年中发展了一种新的产业组织方式。

(一)区域发展领域研究主线

区域发展的研究历史悠久,着眼于区位生态系统,以解释区域社会经济表现的差异。它包括一系列相关概念,如产业园区、区域产业集群、区域集聚和区域创新系统(Stam & Spigel,2017;Terjesen et al.,2017)。这些概念共同关注区域绩效,无论是作为产出的创新性,还是作为结果的生产率和就业率。为了在国际市场上取得成功,产业园区概念强调了当地产业(Marshall,1920)和社会实体,人与企业群体之间的相互作用(Becattini,1990)。区域产业集群概念侧重于相互关联的企业、专门供应商、服务提供商以及特定领域中相互竞争但又相互合作的关联机构在地理位置上的集中(Porter,1998)。区域集聚是一个局部的学习和创新系统(Asheim,Smith & Oughton,2011),该系统创造了三种主要的学习和创新效益:产品创新、工艺创新和线性"技术推动"创新(将科学知识和研究进展转化为商业应用)。创造这些学习和创新利益的重要因素是知识的相关性:为了相互学习,集群参与者需要能够相互理解(Baptista & Swann,1998;Nahapiet & Ghoshal,1998;Arikan,2009)。知识交流是通过对同一行业或一组相关行业,同一技术或一组相关技术的共同关注来促进的,区域创新系统也是如此(Cooke,

2001；Boschma，2005；Asheim et al.，2011；Ter Wal & Boschma，2011）。区域创新系统是指一个区域内的网络和机构体系，这些网络和机构将大学、公共研究实验室等知识生产中心与区域内的企业等创新主体紧密联系起来。这些联系都是在不同的组织之间通过知识溢出产生的，增加了地区的整体创新能力（Cooke et al.，1997）。

与有关区域发展的文献一样，创业生态系统研究也极大关注制度因素以及区域和社会环境。具体而言，在采用生态系统观点的同时，学者们认识到，社会背景在允许（和限制）创业方面起着根本性的作用，而不放弃个人观点（Neck et al.，2004；Acs et al.，2014）。尽管熊彼特的传统理论在很大程度上塑造了区域发展的文献基础，但在讨论国家创新体系时，个人往往被一种相对孤立或外来的方式对待，而非充分融入和强调其在创新体系中的核心作用。创业是一个更广泛的领域，包括与时间、社会、组织和市场维度相关的背景（Zahra，2007；Zahra et al.，2014）。创业生态系统研究将与个人相关的背景因素结合到真正系统的创业观点中（Stam，2015；Sussan & Acs，2017）。从被视为"经济超人"的企业家，到被视为嵌入特定社会和地方背景中的企业家，调查地点发生了变化（Steyaert & Katz，2004）。

地理位置也可能对创业产生巨大而复杂的影响（Johannisson，2011）。Cooke（2016）认为，新兴的创业生态系统研究必然需要进化、社会互动和非线性的方法。特别是，个体学习和集体学习不可避免地发生在企业与其支持的制度因素之间。创业过程的互动性质与以往基于单一、原子论和个人主义创业观的文献形成对比。另一方面，熊彼特创新理论在创业生态系统方法中的作用不仅得到保留，而且至关重要，根据 Feld（2012）的说法，"创业社区最关键的组成部分是创业者必须领导创业社区"。此外，这是在熊彼特创新理论中关于企业家描述的具体化说法。决策者建立创业环境的尝试往往因缺乏与企业家的接触而失败。

(二）战略管理领域研究主线

战略管理领域研究围绕商业生态系统和平台生态系统展开。Moore（1993），

Iansti 和 Levien(2004)、Adner 和 Kapoor(2010)、Williamson 和 De Meyer(2012)提出商业生态系统是一种经济协调的形式,认为企业创造价值的能力关键取决于生产互补产品或服务不同参与者群体。Adner(2017)定义商业生态系统是指为了在市场上实现价值主张而需要调整的一组合作伙伴构成的生态系统。商业生态系统具有一个优点,即如果一个价值主张要在市场上实现,它就需要协调一组参与者。Jacobides 等人(2006)、Adner 和 Kapoor(2010)研究均表明,重要的结构和战略因素会显著影响企业在组织生态系统内与合作伙伴进行经济活动时,获取生态系统所创造总价值中相当一部分份额的能力。在一个社区中协调商业伙伴,为客户创造价值是中心。正如 Adner 等人(2013)强调的那样,商业生态系统战略必须考虑创造差异化的价值主张,以吸引终端消费者和所需的合作伙伴。这些参与者可能包括多个利益相关者公司群体,如组件供应商、竞争对手公司、互补者、购买者、用户社区和大学。由于需要管理利益相关者之间的互动和相互依赖(Uzunca et al.,2016),企业通过塑造现有和未来参与者的观念发挥着关键作用(Gawer & Cusumano,2002;Autio & Thomas,2016)。创业生态系统最初是由商业生态系统的概念发展而来(Isenberg,2011)。Acs 等人(2017)主张创业生态系统可能代表了商业生态系统的滋生地。Autio 等人(2017)进一步指出创业生态系统中存在"商业模式创新优势"。创业生态系统有助于商业模式的实验,因为创业者可以通过与关键的创业生态系统参与者互动来创造和获取价值。创业生态系统是一个包含发现、购买和扩大新企业的创业机会的系统(Acs et al.,2014;Autio et al.,2017)。

另外,战略管理领域研究也关注平台周围的生态系统。数字化在使新企业能够在创业生态系统内重新发明创造、获取和交付价值的方式方面发挥着重要作用(Autio et al.,2017;Prahalad & Ramaswamy,2003;Urbinati et al.,2018)。平台生态系统主要关注连接一组客户和另一组客户的物理或虚拟平台,以网络外部性为中心(Rochet & Tirole,2003;Parker & Van Alstyne,2005;Evans & Schmalensee,2016)。然而,一个生态系统并不一定拥有其核心的平台(Autio & Thomas,2014),因此平台并不是生态系统的决定性特征。

综合区域发展领域和战略管理领域关于生态系统的研究,我们发现这两个研究领域存在三个方面的差异。首先,区域发展研究明确关注生态系统的地域范围,而战略管理研究生态系统的前提假设是全球背景(Zahra & Nambisan,2011);其次,区域发展研究生态系统旨在解释区域总体绩效(总价值创造)的差异,而战略管理研究生态系统则围绕一个明确的价值主张,关注单个企业的价值创造和价值获取,只要管理好生态系统,公司的价值就会增加(Uzunca et al.,2016);最后,战略管理研究认为生态系统由核心公司担任领导,而区域发展领域的生态系统研究除了政府和可能的商业协会的促进作用外,几乎不承认生态系统中存在任何中心领导作用(Amin & Thrift,1994)。

创业生态系统较之以上两个领域的研究,既存在相同之处,都强调行动者和因素之间的相互依存关系,但也存在明显的不同。第一,创业生态系统与区域发展领域研究均聚焦于特定区域内总价值的创造过程。然而,创业生态系统的独特之处在于其视生产性创业为该系统的一种核心产出(Acs,2017)。由于生产性创业可以被视为一种积极的产出和结果(Baumol,1990),创业生态系统正是通过一系列相互依赖的主体和要素的协同作用,来推动和促进这种生产性(创新和增长导向)的创业活动(Stam & Spigel,2015)。第二,创业生态系统被认为是一种独特类型的集群(Autio,Nambisan,Thomas et al.,2018),这种创业生态系统集群类型并非特定于某一行业部门或技术领域,而区域发展领域研究将创新限定为特定行业或特定技术的相关业务,支持机构与结构集中(Cruz & Teixeira,2010)。第三,区域发展领域和战略管理领域关于生态系统的研究,都低估了企业家在价值创造方面的作用(Pitelis,2012;Stam & Spigel,2017)。与区域发展领域生态系统的研究相比,创业生态系统有着明显的不同:它不是灵活的生产系统,也不是之前区域发展领域研究描述的学习和创新系统。在区域发展领域的生态系统相关研究中,企业家更多地被视为空间供给的副产品。相反,创业生态系统围绕着创业机会的发现和追求(Acs et al.,2014),而创业者和他们的企业是其中的核心动因。与战略管理领域生态系统的研究相比,竞争和价值获取在创业生态系统理论中的作用并不那么突出。创业生态系统要求区域具有长期承诺的公共导向(成功)企业家发挥更为核心的领导作用(Fed,2012)。这些企业家很可能与公共部门结成联盟(有时甚至成为公共部门的一部分,例如,作为政府部门或行业协会的领导人)。这种创业型领导人是指创业生态系统中的一种自组织模式创业者,不仅是系统的一种输出,也是一种输入(Mason & Brown,2013;Stam,2015)。研究领域的重点概念或发现如表3.2所示,创业生态系统方法的沿袭如表3.3所示。

表3.2 研究领域的重点概念或发现

研究领域	关注	重点概念或发现	学者及年份
区域发展领域	区域的生态系统,强调区域绩效,无论是作为产出的创新性,还是作为结果的生产率和就业率	产业园区:强调了当地产业和社会实体,人与企业群体之间的相互作用	Marshall(1920)、Becattini(1990)
		区域产业集群:侧重于相互关联的企业、专门供应商、服务提供商以及特定领域中相互竞争但又相互合作的关联机构在地理位置上的集中	Porter(1998)
		区域集聚:指一个局部的学习和创新系统。该系统创造了三种主要的学习和创新效益,即产品创新、工艺创新和线性"技术推动"创新(将科学知识和研究进展转化为商业应用)	Asheim、Smith和Oughton(2011)
		区域创新系统:指一个区域内的网络和机构体系。这些网络和机构体系将大学、公共研究实验室等知识生产中心与区域内的企业等创新主体紧密联系起来。这些联系都是在不同的组织之间通过知识溢出产生的,增加了地区的整体创新能力	Cooke等人(1997)

续表

研究领域	关注	重点概念或发现	学者及年份
战略管理领域	商业生态系统	商业生态系统是一种经济协调的形式,企业创造价值的能力关键取决于生产互补产品或服务不同参与者群体	Moore(1993),Iansti 和 Levien(2004);Adner 和 Kapoor(2010),Williamson 和 De Meyer(2012)
		商业生态系统是指为了在市场上实现价值主张而需要调整的一组合作伙伴构成的生态系统	Adner(2017)
		创业生态系统最初是由商业生态系统的概念发展而来	Isenberg(2011)
		创业生态系统代表了商业生态系统的滋生地	Acs 等人(2017)
		创业生态系统中存在商业模式创新优势	Autio 等人(2017)
	平台生态系统	平台生态系统主要关注连接一组客户和另一组客户的物理或虚拟平台,以网络外部性为中心	Rochet 和 Tirole(2003),Parker 和 Van Alstyne(2005),Evans 和 Schmalensee(2016)
		一个生态系统并不一定拥有其核心的平台	Autio 和 Thomas(2014)

资料来源:作者根据相关文献整理。

表3.3 创业生态系统方法的沿袭

	战略管理	区域发展	创业生态系统方法
价值	企业创造和获取价值,但低估了企业家在价值创造方面的作用	由竞争(价值捕获)和合作驱动的相关行业(生产力)企业的价值创造,企业家被视为空间供给的副产品	个体企业家的价值创造,特别是高影响力企业家(如独角兽创始人)的努力和成功现象盛行
范围行业	全球的	区域的 特定行业或特定技术的相关业务	城市/地区/国家 不限于某一行业部门或技术领域
协调	由协调人企业进行治理和管理	企业竞争与合作、政府政策	公私管治

资料来源:作者根据相关文献整理。

(三)组织领域研究主线

区域发展研究和战略管理研究这两条主线都不能突出创业企业为创业生态系统带来的新的价值创造,进而出现了一条新的主线——组织领域。

学者们基于制度创业理论、社会运动理论和主导设计理论,从组织层面(比如研究参与者、技术等)为生态系统的研究提供了不同的分析视角。例如,Thorelli(1986)、Hennart(1993)将网络作为一种独特的组织"模式"的概念与市场和组织层次结构相比较;Granovetter(1985)、Uzzi(1997)强调了经济行动的社会嵌入性;Miles 和 Snow(1986)采纳了"网络组织"和"虚拟组织"的思想;Porte(1980、1985)、Teece(1986),Jacobides、Knudsen 和 Augier(2006)整合了价值链、市场结构和价值分配的考虑;Prahalad 和 Hamel(1990),Barney(1991),Dyer 和 Singh(1998)呼应了资源基础、核心竞争力和关系观的观点;Von Hippel(1988)认识到创新的不同来源;Teece(2007)将生态系统视为相互依存的组织网络。这些互补的理论,反映了生态系统中参与价值共同创造的相互依存的网络化组织的重要性。

因此，Thomas(2014)提出生态系统应该被视为一种组织领域，是组织领域结构中除共同产业、共有技术、社会问题、市场研究之外的第五面，即价值共同创造。并提供了完善的制度理论框架，将生态系统描述为一个具有网络结构、治理机制和共享逻辑三个基础的轮廓。

创业生态系统研究最适合用组织理论解释。Hannan和Freeman(1977)提出了组织生态和企业种群等概念，从生态观视角对组织的发展和运行进行理论诠释，表明研究组织的发展时应结合其外部所处的环境因素，其发展往往与外部环境休戚相关。在此基础上，Aldrich(1990)也结合生态学视角对创业活动进行了剖析，对创业环境、创业过程中的各类组织及创业人群进行分析，分析创业环境及各类组织对创业活动的影响。随着创业研究的进一步发展，Spilling(1996)首次提出了创业生态系统的概念，利用系统的理论和生态学理论、模型、方法等把创业主体与创业环境相结合来研究创业活动。此后，随着创业活动如火如荼地发展，越来越多的学者开始关注创业研究，逐渐意识到创业环境及创业主体之间的相互作用对创业活动的重要影响。由此，基于创业生态系统进行的创业研究日益受到学术界和实业界的广泛关注(Wood，2012)。宋姗姗(2018)将近年来的创业生态系统研究归属于组织领域的组织生态学研究，认为组织领域和生态系统领域构建非常相似，组织理论可以充分说明创业生态系统中参与者的共同价值创造。张晨琦(2018)也提出创业生态系统理论是创业理论与生态学理论的交叉性产物，是建立在生物学的生态系统理论和组织理论基础上的，其本质是组织生态学的分支理论。

三、创业生态系统的研究视角

在过往的30多年中，学术界对于创业生态系统的研究逐渐形成两种视角：过程视角和网络视角。过程视角强调创业生态系统整体的演变、转化及因果关系；网络视角则侧重创业生态系统解构的要素间的关系、结构及结果。

(一)过程视角

创业生态系统的过程视角主要关注创业生态系统的动态变化，强调创业生态系统整体的演变、转化及因果关系，学者们基于不同的理论进行诠释。

区域创新系统理论将创业生态系统视为人力资本、金融资本、创业知识、市场知识和文化态度等创业资源不断创造、流动和转化的过程。Spigel 和 Harrison 首次以过程视角看待创业环境,在创业资源变化的过程中,创业生态系统会发生演变,从而形成"功能强大、运转良好"和"功能较弱、运转不良"两种不同的生态系统。

进一步,进化理论则聚焦于生态系统的进化或完善。Mack 和 Mayer 在研究美国亚利桑那州凤凰城创业生态的时候,勾勒了创业生态系统的关键要素如何随时间进行交互和演化,以案例分析的形式探讨了创业生态系统的进化过程。该研究提供了一种将创业生态系统的重要组成部分纳入创业生态系统生命周期的动态研究方法,可用于分析特定案例或对比不同的创业生态系统进化轨迹,从而方便理解充满活力、竞争性的区域中日益重要的创业生态系统组成部分。

综上研究,我们发现创业生态系统的过程视角为生态系统如何运作和影响创业过程提供了一种更细致的方法,可以据此设计更有效的政策干预和营造组织创业氛围。

(二) 网络视角

网络视角的文献主要研究创业生态系统内不同利益相关者之间建立的网络影响创业生态系统的结构和结果。为了理解构成这些网络的多个参与者之间在创业生态系统中进行的多重互动,现有研究主要关注创业生态系统中制度或者情境、关系、组织或者结构三个维度,并各自延伸出相应的研究领域及关键主题,形成网络视角下创业生态系统的研究框架(见图3.1)。

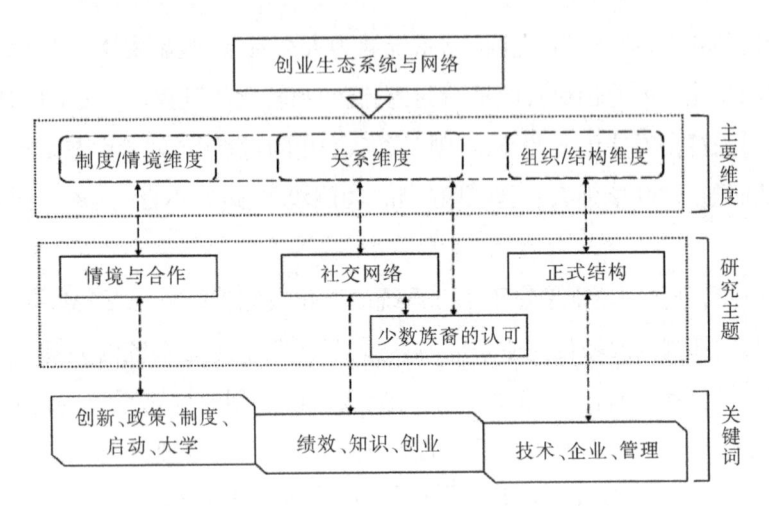

图 3.1　网络视角下创业生态系统的研究框架

资料来源：作者参考 Fernandes & Ferreira(2022)研究文献绘制。

在制度或者情境维度,研究主要揭示创业生态系统中建立合作的背景和形成关系的情境。文献普遍认为企业家与环境之间产生不同互动,不同性质的创业生态系统导致了不同的企业家创新活动。如 Autio 等人以大学环境中产生创新和企业家为例,提出"三螺旋"理论,解释了创业活动中产生创新的相互关联维度的内涵,研究认为创业企业的性质和特征因创业者和创新的来源而有所不同。随后 Carayannis 等人在此研究基础上构建了更多层级的创业生态系统的螺旋框架,以揭示创业生态系统中的背景和多重可观察动态。这项研究为创业生态系统方法如何开发和实施更有效的动态机制以及更好地协调有形和无形资源提供了依据。进一步的研究分析了大学在创业生态系统中从产生到成为可持续的核心要素阶段的作用。另外,创业生态系统的治理研究也受到重视,Colombo 等人指出创业生态系统的治理是对系统内不同角色的各种行为者的关系治理,任何创业生态系统的有效治理都需要考虑多个因素,特别是要包括最相关的参与者以及整个创业生态系统的资源和激励分配。由此说明,情境是创业生态系统研究的基本组成部分。

在关系维度,文献强调在创业生态系统中建立网络的重要性。现有研究多以案例的方式,聚焦于创业生态系统要素特征、创业生态系统间比较、创业生态系统网络关系三个方面。第一,研究创业生态系统组成要素本身。Spigel 基于卡尔加里和滑铁卢两个创业生态系统的案例分析,描述了创业生态系统各要素的特征并揭示其对创业生态系统结构和性质的塑造过程。随后的研究深入到创业生态系统的资源及其在参与者中间流动的网络,Spigel 和 Harrison 揭示了资源和网络的结合如何决定创业生态系统的可持续性,该项研究为创业生态系统中可观察的资源和网络如何影响其强度和功能提供了更广泛的见解。第二,对比创业生态系统之间的特点。如 Cowell 等人主张将创业生态系统与一组相互关联的系统进行对比,认为创业生态系统不论区域性质,均需要促进强大而密集的社会网络的发展,才能培育各种创业生态系统利益相关者之间的持续关系。第三,强调创业生态系统的网络关系。Colombelli 等人研究认为不同参与者在整个创业生态系统发展过程中扮演不同角色,他们与创业生态系统平行演变,不断塑造他们的配置和创业生态系统内部发展的关系。Motoyama 和 Knowlton 的研究进一步指出企业家之间的分享和合作关系对于创业生态系统内部建立网络非常重要,合作网络的形式会影响区域创业生态系统。综上发现,关系维度的研究基本都属于 Spigel 提出的理论框架,广泛强调协作(社会属性)和导师(文化属性和社会属性)的重要性,以及对企业家和创业活动(社会属性和物质属性)的正式支持手段的重要性。

在组织或者结构维度,研究强调为促进创业活动而建立的正式结构,包括创业孵化的中介、创业组织设计与协作网络等。第一,创业孵化的中介也称企业孵化器,代表了特定类型的创业环境,是其中企业与之互动的网络合作的一个核心方面,有助于初创企业的成功和发展。初创企业在孵化器内存在不同的关系,初创企业网络之间的互联程度越高,孵化器内的合作项目数量越多,初创企业创新水平就越高。由于孵化器管理实体需要发挥积极的干预作用,在内部和外部两个层面上培养这些合作关系,因此这些管理结构从根本上需要合适的人力资源。第二,创业组织设计是指通过建立协作网络进行知识的扩散或交换,其学习能力对企业资源和创业生态系统都会产生影响,创业企业商业模式的选择还会影响创业企业的社会网络连通性。例如，Neumeyer 和 Santos 通过复杂的利益相关者网络（如企业家、投资者、机构领导人）模拟了美国东南部的两个城市创业生态系统，并分析由此产生的社会连通性措施。研究结果表明，与传统企业家相比，致力于企业可持续发展的企业家的代表性不足，但他们的网络联系更紧密。研究进一步发现，基于不同类型的创业和商业模式、创业任期、不同类型的网络角色（如企业家或投资者）或人口特征，会出现不同的社会集群。综上所述，组织或者结构维度的研究突出了技术和创业企业在创业生态系统中的重要性。

第二节　政策工具理论

政策工具理论是构建独角兽扶持政策的理论基础。利用政策工具理论，通过明确政策工具的属性归纳出政策工具的类别、政策工具的特征等量化内容。

一、政策工具理论概述

政策工具也称政府工具或治理工具，是政策发挥宏观引导和市场规范作用的主要手段。政策工具是政策分析的基本单位。政策工具理论的核心是，通过政府管理行为反映政府政策意图，凭借政策举措实现政策理念。已有研究主要聚焦于政策工具属性研究、政策工具选择研究、政策工具运行研究，以及政策工具评估研究。政策工具属性研究涵盖政策工具相关概念的界定等。而政策工具属性的把握为本书研究独角兽扶持政策奠定基础。

政策工具的类别因不同的标准划分可归纳为不同的政府治理形式。按照领域不同，可以划分为法律、经济和交流三种类型的政策工具。依据政府的强制性程度，又可以划分为自愿性、强制性和混合性三种政策工具。

结合具体的政策工具应用领域，政策工具又有不同的分类形式。如：财政领域中，政策工具包括收入政策工具和支出政策工具；环境领域中，政策工具划为命令控制型、经济激励型和公众参与型；技术创新领域，被广泛接受的政策工具划分框架方式是 Rothwell 和 Zegveld 模型，他们将政策工具分为供给型工具、环境型工具和需求型工具，这种划分方式在技术创新、创业等政策工具分析中非常常见。供给型政策工具是指政府直接对创新相关要素扩大供给，比如在人才、信息、技术、资金等方面提供支持;环境型政策工具指政府利用财务金融、税收制度、法规管制等政策影响高成长型创业企业发展的环境因素;需求型政策工具指政府凭借采购与贸易管制等举措来降低市场的不确定性,拉动企业创新和新产品开发。

表3.4归纳了技术创新/创业领域的政策工具典型研究。鉴于本研究聚焦于独角兽的高新技术特征,因此政策工具的分类也采用供给型、环境型和需求型三种分类。

表3.4 技术创新/创业领域政策工具的典型研究分类

学者	政策工具类型			研究领域
	供给型	环境型	需求型	
张雅娴、苏竣	人力资源培养、信息支持、技术支持、资金支持、公共服务	财务金融、租税优惠、法规管制、策略性措施	政府采购、贸易管制、外包、海外机构	创新政策
赵筱媛、苏竣	教育培训、科技信息支持、科技基础设施建设、科技资金投入、公共服务	目标规划、金融支持、税收优惠、知识产权、法规管制	公共技术采购、外包、贸易管制、海外机构管理	公共科技政策
刘云等	教育培训、科技信息支持、科技基础设施建设、科技资金投入、公共服务	目标规划、金融支持、税收优惠、知识产权、法规管制	公共技术采购、消费端补贴、服务外包、贸易管制、海外机构管理	创新政策
白彬等	创业教育、创业人员技能培训、创业资金支持、创业技术支持、创业基础设施	目标规划、金融支持、税收优惠、公共服务支持、策略性措施	政府采购、外包、经营壁垒、海外交流	创业拉动就业政策

续表

学者	政策工具类型			研究领域
	供给型	环境型	需求型	
李鹏利等	资金支持、技术支持、公共服务支持、创业基础设施、创业培训	法规管制、金融支持、税收优惠、策略性措施	政府采购、外包、经营壁垒、海外交流	科技创业政策

二、政策工具量化研究

目前,政策工具理论在公共管理、能源管理、创新创业管理等领域得到广泛应用。政策工具特征量化研究是分析、评价和计算政策效应的首要步骤。先前研究围绕政策工具特征的识别方式和量化做了较多的研究探索,总体上看,包括政策工具特征表达、政策文本分析以及政策主题建模。常见的方法包括定性的专家打分和问卷评价、定量的文本分析以及定性定量结合的政策活动指数编制等。表3.5汇总了政策量化典型实证研究。

表3.5 基于政策工具理论的政策量化研究

典型文献	政策量化的变量	政策量化的研究方法	研究领域
Knill 等	监管密度和监管强度	文本分析/回归分析	环境政策
Schaffrin 等	目标、范围、整合、预算、执行、监测	内容分析法/政策活动指数法	气候政策
Schmidt 和 Sewerin	整合、范围、目标、预算、实施、监督	内容分析法/政策活动指数法	可再生能源政策
彭纪生等	政策力度、政策措施、政策目标	专家打分法	技术创新政策
余菲菲等	政策力度、政策数量、政策内容	文本分析	互联网创业政策

续表

典型文献	政策量化的变量	政策量化的研究方法	研究领域
张永安和周怡	供给型政策、环境型政策、需求型政策	文本挖掘/PMC指数模型	新能源汽车补贴政策
华斌等	政策关键词、政策主题、政策工具	文本挖掘	高新技术产业政策

在政策工具特征表达方面，很多文献用多个要素表现政策工具特征，例如普遍聚焦于政策文本发布数量、政策主题分布、政策目标指向、政策措施聚焦、政策力度表达等要素。在方法上，主要使用文本统计分析辅以专家打分法这两种方法量化政策工具的特征。彭纪生等人研究技术创新政策，开创性地制定了政策量化标准的具体操作手册。后续很多学者采用了政策量化标准手册。譬如余菲菲等人就互联网创业政策从政策力度、政策数量、政策内容方面，提炼了"互联网+"背景下的创业政策的新特征和政策内容，识别了政策实施的效果。这类研究为政策量化研究奠定了基础，但专家打分法仍然避免不了主观的意愿，需要寻求客观的量化方法。

在政策文本分析方面，为了减少文本提取的主观性，研究提出用政策工具密度和政策工具强度特征反映政策文本内容。Knill 等人最早引入"密度"和"强度"来表现政策工具的特征，政策工具密度是指不考虑政策工具内容，仅计算政策工具类型相关的政策数量，并以此反映政策的积极性。政策工具强度被定义为"资源的组织和动员"，即投入或分配给特定政策工具的资源、努力或活动的数量，以此反映政策工具的质量和力度。进一步的研究关注政策工具强度特征的指标细化，从理论上推导出政策工具强度相关的六个要素：目标、范围、整合、预算、实施和监管，并对国家政策工具进行加权以此衡量气候政策活动指数。其中，目标揭示政策工具明确的目标信息，范围反映政府实施政策活动的广度，整合反映政府战略性政策是否提出具体政策工具，预算指单项政策工具的支出，实施表示明确的政府行为，监管明确政府的监管程序和监管机构。在此研究基础上，利用政策工具强度的测算方法，有研究对可再生能源政策工具组合动态性和效应进行了实证分析。

在政策主题建模方面，研究面向政策关键词的提取和挖掘表现政策工具的多元性，极大地丰富了政策工具的特征研究成果。例如，张永安等人研究2017年前颁布的新能源汽车补贴政策，采用文本挖掘法，识别出政策关键词，从中提炼政策主题以及政策工具类型，依据政策特征，应用PMC指数模型建立了量化新能源汽车补贴政策的评价体系。这项研究从政策关键词着手解析政策工具的特征。类似的研究还有华斌等人以高新技术产业政策为研究对象，利用文本挖掘技术进行基于政策关键词共现、政策主题与政策工具三个维度的层级关联挖掘，揭示高新技术产业政策的层级关联特征与演化趋势。这些研究表明政策关键词的挖掘有利于政策工具特征的识别。

第三节　资源依赖理论

资源依赖理论为认识企业创业的资源依赖关系提供了理论基础。独角兽创业成长极大地依赖于风投以及多轮风投所构成的网络，并以此提升自身成长绩效。

一、基本观点

资源依赖理论被广泛应用于组织关系的研究中，从资源互补性视角，突出了组织要重视与外部环境建立关系。在资源依赖理论中，组织被定义为组织的权力最大化。资源依赖理论将组织关系描述为一种基于交换资源的权力关系。资源依赖理论的提出基于以下三个假设：第一，组织被认为由内部和外部的联盟组成，这些联盟产生于社会交换，其形成是为了影响和控制组织行为；第二，环境被假定包含对组织生存至关重要的稀缺和宝贵资源，环境造成了组织在资源获取方面面临不确定性的问题；第三，组织应该朝着控制资源并最低程度依赖其他组织、控制资源并最高程度被其他组织依赖两个相关的目标努力，实现任何一个目标都会影响组织之间的交换，从而影响组织的权力。基于上述观点，依托资源依赖关系获取外部环境共享资源成为组织生存和发展的重要途径。

第一，跨组织关系的建立有助于组织提升知识共享及学习行为。从资源依赖理论角度看，企业间结成联盟便于资源在组织间进行交换，并有利于创新理念的产生，从而更容易诞生新产品。部分研究考虑具有相似知识背景和共同能力基础的竞争对手结成的联盟，发现彼此的开放式学习动机和学习行为，可以被双方形成的资源依赖关系激发。

第二，资源依赖能推动组织间合作与创新。企业多种能力和不同资源的获取来源于企业间构建的战略联盟和形成的伙伴关系，由此促进创新能力发展。以一个产业集群为例，信息、技术等资源的获取，企业都可以依赖于外部的组织，从而逐渐具备潜在的吸收能力，并产生模仿性创新、突破性创新活动。那么，基于资源依赖形成组织间关系在对外部资源吸收的过程中又存在不同的途径。譬如组织间构建开发型和利用型的双元关系来吸收外部关键资源，以此提升应对环境和市场需求的创新能力柔性。

组织间还可以通过资源共享促进知识转移，凭借知识转移能力或者吸收能力的高效率，外部输入的创新资源将进一步提升企业创新绩效。具体过程为：组织间持续不断的合作与交互，一定程度上将促进资源的转移，并且企业一边汲取外部资源，一边输出内部冗余创新资源给外部组织，以此增进企业间的彼此信任和紧密合作，从而推动外部资源转移至企业内部。组织间的知识共享形式也会对吸收能力产生影响，有研究表明组织间的显性知识共享与隐性知识共享均会对潜在吸收能力与实际吸收能力有积极的促进作用。

二、资源依赖与组织创业的关系

资源依赖理论对创业企业的解释具有先天优势，因为创业本身就是从外部获得、整合和利用稀缺资源去探索新的商业机会的过程。创业企业往往不可能掌握开发机会所必需的所有资源，这就决定了企业创业活动就是寻求外部利益主体的合作以快速获取创业资源的过程。因此，企业创业成功的关键因素之一就是与外部组织的互动，那么提升企业价值可以依赖于多个方面，譬如供应商、客户、风投等利益相关者。

现有研究在创业领域应用资源依赖理论，已经涉及创业企业从风投机构获得的资源支持。首先，风投机构可以提供资金和关键成长资源信息，帮助创业企业满足生存和发展的资源需求。例如，Guo 和 Jiang、Croce 等通过比较由风投机构支持的企业和非风投机构支持的企业在诸多方面的差异，譬如运营管理、研发水平、创业绩效等，论证了风投机构对企业成长的直接作用。其次，风投机构可以借助自身专业的投资知识及积累的行业声誉，给创业企业提供成功的企业运营经验。风投机构声誉机制的重要性体现在对创业企业的监督管理、提供增值服务、项目退出等诸多方面。风投机构还可以利用行业专长正向调节提供的增值服务，促进创业企业绩效的提升。最后，风投机构可以为创业企业提供自身控制的富有经验和专业知识的人力资本，以及自己通过网络关系获取的其他组织的社会资本。风投机构的社会资本表现在风险投资家在投行的工作经历及涉入的精英教育网络、风投机构的政治关联等多方面，各类社会资本对创业企业成长绩效均产生显著的正向影响。

综上可知，资源依赖理论揭示了组织自身的选择能力。建立依赖关系能够帮助组织寻找和获得相关资源，更容易应对商业竞争和抓住市场机会。独角兽由于其高速成长、高风险和轻资产等特性，导致对于风投等资源供给方的依赖性可能远高于传统的中小型创业企业，因此资源依赖理论对于独角兽的成长研究具有重要意义。

第四节 社会网络理论

一、社会网络理论概述

社会网络一般是指不同社会主体在社会关系之上所建立的相对稳定的系统。自"社会网络"这一名词诞生开始，便一直用于解释复杂环境中多样主体间的关系。1908 年，"社会网络"一词由德国社会学家 Georg Simmel 提出，并引发了学界的广泛关注和研究探讨，但该阶段对"社会网络"的认知较为局限，例如仅探讨了有界群体中内部人员的行为，并未考虑到在实际情况中，人员并不是静态的，而是动态地加入或退出某一社会网络。随着现代社会"网络化"趋势的演化，学者们逐渐对社会网络的相关概念进行了补充完善。例如，Wellman 认为社会网络是一个由不同个体间的关系构建的较为稳定的社会系统,这种网络是用来描述个体间的社会关系的。在上述研究的基础上,为了深化"社会网络"的相关研究,社会网络分析的研究范式应运而生,并被快速应用于社会人际关系的研究。从1980年开始,"网络"的主体已经延伸至企业、机构等,此后学者们开始基于社会网络理论对企业间的行为进行一系列的研究。

二、网络嵌入与组织研究

社会网络参与者的实质是嵌入社会网络关系。1985年Granovetter提出,对经济现象的研究必须关注于经济参与者所嵌入的社会关系网络以及网络中各个成员之间的互动行为,因为这些因素最终将作用于组织的经济行为之中。Peng和Luo进一步指出,经济行为嵌入于社会网络或非正式的社会关系之中。对于一般的创业企业,由于自身所掌握的资源有限且合法性和认知水平较低,在经济活动中往往会面临"新进入缺陷(Liability of Newness)",并造成创业的高风险和低生存率。因此当和现有企业进行激烈竞争时,先天便处于劣势地位的创业企业往往需要依托非正面途径来抵消"新进入缺陷"的劣势并克服高失败危机,此时快速嵌入社会网络便成为新创企业的关键突破口。

嵌入的观点对企业行为和绩效研究产生了深刻影响,现有研究阐述了嵌入网络对企业影响的三种机制,包括信息收集、减少交易成本和促进企业合作。

第一,嵌入网络为企业提供了广泛且有效的信息来源,企业可以借助与供应商和风投机构等现存的社会网络关系来更高效地搜索信息和识别市场机会。这种基于嵌入网络而收集的信息不仅成本较低,还能保障较高的丰富度和可信度。企业可以借助中间媒介与其他社会网络主体进行联系并产生交易行为,而这种网络关系的持续拓展不仅促进了信息传递和交流,还能借助多种信息渠道的相互验证保障信息的可靠性。

第二,嵌入网络能够帮助企业建立信任关系,从而削弱机会主义并减少交易成本。基于嵌入网络所构建的信任可以帮助减少企业监督成本、增强企业学习能力和提升企业适应水平,从而进一步促进企业进行更高效的决策行为。与此同时,嵌入网络还能在无法直接定价或制定合同契约的情境下为企业创造额外的达成成功交易的机会。需要强调的是，制度的设计虽然可以减少欺诈行为，但是制度只能取代而不能带来信任，理性主体会利用各种手段去寻找和突破制度的漏洞。

第三，嵌入网络能促进企业与其他组织间的合作。不同于一般的市场交换逻辑，嵌入网络能够促使交易双方不再仅仅满足于眼前的既得利益，而是达成共识地更加关注于信任和互惠所带来的长期效应。基于网络嵌入的观点，相较于在一个完全竞争的市场环境中与短期合作方进行生意来往，市场主体更青睐于与自身亲密的对象建立更为长期的合作伙伴关系。在社会网络的情境下，企业可以依托各种组织媒介和合作关系，循序渐进地嵌入网络系统之中。

三、独角兽企业嵌入的创业投资网络

在独角兽企业的创业情境下，独角兽企业和风投机构所构建的创业投资网络一直伴随着企业的生存和发展。不同于备受银行和第三方金融机构等青睐的成熟企业和受到大量政策倾斜的社会创业型企业等，独角兽企业在早期创业过程中由于高风险和缺乏合法性而难以获得传统金融资本的支持，因此风投机构成为其创业过程中少数能依托的外部资金获取途径。以此为契机，以风投机构为中心构建的创业投资网络也成为独角兽企业获取社会资本的重要力量。

目前，创业投资网络的研究主要以风投机构间的联合投资网络为研究视角进行展开，并从三个方面体现对创业企业的增值效应。①提升企业的后续融资能力，风投机构往往会考虑在创业企业的后续融资阶段继续注入资本，甚至会借助自身所掌握的社会网络关系保障被投企业的后续融资水平，比如帮助创业企业获取与声誉卓著的投资银行及其他风投机构进行合作的机会；②辅助企业的上市筹备活动，借助其所处的社会网络帮助创业企业与经销商、会计师和市场咨询师等专业第三方主体进行接触，高效推进企业的上市进程；③为企业提供专业的监督增值服务，借助其控制的社会网络资源，帮助创业企业获取资金、信息和知识等跨组织资源，促进企业价值的快速提升。但是，现有研究忽视了风投机构为了分散投资风险而构建的投资组合以及在此基础上演化出的企业间网络对创业企业生存和成长的影响，同时也较少从创业企业的嵌入性视角进行关注。

第五节 高阶理论

高阶理论将高层管理者在组织绩效中的关键作用提升到理论研究层面。高阶理论指出，高层管理者的结构特征通过影响企业战略决策，进而影响企业绩效，这些特征主要表现为认知、价值观、经验等方面。本书将高阶理论用于解释独角兽创业结构对其高速成长的影响，以支撑本书第六章的内容。本节在介绍高阶理论基本思想后，进一步梳理高管团队与组织绩效的关系。

一、基本思想

高阶理论（Upper Echelons Theory, UET），又称为高阶梯队理论。由 Hambrick 和 Mason 于 1984 年首次提出。该理论试图揭示高层管理者在组织绩效中的关键作用，弥补了先前研究仅将企业作为组织运营活动的分析单元，忽视了"人"作为活动运行主体在组织中发挥的关键作用。

高阶理论打开了高层管理团队的管理"黑箱"。高阶理论的基本假设是人是有限理性的，高层管理者自身有很多个人特质，包括经验、性格、价值观等多方面，这种特征与组织战略的选择、组织绩效产生一定的关联。当前高阶理论试图分析高管团队的特征对组织创新和运营的影响，因为组织的管理和领导是一个共享的活动。高阶理论的突出贡献是以高管团队统计学特征作为高管团队认知基础和价值观的替代变量，解释了高管团队的构成特征对管理模式、管理方法和管理绩效产生的影响。

高管团队通过团队构成特征、介入组织行为直接影响企业绩效，在产生影响的过程中还受到多方面因素的调节，主要研究聚焦于以下内容：

第一，高管团队对企业绩效的直接影响，单一考虑高管团队整体特征。譬如，Jin 等发现团队异质性特征正向影响新创企业绩效。

第二，引入中介变量讨论高管团队构成特征与企业产生的关系。例如杨林等人的研究表明公司动态能力的微观驱动力来源于高管团体的经验特征，以此对公司战略突变的可能性产生作用，并对企业产出产生作用。

第三，处于不同的环境，高管团队影响组织绩效需要考虑很多变量的调节作用,譬如行业竞争力、自主权、环境动荡性等。例如,Higgs等发现在工作复杂程度高的行业环境中高管团队异质性特征有助于企业绩效提升,而面对较为简单的工作任务时,高异质性却会降低企业绩效。杨国忠和杨明珠在研究高管团队特征对技术创新绩效的影响时,发现组织层面自主权的控制者CEO(首席执行官)的变动在高管团队特征影响技术创新绩效过程中产生正向调节效应。从环境、组织及特殊情境三个层面反映企业高管获取并整合企业资源会受到不同的管理自主权约束,以此提升和发展企业动态能力。林萍的研究进一步证实环境动荡性在动态能力对企业绩效的正向影响中发挥调节作用,环境越动荡,动态能力越能正向影响组织绩效。

二、创业团队特征与创业绩效的关系

在创业情境中,创业团队特征如团队经验和团队异质性通常被认为是组织创业的重要前因变量。

团队经验包括团队成员的创业经验和行业经验,主要反映认知基础和组织能力。具备创业经验意味着对创业过程熟悉,可以有效利用市场机制进行创业活动并支撑企业高速成长。具备行业经验意味着在相关行业积累了知识和人脉,行业经验越丰富,表明在行业中的知识丰富度和社会关系的紧密度越高,有利于企业动态能力的塑造,并左右企业成长的进程。在实证研究方面,团队经验被证实是创业成功的充分条件,但非必要条件。例如,Shrader和Siege以198家高科技创业企业为研究对象,实证结果表明团队经验和创业绩效之间存在微弱的直接联系,但团队经验和战略之间存在很强的关系,创业团队的经验与战略选择的匹配程度显著影响企业的绩效水平,匹配程度越高,越有利于企业绩效的提高。

团队异质性涵盖职能经验、专业背景两大方面的异质性,主要反映团队成员间特征的差异性。职能经验异质性体现在多元化的职能工作部门,专业背景异质性体现在专业知识技能的分散度。但是,团队异质性对创业绩效的作用不明确。研究发现创业团队异质性与组织结果变量之间的关系存在正效应、负效应和曲线效应。

第一,创业团队异质性对创业绩效存在正效应。部分学者认为团队异质性拥有更广泛的与任务相关的知识、技能和能力,提供了更多样化的资源池,因而更有利于激发团队创新和绩效提升。进一步的研究指出团队异质性特征赋予创业团队更大的管理自主权,具有在减少约束的情况下进行战略决策的能力,从而有利于创业绩效的提高。

第二,创业团队异质性对创业绩效产生负效应。研究认为决策效率和应变能力会受到团队异质性引起的认知冲突影响,从而妨碍绩效提升。进一步的研究发现创业团队专业背景的异质性容易产生认知冲突,因而对组织绩效产生负面影响。

第三,创业团队异质性与创业绩效之间呈现非线性关系。Amason等研究发现创业企业处于高度创新时,创业团队异质性与创业绩效呈现负相关关系,反之,处于低度创新时,二者之间则没有负相关关系。进一步的研究验证了创业团队多维度异质性与技术型创业企业绩效之间呈倒"U"形曲线关系,其中多维度异质性包括社会性(年龄、教育水平)、产业经验、职能经验等多方面的异质性。

因此,有研究指出创业团队异质性是把"双刃剑",会因情境的不同,对组织绩效产生不同的结果。

第六节 本章小结

从创业生态系统理论中,我们发现已有的研究对创业生态系统内部参与者互动的过程还处于理论体系构建层面,缺乏深入性探讨。网络视角为我们构建独角兽的创业生态系统研究框架提供了思路。虽然从网络视角探究创业生态系统已经形成由制度或者情境、关系、组织或者结构三个维度构成的概念模型,但是目前对各个维度的研究独立,缺乏维度间的联系,而且多以定性方法(特别是案例研究)为主,极少采用实证的研究方法。但创业生态系统理论聚焦多个生态主体共同作用,强调相互关联的网络视角为分析独角兽的成长机制提供了理论基础,也为识别高估值成长模式提供了研究思路。

政策工具理论可用于剖析政府对独角兽成长的扶持政策框架,比较区域政策差异,识别政策特征及其对独角兽培育的作用。基于政策工具特征的量化,譬如政策工具强度、政策工具密度、政策关键词等,又成为本书识别独角兽扶持政策特征的主要依据。

资源依赖理论基于资源互补性视角,强调了关系对于组织在外部环境中行动的重要性。该理论对于高度依赖外部资源的企业创新具有特有的解释力。社会网络的研究较少以创业企业为主体进行考察。虽然社会网络对创业企业影响的研究已经有了部分成果,但大多数关于创业投资网络的研究关注的是风投机构如何基于联合投资的自我中心网络为风投机构和创业企业创造价值,仅仅将社会网络视为企业价值的外生变量。事实上,创业企业也会采取网络化行为,主动寻找和匹配合适的风投机构。因此,基于创业企业嵌入投资组合网络的探究能帮助打破现有研究主要聚焦于联合投资网络的视角限制。资源依赖理论和社会网络理论共同为本研究分析独角兽依赖于风投供给推动其高成长提供了重要的理论基础。

高阶理论用于揭示高层管理者在组织绩效中的关键作用。对于独角兽而言,创业团队是其创业成功的重要内部推动力,独角兽创业团队对企业高成长具有基础性作用。高阶理论指引本书从高管团队的构成特征入手,研究以独角兽创业团队为核心的组织创业模式与独角兽成长绩效的关系,同时考虑创业生态多元要素融合。

第三篇
研究架构与研究逻辑

本篇首先基于 Fernandes 和 Ferreira 提出的创业生态系统理论解构独角兽成长的创业生态结构,然后针对咨询报告及新闻报道,从社会公众和政府部门的视角利用文本主题挖掘识别影响独角兽成长的关键要素。基于上述自上而下的理论解构和自下而上的实践归纳相结合,从政策扶持、风投助推、组织创业三类关键要素构建总体研究框架,探讨关键的创业生态系统要素对独角兽成长的影响机制。

第四章 基于创业生态系统的独角兽企业成长理论架构

根据 Fernandes 和 Ferreira 的论述,创业生态系统在理论上的核心可以由制度、关系和结构三个维度解释。根据上述论断,本书将创业生态系统理解为一种利用各种稀缺的创业资源创造、流动和转化对创业企业成长持续支撑的商业生态系统。这与当前我国最新的创业生态实践是吻合的。创业生态系统的制度维度突出了企业创业的环境,关系维度体现了创业企业与其他利益主体之间形成的网络关系,结构维度反映了创业主体的构成特征,三个维度共同为独角兽的成长提供支撑,形成了独角兽成长的创业生态要素。以此为基础,基于创业生态系统的独角兽成长理论架构见图 4.1。

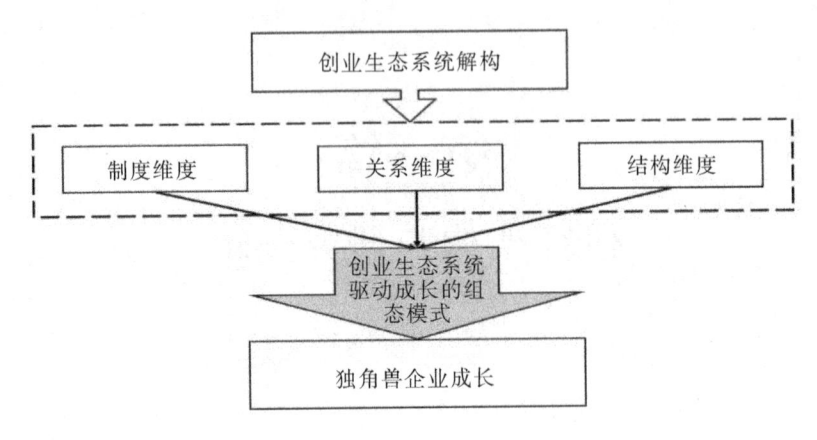

图 4.1　基于创业生态系统的独角兽成长理论架构

资料来源：作者参考 Fernandes & Ferreira(2022)研究文献绘制。

第一节　制度维度的影响

制度维度反映了社会环境因素的政治、社会和法律基本规则，形成了生产和分配经济活动的基础。在创业生态系统中，制度作为一个重要的环境因素对企业的创业决策、创业过程和创业绩效产生影响。因此，制度对独角兽的创业决策、创业过程以及绩效输出产生重大影响。

第一，制度影响独角兽创业决策。独角兽创业决策是社会产物，独角兽对于决策判断是否"恰当"，会导致独角兽创业决策存在明显的时间、空间和群体差异。例如，独角兽会将总部设立在高度鼓励创业、创业氛围较好的城市。

第二，制度影响独角兽创业过程。独角兽是以创新为核心的高成长型创业企业，其成长过程深嵌于复杂、特殊的制度环境之中，政府颁布的技术创新政策、行业规范及知识产权保护政策等都会对创业企业的创新绩效产生重要影响。例如，独角兽在创业扶持政策不确定性较低、高新技术企业创业扶持力度较大的城市成长较快。

第三，制度影响独角兽创业绩效。创业企业遵守交易市场规则，把握与环境中优越制度的关系，有利于促进企业的生存和成长。基于此，独角兽需要决定与多方外部利益相关者的关系。例如，独角兽往往紧密依赖于资本市场较发达的城市，在这些城市更容易获得风投公司、创业基金的投资和引领。同时独角兽也依赖于产业链的支持能力，特别是在研发、制造和外包等高度集中的城市，交易成本较低、制度扶持效应更明显。

第二节 关系维度的影响

创业生态系统中的关系维度主要反映的是独角兽与合作伙伴、政府、投资机构、大学、科研机构以及中介机构等其他主体建立信息交流、关系交换的多种联系，由此发展成为网络关系。在创业生态系统中，网络关系对创业企业的生存和成长具有至关重要的作用。独角兽依赖外部获取创业资源，主要通过嵌入与其相关的利益主体的社会网络，输出与企业质量、声誉、目标等相关的积极信息，进一步帮助企业在创立初期获得组织合法性。例如，独角兽主要依靠风投驱动成长，会尽力争取高级风投机构的支持，以此向外界传达自身从经验丰富且具影响力的风投机构那里获取积极评价的信号，从而有利于提升自身声誉，以获取下一轮融资。

在独角兽成长过程中，嵌入风投网络可以帮助企业收集信息、减少交易成本和促进企业合作。

首先，风投网络的嵌入为企业提供广泛且有效的信息来源，独角兽可以借助与供应商和风投机构等现存的网络关系来更高效地收集信息和识别市场机会。这种基于网络嵌入而获得的战略资源不仅成本较低，同时由于企业亲身参与还能保障较高的资源获取丰富度和可信度。

其次，风投网络的嵌入能够帮助企业建立信任关系，从而削弱机会主义并减少交易成本。独角兽可以基于信任关系，减少对其他利益相关者的监督成本、增强在组织间的学习能力和提升适应水平，从而进行更高效的决策行为。

最后，风投网络的嵌入能促进企业与其他组织间的合作，注重长期的信任和互惠。不同于一般的市场交换逻辑，嵌入网络能够促使独角兽与交易企业不再仅仅满足于眼前的既得利益，而是达成共识更加关注于长期效益。对于独角兽而言，可以利用风投机构在资本市场良好的社会关系，整合网络中多个风险投资的资源,帮助其获取后续融资;还可以与拥有共同投资者的其他企业产生信息交流和经验分享,网络成员的异质性与网络资源的多样性会对嵌入企业的技术创新产生影响。

第三节 结构维度的影响

结构维度进一步聚焦于创业生态系统的创业主体。根据 Spigel 的观点,独角兽创业企业是创业生态系统主要的创业主体,其他生态要素为创业企业提供创业机会、资源和条件。基于此,本研究中的结构维度主要从独角兽的创业结构开展研究。

独角兽的创业结构体现为创业团队为追逐市场机遇而开展的创业行动,创业团队特质在很大程度上影响甚至决定创业成败。高阶理论指出,创业团队的构成特征是创业企业绩效产生的直接驱动力。

第一,创业团队异质性影响独角兽成长绩效。团队异质性主要体现为职能经验异质性和专业背景异质性。从独角兽创业团队成员来看,一方面,依托不同的技能、知识和认知资源等职能经验产生不同的战略决策会影响企业成长;另一方面,由于专业背景的异质性会存在认知上的差异,制定决策的效率会受影响,从而对企业发展产生影响。

第二,创业团队经验水平影响独角兽成长绩效。团队经验水平主要包含创业经验和行业经验。从独角兽创业团队成员的认知基础和组织能力来看,拥有创业经验的创业团队成员熟知创业过程中的完整流程,能够有效依据市场需要开展创业活动,支撑企业的高速成长;具有不同的行业经验水平的创业团队成员,意味着具备的行业知识和相关的社会网络关系存在差异,从而塑造企业的动态能力不同并影响企业成长的速度。

第四节 本章小结

基于 Fernandes 和 Ferreira 的创业生态系统结构,本章在理论上提出独角兽创业生态系统的核心可以由制度、关系和结构三个维度解释。其中,制度维度对独角兽的创业决策、创业过程以及创业绩效产生重大的环境约束;关系维度反映独角兽与创业生态主要参与方的信息交流、关系交换,特别是嵌入风投网络不仅获得了发展资金,更获得了稀缺的市场信息和资源;结构维度反映独角兽的创业主体行为和特征,体现为创业团队为追逐市场机遇而开展的创业行动。

总体来看,创业生态系统的制度、关系和结构三个维度为解构独角兽的成长机制提供了重要的理论框架。这也为后文综合考虑上述三个维度对独角兽成长的共同影响提供了全新的视角。

第五章 基于文本主题挖掘的独角兽企业成长影响要素识别

尽管创业生态系统理论为研究独角兽成长提供了理论框架,但独角兽属于新兴事物,其高速成长性无论对于学术界还是企业界都很神秘。当前,对独角兽更多的认识主要来自业界的咨询报告和政府新闻报道。因此,本书试图利用LDA文本主题挖掘,针对咨询报告及新闻报道,从社会公众和政府部门的视角对独角兽成长的关键要素进行甄别。

第一节 文本主题挖掘方法介绍

文本主题挖掘是一种从大量文本数据中提取潜在有用知识,根据词句中的表面意义推导出确切含义,以及在有限条件下对所收集的文本数据进行处理的方法。作为一种无监督机器学习算法,可以从文本语料库中提取隐藏主题,用以揭示基于现象的结构和基于文本数据的概念关系。LDA模型是主题挖掘的一种常见的方法,本研究将该方法运用于针对咨询报告和新闻报道的非结构化数据进行内容量化,再通过主题挖掘出独角兽高速成长的结构特征,从而为解构独角兽的创业生态系统提供切入点。

LDA模型是基于三层贝叶斯概率的一种文档主题生成模型,也是主题建模中常用的一种算法。LDA模型能够从文本数据库中发现具有代表性的主题,并给出相应主题上的主题词分布,计算出每篇文档隶属于哪个主题及其概率,即该模型会包含文本词语、主题词、文档样本三层架构。可见,LDA模型主要用于分析文本数据中的主题分布,通过分词工具获取文档中的词语,在此基础上依照某一概率计算生成主题词,并对文本数据中的主题词进行聚类,最后计算主题词的强度,以此表现文档所包含的多个主题。即该模型将每个文档表示成一系列主题的多项分布,每个主题则是一系列词语的多项分布。表5.1和图5.1表示了

LDA 模型生成的过程。

表 5.1　LDA 符号含义

符号	含义	符号	含义
a	每篇文档的主题分布的先验分布 *Dirichlet* 分布的参数（也被称为超参数），通常是手动设定的	d	与词对应的主题
b	每个主题的词分布的先验分布 *Dirichlet* 分布的参数，通常是手动设定的	e	词
c	文档—主题概率分布	P	文档数量
g	主题—词语概率分布	Q	文档的词数

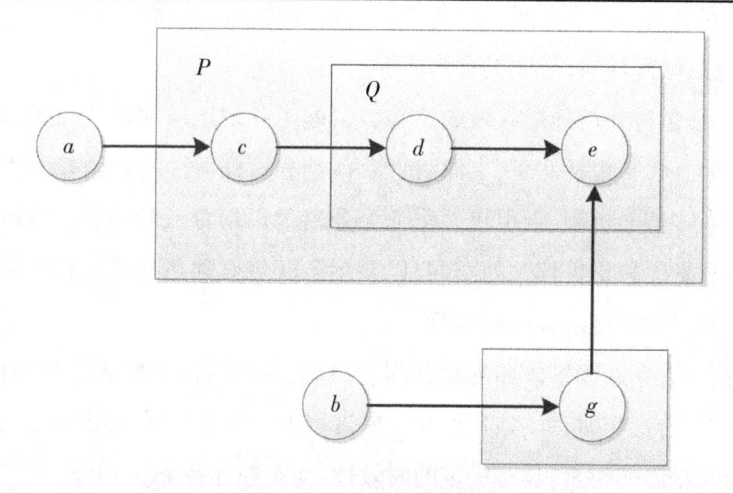

图 5.1　LDA 模型

现有研究中实现 LDA 模型分析的形式主要包含 R、Python、Java 等编程软件，并借助 Gensim 和 Mallet 等开源工具包以最终实现主题聚类和主题关键词的呈现。LDA 模型降低模型复杂度的同时解决了过拟合问题，具有良好的降维能力和扩展能力。故本书最终选择使用 Python 软件，并借助相应的开源工具包以实现对文本数据的清洗、预处理和主题挖掘工作。

第二节 文本采集

一、文本数据来源

文本数据来源于三个方面：著名咨询公司的咨询报告、政府官网新闻以及大众媒体新闻，共70万字的文本数据集。

本书选择国内较早关注独角兽的咨询机构和具有代表性的政府官网、大众媒体作为文本数据来源。关注国内独角兽的咨询机构主要包括IT桔子、胡润研究院、36氪、普华永道等。这些研究机构每年定期发布行业咨询报告，对独角兽发展趋势、地区比较、融资水平、市场竞争和资本市场热度进行宏观归纳和比较。独角兽研究也从实践或者案例视角总结我国独角兽的关键成长因素，如独角兽区域聚集性、融资环境、行业投资热度等。

此外，独角兽凭借其指数级成长趋势引起了各地区政府的广泛关注。最具代表性的地方政府包括北京、上海、杭州、深圳和广州等。它们依托各类政策扶持制度和人才培养机制，吸引更多创业企业落地以培育成独角兽。政府官网经常出现培育发展独角兽相关的新闻，以显示各区域对独角兽成长机制的重视程度，具备一定的官方性、权威性等特征。

最后，各大众新闻媒体如网易新闻、今日头条和腾讯新闻等，依托自身强大的数字媒体平台，实时关注独角兽在发展进程中的热点事件，捕捉独角兽实现高速成长的关键影响要素，具备一定的时效性、动态性等特征。

二、数据采集

针对咨询机构发布的咨询报告，本研究从IT桔子、胡润研究院、36氪、普华永道等官方网站通过搜索关键词"独角兽"，下载其公开发布的有关独角兽成长的咨询报告29份。对于政府官网和各大新闻媒体发布的新闻报道，本研究主要利用八爪鱼工具，采用网络爬虫的方式从各大城市政府官网以及各大新闻媒体平台爬取有关独角兽的新闻报道946份。通过人工阅读标题和主要概览，将主题不符合、内容有偏差以及没有核心分析要点的新闻文本给予删除，最终保留259份新闻报道。所有咨询报告与新闻报道总共形成了70万字的文本数据集。

第三节 数据预处理

文本预处理是进行主题挖掘的重要基础。中文文本预处理技术通常包括中文分词、去停用词以及同义词替换。针对文本数据冗余和干扰性造成文本挖掘处理效率低、精确性不高的问题,首先从文本分词、停用词处理、同义词替换三个方面进行预处理,以期获得更加规范和高质量的文本语料库。

一、文本分词

针对中文文本挖掘,为了保证后期文本分析的质量,必须处理好分词工作。jieba 分词是一个 Python 的中文分词包,用于中文文本的分词、词性标注、提取关键词,支持词典的添加,囊括停用词字典和自定义词典,是目前常用的分词工具。同时,同一个中文短语因不同的分词方式可能存在不同的含义,比如"独角兽公司创业者"可以分成两种形式,一种是将其视为一个整体,即指作为独角兽公司的一名创业者,而另一种则可将其拆分成三个不同的词语,即"独角兽""公司"和"创业者",分别表示不同的主题。因此科学使用分词方式,才有利于获得客观的分词结果。结合研究内容,我们选取 Python 工具自带的 jieba 中文分词包,并结合文本数据构建自定义词典,通过自建的语料库,精准处理分词后,可以得到文本数据语料库。

二、停用词处理

停用词是指自然语言处理领域在处理文本时自动过滤掉的字或词,其目的在于提升文本特征质量和降低文本特征维度。这类被过滤掉的字词一般包含高频出现的辅助动词、语气助词或是对文本信息不重要的名词等,如本研究文本数据中大量出现的"家""年",这些毫无意义的词会对文本质量产生影响。故本研究首先基于现存的较为常见的通用词表,如"哈工大停用词词库"等进行去重汇总,形成较为全面的停用词表,然后结合文本数据,增加部分停用词,最终得到一个适用于本研究的停用词表,以清洗掉无含义的字词。

三、同义词替换

对于相似意义的词语,还需要在文本预处理时进行同义词替换,以增强文本数据的简洁性。比如"创办人""创业者"都被视为"创始人","风投人""风投家"都可视为"风投者",故我们依据文本数据的特殊性,有目的地构建同义替换词表,以更加精炼文本的特征。因此在使用自定义词典和停用词字典之后也构建了相关的同义词替换词典,以协助得到使用后续文本挖掘的最终关键词集。文本预处理的过程见图5.2。

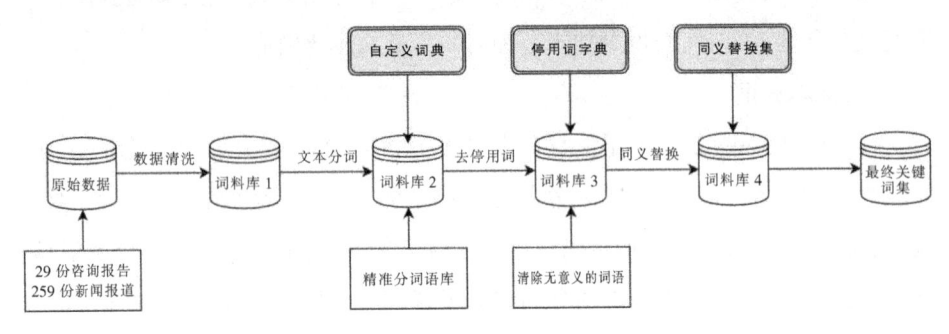

图 5.2 文本预处理过程

第四节 主题挖掘步骤

主题挖掘是从文本语料库中提取隐藏主题的方法,而 LDA 模型是主题挖掘的一种常见方法。本书选取 LDA 模型对独角兽的相关文本数据进行主题挖掘,以探究文本中隐藏的潜在主题。该方法及分析步骤在本章第一节已做了详细介绍。

本书使用 Python 软件,并借助相应的开源工具包以实现对文本数据的清洗、预处理和主题挖掘工作,利用 LDA 模型进行主题挖掘的步骤如图 5.3 所示。

第三篇 研究架构与研究逻辑 65

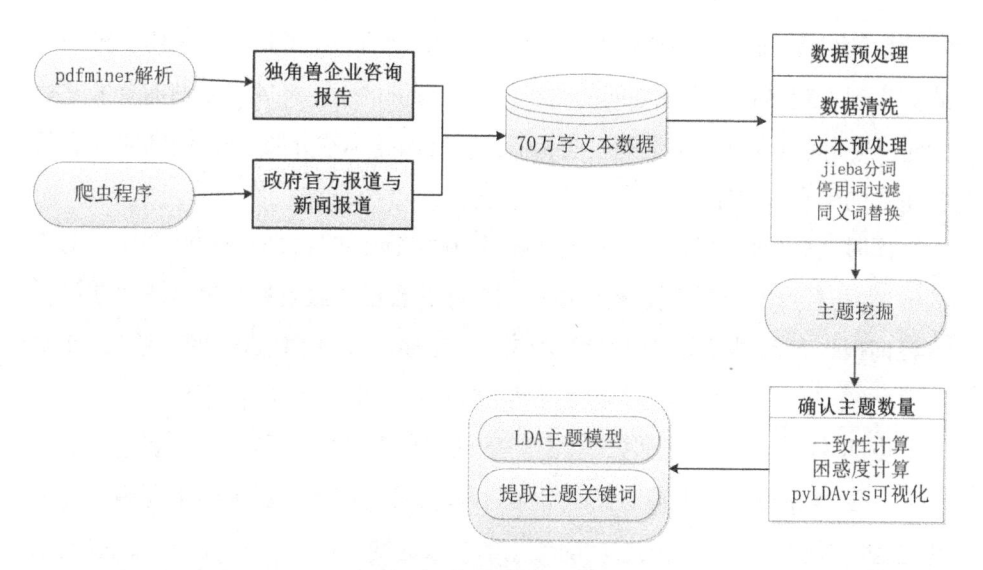

图 5.3 文本挖掘步骤

利用 LDA 模型提取合适的主题的关键步骤是确定最佳主题个数。主题的数量 K 是 LDA 模型中的一个重要超参数，即表现该文本数据派生了多少个主题。确定合适的超参数有利于主题建模确定各个主题之间是如何关联的以及它们可能意味着什么。然而当文档集中的主题数量未知时，一致性、困惑度和模型可视化程度则可作为重要的衡量标准，以协助确定最佳主题个数。它们主要是依赖准确性和有效性的逻辑来判断主题模型的好坏程度，从而确定最佳主题个数。

主题困惑度（Perplexity）指某个主题反映一篇文档的可能程度，见公式（5.1）。当主题数扩大时，困惑度也会减低，但一旦高于某个数量，困惑度会变得平稳，那么意味产生的模型会拟合。

$$\text{Perplexity}(D) = \exp\left\{-\frac{\sum_{i=1}^{N}\log p(s_i)}{\sum_{i=1}^{N}M_i}\right\} \quad (5.1)$$

其中，D 表示语料库中的测试集，N 表示文档的篇数，M_i 表示每篇文档 i 中的词语数量，s_i 表示文档 i 中的某个词语，$p(s_i)$ 反映文档中词语 s_i 显示的概率。

主题一致性（Coherence）表明模型生成主题中呈现的高概率词语出现语义

一致性的程度,即为不同主题间的区分度。而 pyLDAvis 工具主要采用二维的形式更直观地观测各个主题之间的聚合效果。圆圈的大小反映该主题拥有的文档数量,圆圈间重合度表示主题间的相似性。圆圈越小越分散,则表明圆圈代表的各主题的聚合效果越好。

同时,已有研究指出当文本数据超过 1000 个文档且包含 20000 个以上词语的情形下,利用 LDA 主题建模能够达到较好的数据收敛效果。故本研究获得全部咨询报告和新闻报道的样本后,参考 Hannigan 等应用 Python 的方法,对文本分段并清理,从而最终的文本挖掘获得 1594 篇文档、205378 个词语。

由图 5.4 可知,一致性随着主题个数的增加逐渐趋向平稳,在主题个数达到 8 时,一致性得分不再出现明显的增加。同时,结合图 5.5 所示的主题困惑度变化趋势,本研究发现主题困惑度随着主题个数的增加逐渐减少,基于以往研究采用拐点法确定最佳主题个数,主题个数在 8 和 10 时出现了拐点。

为了更进一步了解主题分布,对主题数为 8 和 10 的主题分布进行可视化处理。发现主题个数为 8 时主题间的分散程度更大。故本研究结合主题困惑度、主题一致性和主题可视化,最终将最佳主题个数确定为 8 个。

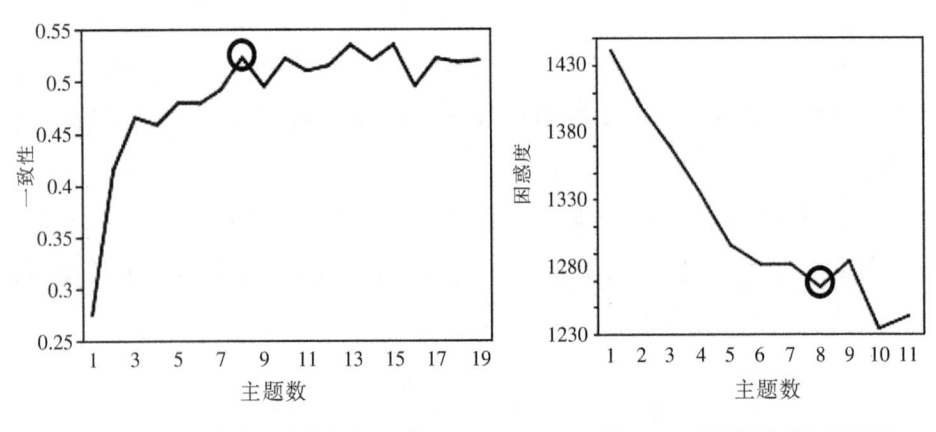

图 5.4 主题一致性变化趋势　　　　图 5.5 主题困惑度变化趋势

第五节　主题挖掘结果

基于独角兽的咨询报告和新闻报道等非结构化文本数据进行 LDA 主题建

模生成的 8 个主题的分类结果如表 5.2 所示。

表 5.2 LDA 主题模型描述

主题号	主题关键词	主题描述	主题强度
Topic1	创新 政策 人才 科技 培育 政府 技术 广州 中关村 潜在	政策培育	16.7%
Topic2	能力 人才 管理 战略 运营 风险 组织 增长 社会 成本	知识能力	12.7%
Topic3	商业模式 产品 市场 用户 需求 模式 技术 价值 平台 品牌	商业模式创新	12.1%
Topic4	技术 互联网 人工智能 创新 经济 增长 研发 消费 新兴 技术创新	技术创新	12.1%
Topic5	融资 上市 投资 资本 投资方 市场 基金 资金 资本市场 机构	融资市场	12.1%
Topic6	投资 科技 人工智能 智能 电商 集团 腾讯 阿里 金融科技 医疗	大平台投资孵化	11.9%
Topic7	建设 打造 推动 创新 推进 中心 平台 项目 科创 优化	创新中心建设	11.4%
Topic8	创始人 创业 团队 经验 教育 背景 连续 成长 核心 价值	经验背景	11.0%

由表 5.2 可知,文本内容的 8 个主题可以大致囊括为三大类别,分别为政策制度、融资关系和组织创业。

主题 1 和主题 7 属于政策制度,关键主题词主要聚焦于地方政府的人才引育制度、科技创新、建设科创平台和优化制度体系。主题建模结果证实,独角兽的培育与成长和区域的创新创业制度密切相关。例如,区域政府对市场准入标准的适度放宽,对企业入库的鼓励,包容新业态、新模式发展,都有利于实现区域企业的模式创新和跨界发展。相关的区域政策表现出对初创企业培育的重视，更加有利于创业企业的区域聚集，更加容易触发人才的创业激情，从而引进、培育更多具备颠覆性创新的独角兽，也能够反向促进区域经济的发展。

主题5和主题6属于融资关系，关键主题词聚焦于融资市场和大平台投资孵化。主题建模结果证实，独角兽作为初创企业极大地依赖于融资支持，区域融资市场对独角兽的成长至关重要。此外，独角兽大平台投资孵化在于实现创业生态平衡，具备完善的运营机制的企业集团通过投融资的形式支持独角兽的生存和发展，不仅能够通过自身的发展经验为独角兽提供企业经营建议和战略指导，也能够形成一种动态平衡的机制，从而实现共赢。

主题2、主题3、主题4和主题8属于组织创业，关键主题词聚焦于创业团队和组织创新两部分，以创业者经验水平、知识能力和组织创新的不同模式为核心。主题建模结果证实，独角兽的创业初期，其生存和发展高度依赖于创业团队水平。不同的创业团队构成特征会影响企业战略决策的选择，进而影响企业成长绩效。同时，不同的组织创新模式会从不同层面影响企业发展。技术创新驱动在于通过核心技术巩固企业竞争壁垒，而商业模式创新在于价值创造并寻求新的经营渠道以获取差异化竞争优势。故创业团队特征和组织创新模式至关重要。

综上分析可知，利用文本主题挖掘，从实践中识别出的社会公众和政府机构认知的独角兽成长关键要素主要聚焦于政策制度、融资关系和组织创业三大类别(见图5.6)。

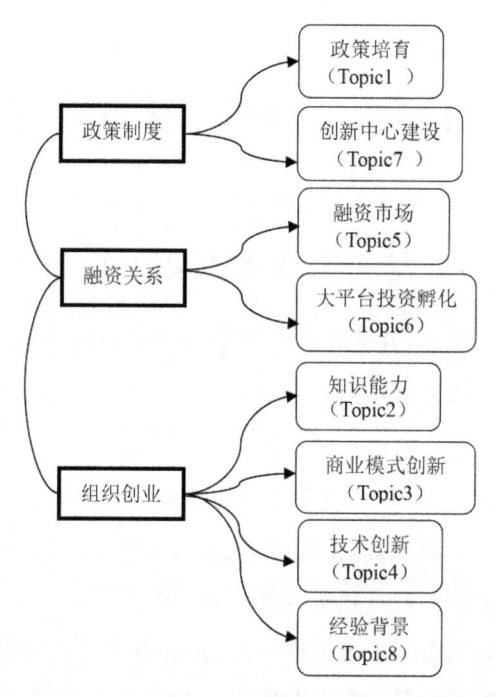

图 5.6　文本主题挖掘提取的独角兽成长关键要素

第六节　本章小结

　　本章利用 LDA 主题模型,针对著名咨询公司的咨询报告、政府官网新闻以及大众媒体新闻约 70 万字的文本数据集,提取了独角兽成长的 3 个关键要素类别,分别为政策制度要素、融资关系要素和组织创业要素。结果主要用来佐证后文中理论解构的独角兽企业创业成长的因素与实践中挖掘的独角兽企业成长的关键要素的匹配情况。

第六章 总体研究逻辑关系

第一节 研究框架结构

根据第五章的论述,业界咨询报告、政府新闻报道以及大众媒体新闻的关键主题分布与创业生态系统理论的三个维度是基本对应的,证实创业生态系统理论整体可以用于指导分析独角兽的成长机制与模式研究。本节基于理论与实践相融合的思路,采用自上而下的理论解构以及自下而上的实践归纳构建总体研究框架,并从创业生态系统理论的制度、关系和结构三个维度开展三项研究,探讨关键的创业生态系统要素对独角兽成长的影响机制。

研究框架以创业生态系统理论的制度、关系和结构三个维度为基点,将独角兽成长机制解构为政策扶持、风投助推、组织创业三类关键要素,并基于此依次开展三项实证研究。首先,从政策工具视角,量化解析各地独角兽扶持政策的特征与作用;其次,研究独角兽嵌入风投机构的投资组合网络后,通过吸收外部风投资源对独角兽成长的助推机制;最后,在上述研究基础上,将政策扶持、风投助推与组织创业特征结合起来,内外资源耦合提炼独角兽高估值成长的关键组态模式,并对创业模式选择过程进行解析。研究内容紧扣创业生态系统理论框架,逐级深入,其设计逻辑如图6.1所示,具体内容见下一节。

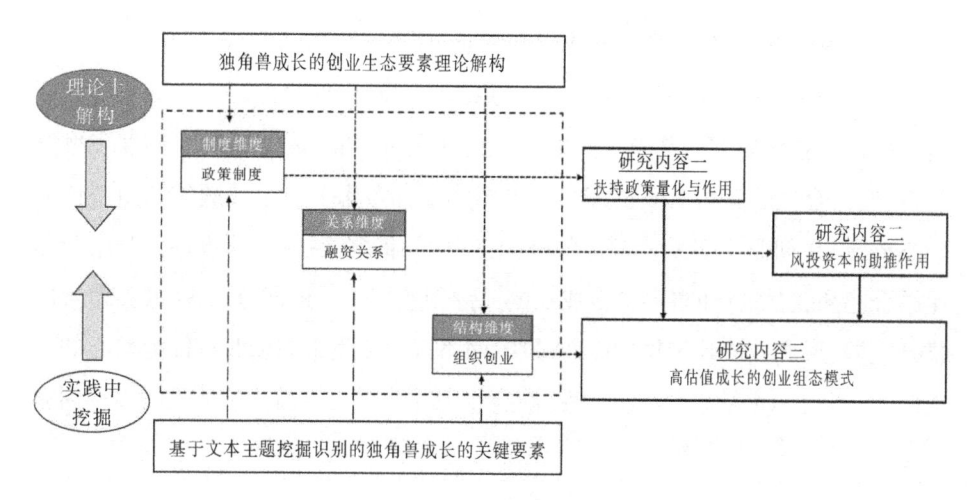

图 6.1 总体研究框架

第二节 研究内容

研究内容一：独角兽的扶持政策量化与作用解析

本部分重点是对独角兽扶持政策进行系统量化，进而全方位分析各城市关键政策对独角兽成长的潜在扶持作用。首先，根据政策工具理论构建独角兽的扶持政策分析框架，从政策工具视角划分独角兽扶持政策的类型；其次，依据全国 25 个城市的 287 份独角兽扶持政策文件，根据政策工具理论进行系统编码并测算政策工具权重；再次，通过关键词、政策工具密度、政策工具强度、政策地域比较、政策聚类五个方面识别独角兽扶持政策的特征；最后，实证解析政策工具的密度和强度对独角兽的成长扶持机制。

研究内容二：风投资本对独角兽成长的助推作用

本部分主要考察风投资本对独角兽成长的助推作用。基于独角兽嵌入风投机构的投资组合网络属性，提出独角兽的网络嵌入特征与独角兽成长绩效的关系，并探讨风投机构的投资组合多样性对两者关系的调节作用。根据 231 家独角兽获得 447 家风投机构多轮投资构成的网络数据，利用 Heckman 两阶段模型在控制内生性的基础上进行实证检验，揭示风投资本对独角兽成长的助推机制。

研究内容三：独角兽高估值成长的创业组态模式

本部分在明确组织创业内生动力的基础上，研究独角兽高估值成长的创业组态模式。独角兽都是基于自身的组织创业条件，借助外界的政策制度和融资关系，选择合适的高估值成长模式。本部分综合考虑了三个关键的独角兽创业生态要素，在创业生态系统理论的框架指引下，将政策扶持、风投助推与组织创业结合起来，提炼独角兽高估值成长的关键创业模式。根据追踪58家独角兽的公开数据，形成城市政策扶持能力、风投网络嵌入以及组织创业特征为核心的三维模式，利用fsQCA进行组态建模，确定我国独角兽实现高估值成长的多种创业组态，并辅以案例进行解释，进一步探讨了独角兽创业模式的选择过程。

第三节　研究数据集

为了支持研究的开展，我们开创性地利用多源公开数据，获得了集城市政策、风投机构以及独角兽创业的匹配数据，创建了中国独角兽研究数据库，主要聚焦在两大类。

第一类是政策文本数据，主要用于第七章的研究。依据IT桔子发布的《2020—2021中国独角兽解读报告》，锚定独角兽出现的国内25个城市，收集这些城市扶持独角兽成长的相关政策文本。检索阶段为2015—2020年，主要依托"白鹿智库""北大法律网（北大法宝）"，以及独角兽牵涉的主要行政管理部门的官方网站，搜索的政策级别仅限于省级和市级层面。最终得到287份有效政策文本。

第二类是企业数据，包括独角兽和风投机构两个层面，主要支持第八章和第九章的研究。依据科技部火炬中心收集到的2017—2020年出现在榜单中的独角兽信息，最终得到231家独角兽数据。利用投中数据库（CVSource）采集的2013—2017年投资于独角兽当地市场的风投机构信息，获取对应231家独角兽的447家风投机构数据，用于观察风投机构在投资组合网络的5年样本时间窗期间参与的独角兽融资过程。进一步结合IT桔子、胡润研究院、天眼查、企业官网和行业报告等渠道，采用八爪鱼工具构建相关的信息爬取链路，从独角兽二级目录获取独角兽的基础信息和相关创始人的结构特征信息,全面归纳本研究的独角兽信息,包括企业层面、融资层面和创始人层面的 20 多个字段,具体为企业名称、企业官网网址、企业成立时间、企业估值、上榜时间、融资轮次、每轮融资金额、投资机构类型、投资机构总部位置、累计投资数量和创始人姓名、职位、工作经验、教育背景等。

表 6.1 归纳了用于本书研究的所有数据信息。除了总体框架内容中需要的两大类信息,还包括第五章用于识别独角兽成长的关键要素采用的数据信息。以下简单介绍八个数据库(表)的基本信息。

Data 1 独角兽新闻报道,利用八爪鱼工具采用网络爬虫的方式获取所需文本,然后对文本进行预处理,再选取 LDA 模型对文本进行主题挖掘。本部分数据支撑识别独角兽成长的关键要素研究。

Data 2 政策文本信息,对该类文本进行编码后用于支撑独角兽扶持政策关键特征识别研究,利用 Data 3 明确孕育独角兽的国内 25 个城市,基于此信息开展 Data 2 政策文本信息的收集。

Data 3 城市层面独角兽信息,结合 Data 2 政策文本信息的处理,共同支撑独角兽扶持政策关键特征的作用研究。

Data 4 独角兽企业信息和 Data 5 风投机构信息,共同支撑风投助推独角兽成长研究。本书利用投中数据库获取的 2017 年投资组合网络特征数据对 2020 年独角兽成长绩效(滞后 3 年)进行计量分析。Data 4 数据来源于科技部火炬中心 2017—2020 年间发布的中国独角兽榜单,该机构提供的信息包括详细的现有独角兽的估值信息及融资信息。由于最新能获取的科技部火炬中心数据只能反映 2020 年的情况,所以独角兽成长绩效的衡量数据取自 2020 年的结果。

Data 6 独角兽最新估值信息、Data 7 独角兽创始人信息和 Data 8 独角兽创新模式信息,共同支撑创业生态系统多因素驱动独角兽高估值成长模式研究。政策扶持层面的数据为 2015—2020 年间,融资关系层面的数据为 2013—2017 年间,组织创业层面的数据不受统计年份影响,独角兽成长绩效数据为 2021 年的估值信息。主要原因是政策扶持存在滞后效应,通常研究以滞后 1 年考虑,融资关系层面反映的网络特征也存在滞后效应(3—5年),所以本研究整合三个层面数据信息,选取 IT 桔子发布的《2020—2021 中国独角兽解读报告》作为独角兽成长绩效的反映。

表 6.1 本研究所需数据总体情况

数据类型	数据收集情况	数据用途	数据来源	支撑研究的内容
Data 1 独角兽新闻报道数据库	259 份新闻报道,总共获得 70 万字的文本数据集	识别独角兽成长的关键要素	独角兽咨询机构(IT 桔子、胡润研究院、36 氪、普华永道等)、区域政府官网(北京、上海、杭州、深圳和广州等)和各大新闻媒体(网易新闻、今日头条和腾讯新闻等)	研究框架(第六章)
Data 2 政策文本信息数据库	2015—2020 年间发布的 287 份城市层面扶持政策文本	用于编码反映独角兽扶持政策特征	白鹿智库、北大法宝、牵涉的主要行政管理部门(含各级人民政府、发展改革部门、科技部门、经信部门、人社部门、财政部门、税务部门)官方网站	研究内容一(第七章)
Data 3 城市层面独角兽信息数据表	国内 25 个城市的独角兽数量	用于政策扶持映射独角兽成长分析	IT 桔子发布的《2020—2021 中国独角兽解读报告》	研究内容一(第七章)

续表

数据类型	数据收集情况	数据用途	数据来源	支撑研究的内容
Data 4 独角兽企业信息数据表	231家独角兽：企业名称、企业所在地、企业估值、所处行业、创立时间、公司规模、融资时间、融资参与方、融资具体金额	结合Data 5测算投资组合网络特征、测算2020年独角兽成长绩效	科技部火炬中心2017—2020年间发布的中国独角兽榜单	研究内容二（第八章）
Data 5 风投机构数据表	与231家独角兽对应的447家风投机构：成立时间、投资机构类型、投资机构总部位置、累计投资数量	结合Data 4测算投资组合网络特征	投中数据库	研究内容二（第八章）
Data 6 独角兽最新估值信息数据表	筛选符合fsQCA条件的58家独角兽估值	测算2021年独角兽高估值成长绩效	IT桔子发布的《2020—2021中国独角兽解读报告》	研究内容三（第九章）
Data 7 独角兽创始人信息数据表	创始人姓名、职位、工作经验、教育背景	测量创业经验、职能经验异质性	IT桔子、科技部火炬中心、胡润研究院等独角兽榜单、天眼查、企业官网和行业报告	研究内容三（第九章）

续表

数据类型	数据收集情况	数据用途	数据来源	支撑研究的内容
Data 8 独角兽创新模式信息数据表	筛选符合 fsQCA 条件的 58 家独角兽主营业务文本	测量商业模式创新、技术创新	天眼查、企业官网和行业报告	研究内容三（第九章）

第四节 本章小结

本章基于理论与实践相融合的思路，采用自上而下的理论解构以及自下而上的实践归纳构建总体研究框架，并对基于公开的多源数据整合形成的数据集合进行了详细介绍。阐述了从创业生态系统理论的制度、关系和结构三个维度开展的三项研究，探讨了关键的创业生态系统要素对独角兽成长的影响机制的主要内容，描绘了开展扶持政策量化分析、风投扶持效应识别以及创业组态模式解析的框架。

第四篇

政府政策扶持

本篇细致考察了独角兽扶持政策并解析了其作用机制。基于政策工具理论，构建政策工具视角的独角兽扶持政策分析框架。针对我国25个典型城市层面的287份独角兽扶持政策文本，设计政策工具量化过程，制定规则并对扶持政策进行系统编码，采用文本大数据统计方法和聚类分析，识别独角兽扶持政策工具的倾向性和区域差异特征，并进一步通过拟合函数方法解析关键政策特征对独角兽成长的作用。本篇试图回答扶持政策对独角兽成长产生怎样的扶持作用。

第七章 政府扶持独角兽企业的政策量化与作用解析

政策工具理论为研究独角兽扶持政策提供了分析基础，我们借鉴经典的创业政策分类方法，从供给型层面、环境型层面、需求型层面确定了独角兽政策工具的类别，并参考已有的政策工具效应研究思路，构建政策工具影响独角兽成长的研究框架。

第一节 政策工具识别框架

政策工具理论指出，政策工具是政策分析的基本单位。本书将政策工具理解为政府发挥管理职能扶持独角兽的手段。政府常常通过财政补贴、人才支持、产业用地扶持、知识产权激励等多种手段对创业企业发展发挥政策工具效应。为了理解独角兽扶持政策的作用,我们从政策工具视角构建分析框架。

合理选择和应用政策工具被认为是政策发挥预期效力的有力保障。针对科技创业企业的政策工具最为经典的是 Rothwell 和 Zegveld 提出的分析框架,他们将政策工具分为供给型、环境型和需求型三类。鉴于不同文献对这三类政策工具的次级分类存在不一致看法,借鉴前人根据政策文本实际适当调整政策工具类别的操作方法,我们以赵筱媛和苏竣的供给型、环境型、需求型政策工具分类为基础,结合独角兽的政府扶持政策指向,对独角兽扶持政策工具进行了适当调整。主要调整集中在:①在供给型政策工具中用社会化服务反映信息和技术方面的政府支持;②在环境型政策工具中将以往分类中的财务金融细分为财政补贴和金融支持;③在需求型政策工具中剔除原始文本中没有的服务外包政策。最后,独角兽的政策工具分类归纳如表7.1所示。

表 7.1 独角兽政策工具分类

政策工具类型	作用	具体分类
供给型政策工具	直接推动力,供给创新公共要素	社会化服务、基础设施建设、资金投入、人才支持
环境型政策工具	间接影响创业活动,提升创新潜力和创业氛围	金融支持、财政补贴、税收优惠、知识产权、法规管制、目标规划
需求型政策工具	面向市场需求的拉动力,主动刺激市场预期	政府采购、消费端补贴、贸易管制、海外机构管理

基于上述分析确定的独角兽政策工具的类别,进一步借鉴赵筱媛、程华等人的政策工具效应研究思路,我们构建了政策工具影响独角兽成长的研究框架,如图7.1所示。

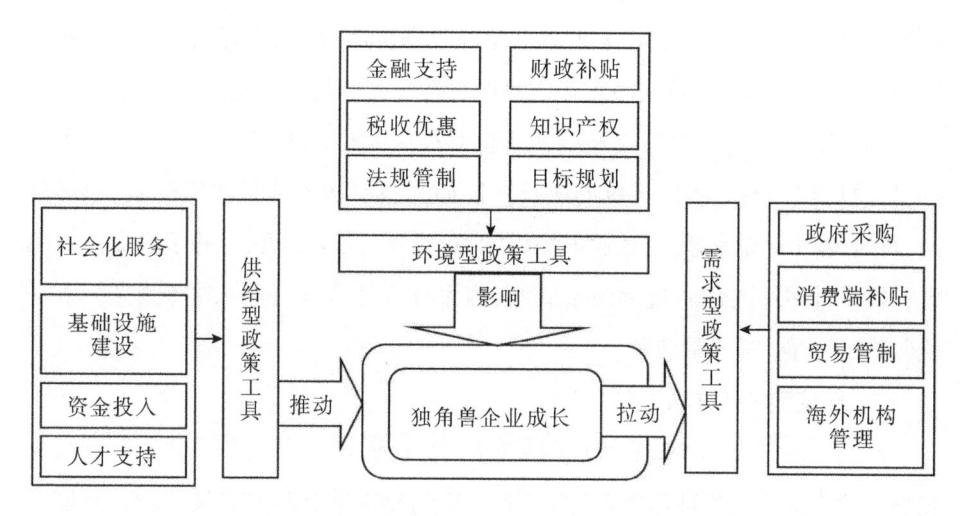

图 7.1　政策工具影响独角兽成长的研究框架

资料来源：作者参考赵筱媛(2007)和程华(2019)的研究文献绘制。

一、供给型政策工具

供给型政策工具是指政府通过对人才、信息、技术、资金等方面的支持直接扩大创新相关要素的供给，表现为政策对创业活动的推动力。已有研究表明创新创业政策凭借创业资本和创业机会的增加，积极影响早期的创业行为。从当前我国政府出台的政策看，主要对高成长型创业企业提供社会化服务、基础设施建设、资金投入和人才支持四个方面的扶持。

(1)社会化服务：指政府出资建立创业平台、各类实验室和科学中心(园区)等等。本书指政府通过对众创空间、科技孵化器、科技创新园区、金融产业园等的直接建设，为独角兽创造成长的硬件条件。

(2)基础设施建设：指在办公室等基础设施方面为创业企业提供支持，还有信息建设、中介等服务上的便利。这里指为高成长型创业企业提供免费或低成本办公场所等基础设施，以及信息建设服务，保障企业的顺利运作。

(3)资金投入：指政府直接为高成长型创业企业的技术创新创业行为提供财力上的支持，为独角兽搭建创新创业的平台。如政府对创新平台、研发奖励、产学研合作、科技创新服务、创业服务机构、实验室等多方面的资助。资金投入政策工具比基础设施建设政策工具支持的范围更广,而且政府主要承担第三方资助的角色,但基础设施建设政策工具的发挥却需要政府行使建设的主体责任。

(4)人才支持:指为高成长型创业企业提供充裕的不同层次的人力资源支持,从而从软件上支持独角兽的成长。比如为高层次人才提供安家费、租房补贴、科研专项经费等等,为企业家提供学习、交流、提升的机会,基于各类人才的贡献提供针对性的创新成果激励政策,为海外人才或者外国人才提供"一事一议"或者"一企一策"的政策。

二、环境型政策工具

环境型政策工具指政府采取财务金融、税收制度、法规管制等政策影响高成长型创业企业发展的环境因素,为企业创新创业提供有利的政策环境。环境型政策工具通过间接影响促进新产品或服务开发,表现为政策对高成长型企业创新创业活动的影响力。本书将环境型政策工具细分为六大类,包括对高成长型创业企业成长的金融支持、财政补贴、税收优惠、知识产权、法规管制、目标规划。

(1)金融支持:指政府采取多项政策鼓励企业的创新,譬如融资、补助、风投、特许、财物分配、设备和服务提供、贷款保证、出口信用贷款等。本书中此类政策工具包含两方面内容。一方面,政府通过对金融机构的支持间接创造孕育独角兽成长的土壤,比如金融机构与风投机构的落户,以及金融机构的进入门槛、经济贡献、风投机构的投资补贴、贷款风险补助等方面的政策扶持;另一方面,政府直接向高成长型企业提供金融支持,比如对独角兽的贷款补贴、融资补贴、科技信贷、优先担保等形式的政策扶持。总体而言,金融支持政策工具为独角兽的培育提供了金融保障,并且降低了风投机构和金融机构与独角兽合作的风险。

(2)财政补贴:指政府给予企业无偿的财政性资金,以达到特定的经济发展目标,包括价格补贴、财政贴息、企业亏损补贴等形式。本书主要是指地方财政补贴,即政府为了实现特定的高成长型创业企业培育目标,对指定事项由财政安排专项基金向高成长型创业企业提供的一种补贴。独角兽能否获取财政补贴,取决于企业的创新内容、技术能力和潜在市场。具体包括与独角兽成长相关的头衔认定补贴,比如企业被认定为独角兽的补贴,以及对高成长型创业企业的科技成果转化补贴、销售收入补贴、间接培育补贴、上市补贴等等,政府以财政补贴的形式激励创业企业向高成长型企业发展。

(3)税收优惠:指独角兽享受政府给予创业企业的一切税收优惠政策,具体包括投资抵减、加速折旧、免税和租税抵扣等。地方政府对于高成长型创业企业税收优惠方面的政策扶持差异往往体现在是否颁布该项政策上。

(4)知识产权:指政府授予技术创新者在一定时期内能独占市场收益的权利。知识产权制度在一定程度上保护了独角兽的创新能力,主要包括政府对独角兽的知识产权出资、知识产权援助、知识产权侵权查处机制。知识产权包括商标、著作权、专利和非专利技术等,所以该项政策对于创业企业成长为独角兽相当重要。

(5)法规管制:指政府为企业创新提供一个有利的环境,用于规范市场秩序,包括制定企业制度、产业政策、行业标准、市场监管强化、反垄断、制定环境和健康标准等多方面措施。

(6)目标规划:指政府通过规范的程序,确立发展创业企业的宏观战略,对目标做出总体描述。本书主要反映政府扶持独角兽成长的战略导向,对独角兽的发展起到"风向标"的作用。

三、需求型政策工具

需求型政策工具指政府为了降低市场的不确定性,在采购和贸易管制等方面采取措施,从而拉动企业创新和新产品开发。政府在企业发展过程中需要适当直接介入和干预市场、企业、消费者,从而给予创业企业拓展创新产品或服务市场的预期,对企业创新活动产生积极影响。因此,需求型政策工具表现为政策对高成长型创业企业创新和新产品开发的拉动作用,包括政府采购、消费端补贴、贸易管制、海外机构管理等政策形式。

(1)政府采购:指政府为了促进新型科技成果或技术推广采取直接购买或消费等举措。譬如政府鼓励高成长型创业企业参与国家级、省级政府采购项目,优先将该企业产品纳入政府采购目录中。

(2)消费端补贴:指政府对从消费需求端购买的首创产品进行补贴,从而鼓励独角兽持续创新,不断推出新技术产品或服务。

(3)贸易管制:指政府为保护企业进出口业务而实施的各项管制措施,包括独角兽贸易协定、进出口关税管制等政策。

(4)海外机构管理:指政府鼓励企业发展海外业务或设立海外机构的制度,包括政府对独角兽设立海外研究中心、孵化海外分支机构等方面的奖励支持。

第二节 政策工具编码

本节立足于政策内容本身,从政策工具视角对政策文本进行编码设计。根据独角兽政策工具研究框架,整个研究设计主要包括企业访谈、政策样本来源、政策编码体系设计、政策编码规则等方面。

一、企业访谈

对企业创始人进行深度访谈能够从企业视角了解政府扶持企业成长的过程,从而解决政策对独角兽有没有发挥作用,以及若有作用又是哪些政策有效的问题。

本书借鉴中国人民大学商学院张霞和毛基业提出的抽样原则,选取2家高成长型创业企业进行访谈。这两家企业的主要特点是:①公司都属于准独角兽,企业创新核心均为数字化创新能力,在行业内属于佼佼者,契合本书研究高成长型创业企业的主旨;②公司主营业务分属不同行业(IT娱乐服务业、人工智能教育),能够使本书在不同类型组织中找到独角兽成长过程中的共性;③公司能够充分配合本研究的进行,提供足够的研究素材,从而使本研究有完整的证据链和合理的逻辑。

本研究的企业访谈由1位博士生导师带领3位博士生和3位硕士生组成的团队进行,访谈对象为企业创始人。为保证访谈资料的信效度,借鉴南开大学商学院白长虹和刘欢的做法,访谈小组成员在每次访谈结束后,需要独立撰写访谈报告,同时提供佐证信息,然后汇总各自的结果交由博士生导师审核查验,确认信息无误后再用来作为后续研究政策扶持独角兽成长的作用效果的基础。

首先,通过对高成长型创业企业的深度访谈,研究整理了独角兽企业的扶持政策来源,包括政策数据库和地方政府官网,例如与创业企业联系紧密的发展改革部门、科技部门、经信部门、人社部门、财政部门、税务部门等。其次,通过与创始人的访谈,进一步聚焦独角兽企业成长过程中关心的政策内容,例如用地支持、税收减免、产业聚集激励、良好的营商环境等方面的政策。这些政策要点成为后文结合政策文本设计政策编码体系的基本要素。

二、政策样本来源

本部分遵循第五章研究设计中相关数据的说明,以2021年IT桔子公布的《2020—2021中国独角兽解读报告》中出现的国内25个城市为研究对象,收集政策文本信息。城市样本主要分布在一线的4个城市(北京、上海、深圳、广州),二线的9个城市(杭州、天津、厦门、南京、苏州、成都、重庆、武汉、青岛),三线的6个城市(珠海、宁波、合肥、长沙、无锡、济南),以及三线以下的6个城市(湖州、常州、泰州、贵阳、渭南、长春)。

本研究将政策时间跨度设定为2015—2020年。之所以选择2015年之后的政策,是因为2015年在《中关村国家自主创新示范区创业服务平台支持资金管理办法》中首次以官方文书形式明确提出"独角兽"一词。在政策文本的选取上遵循以下步骤:首先,依托"白鹿智库""北大法律网(北大法宝)"两大渠道获得样本数据。其次,选择关键词进行政策文本检索。独角兽是高成长的创业企业典范,是发展水平较高的创业企业。因此,对独角兽的扶持,既包含一般性的创新创业扶持,也包括高端的针对独角兽企业的支持。基于此,本书以"创业企业""创新企业""高精尖企业""高成长型企业""领军企业""独角兽""瞪羚企业"等作为关键词搜索目标文件,辅以独角兽政策相关的政府官方网站补充信息。最后,本研究界定的独角兽政策范畴为城市层面,包括省、市和区三级政策级别。由于国家层面的扶持政策相对比较宽泛,对所有城市的独角兽存在均质性,从而难以体现不同城市的独角兽扶持政策差异,因此将国家政策排除在外。

通过以上检索标准的确定,我们最初检索到2015年1月1日至2020年12月31日与独角兽相关的政策文本共561份。为了确保政策样本的代表性和相关性,我们对收集到的政策文本进行两轮筛选。第一轮筛选主要对少数政策文本进行剔除,包括失效的(指截至2020年12月31日前失效)或被新政策替代的政策文本。第二轮筛选邀请2位创业管理专家核定,排查并取消存在争议的政策,最终得到287份有效政策文本,主要包括行政法规、部门规章、一般行政规范性文件。部分政策样本示例如表7.2所示。

表7.2 独角兽扶持政策文本示例

序号	城市（或省份）	政策名称	发布年份	发布级别
1	北京	《北京市西城区科技企业孵化加速平台认定和支持办法》	2016	市级
2	四川	《四川省瞪羚企业培育行动实施方案（2019—2022年）》	2019	省级
3	成都	《关于支持新经济企业入驻独角兽岛的若干政策》	2018	区级
4	济南	《济南市培育独角兽企业行动计划（2019—2021年）》	2019	市级
5	珠海	《关于培育引进前沿产业独角兽企业的若干政策措施(试行)》	2018	市级

三、政策编码体系设计

首先,采用内容分析法对独角兽扶持政策进行编码。以前述建立的政策工具分析框架为基础,结合前期对2家准独角兽创始人的访谈得到的重要关注点建立政策文本的编码分类体系。遵循以下原则:第一,尽量设置完整的编码类型,即包含与独角兽相关的所有条目;第二,分类之间相互排斥,即一个编码系统中任意两个编码不属于同一个类别。

其次,我们组建了3个研究小组,由前期参与企业访谈的学生构成,随机选取10份政策文本。每个小组细致、反复地阅读和梳理政策文本,逐句提取其中的编码要素，并进行对比分析。对部分含义重合等有疑虑的编码要素进行复查，由 2 名小组成员共同甄别政策工具的类别含义，直至确定每个编码要素的归属，无疑义为止。

最后，在 2 位创业管理领域的教授指导下再次对编码分类体系进行修正，确认对政策文本进行编码的分类与标准意义，以此明确独角兽扶持政策编码的分析单元。本研究设置的三大类政策工具对应的编码分类体系，是以前述政策工具的扶持政策框架为基础，将供给型政策工具细分为社会化服务、基础设施建设、资金投入和人才支持四个二级子类别，每个二级子类别又包含若干个三级子类别；环境型政策工具包含金融支持、财政补贴、税收优惠、知识产权、法规管制、目标规划六个二级子类别，其中，金融支持、财政补贴、目标规划又包含若干个三级子类别；需求型政策工具包含政府采购、消费端补贴、贸易管制、海外机构管理四个二级子类别。

四、政策编码规则

参照 Jauch 等人的研究，独角兽政策文本的编码工作基于识别文本和制定编码规则两个关键步骤。识别文本的关键是提取变量并存放为待分析的政策单元，而制定编码规则的重点则是在此基础上为变量赋值。以上过程由 3 个研究小组构成的编码人员完成，每个小组由一位博士生带领一位硕士生。本书的政策工具编码方法突破以前的主观评价方法，采用 Knill 等人提出的"密度"和"强度"客观赋值政策工具的方法开展研究。

政策工具密度是指不考虑政策工具内容，仅计算政策工具类型相关的政策数量，并以此反映政策的积极性，研究者认为政策"密度"凸显政策工具的重要性排序。参照先前文献的方法，我们采用以"0-1"赋值的虚拟变量衡量方法对政策分析单元进行数量汇总。

政策工具强度被定义为"资源的组织和动员"，即投入或分配给特定政策工具的资源、努力或活动的数量，以此反映政策工具的内容。而区域政策强度表示政府对区域经济投入的政策变量值的大小，反映自身作用的大小，体现政策扶持强度。基于上述定义，借鉴 Schaffrin 从"目标、范围、整合、预算、实施和监管"六个维度对政策工具强度的衡量方法,以包含多种政策工具组合的单份政策文件为编码单元,研究确定了独角兽扶持政策编码体系中的三级子类别为编码点,综合设定虚拟变量衡量法、基准衡量法、多样性衡量法以及深度衡量法等四种编码方法。参照设置的编码方法,我们对编码体系的政策单元确定了不同的编码准则,内容见附录 A。

具体的政策文本编码的总体准则衡量方法比较见表 7.3。

表 7.3　独角兽扶持政策工具编码准则比较

衡量方法	作用	识别对象	测量方法	举例
虚拟变量衡量法	衡量政策工具密度和政策工具在目标、整合、监管三方面的强度	该类型政策是否出现	将政策工具视为"0-1"虚拟变量,出现该项政策工具则编码为1,反之为0	广州某文件有"独角兽法规管制"相关政策,则编码为1,贵州某文件没有"独角兽法规管制"相关政策,则编码为0
基准衡量法	衡量政策工具的预算强度	财政补贴类政策	以中位数作为基准,中位数上、下2个标准差为一个区间,中位数及以上的区间等级为2,中位数以下的区间等级为1,远高于中位数等级为3,没有政策等级为0,依等级值对应编码为相同值	依各城市"独角兽认定补贴"政策,确定中位数300万元作为行业基准,则300万—500万元等级为2,编码为2;2000万—3000万元等级为3,编码为3;100万—200万元等级为1,编码为1;没有则编码为0

续表

衡量方法	作用	识别对象	测量方法	举例
多样性衡量法	衡量政策工具的范围强度	具有多种表现形式的政策工具	计算信息熵值为编码值	北京市"人才支持"政策,采用创新成果激励、资助创新创业领军人才和外国人才优待3种形式,统计所有样本城市中该项政策有11种表现形式,故北京市该项政策的多样性为0.654(计算过程见表7-4)
深度衡量法	衡量政策工具的实施强度	反映政策深度信息的政策工具	文本中直接获取数据	政策工具"收入增速贡献奖(比率)"可以直接比较各城市的实施强度,以比率值视为编码值

(1)虚拟变量衡量法:将政策文本中是否出现该政策视为"0-1"虚拟变量。此方法直接通过频数统计表示政策工具的密度。该方法也适用于政策工具在目标、整合、监管三个维度的强度衡量。如果出现该项政策工具则编码为1,否则编码为0。

(2)基准衡量法:该方法常用于以相同量为标准的测度。此处用于反映政策工具中财政补贴维度的强度水平。借鉴先前研究将中位数设为基准值的方法,我们以中位数为基准设定编码准则。具体做法是:计算样本城市中财政补贴中位数,然后按0—3等级划分。如果无此政策,则等级为0;数值远高于中位数,等级为3;数值等于或高于中位数2个标准差的区间,等级为2;数值低于中位数2个标准差的区间,等级为1。这里确定的等级即为编码赋值,其中σ表示标准差(见图7.2)。附录B列出了"独角兽认定补贴"政策示例的基准衡量法编码结果。

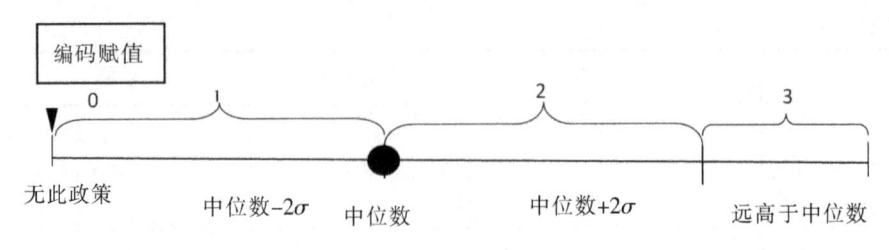

图 7.2 基准衡量法测量逻辑

(3)多样性衡量法：用于衡量测度变量的范围，此处采用该方法表示政策对独角兽支持的广度，适用于政策工具的范围维度的强度测量。借鉴信息熵对多样性测量的方法，对具有多种表现形式的同一政策工具采用信息熵计算得到的数值进行编码。

信息熵被广泛用于对不确定性的度量。信息熵反映信息大小的度量，信息大小（文件中政策的有效性）表明此文件对该项政策工具使用的有效性。信息熵越大，政策的多样性越大，政策工具的有效性越大。信息熵计算公式为：

$$E_i = -\sum p_i \ln p_i \tag{7.1}$$

式中，E_i表示针对某个包含多个类别的政策工具变量i，某个城市在该变量的信息熵；p_i表示该城市在这个政策工具变量中出现该项政策工具类别的概率。以政策工具子变量"供给型政策工具—人才支持"为例，政策文本中有关北京市对人才支持的多样性计算结果如表7.4所示。

表7.4 北京市有关独角兽人才支持政策的编码

政策表现形式	安家费	住房补贴	办公用房补贴	生活补贴	科研专项经费	评优奖励	企业家培育	创新成果激励	资助创新创业领军人才	放宽公积金贷款额度	外国人才优待
编码	0	0	0	0	0	0	0	1	1	0	1
编码值：$E = -\left[\left(\frac{1}{11}\right)\times\ln\left(\frac{1}{11}\right) + \left(\frac{1}{11}\right)\times\ln\left(\frac{1}{11}\right) + \left(\frac{1}{11}\right)\times\ln\left(\frac{1}{11}\right)\right] = 0.654$											

(4)深度衡量法：该方法常用于对深度信息的测量，最初用于测量场景的空间位置研究，反映场景向下或向里的距离。本书引申为测量政策工具的实施维

度的深浅程度,以此体现政策文本中政策实施的强度。观察原始的政策文本,我们发现只有"收入增速贡献奖(比率)"的深度信息可以进行直接比较,从而反映政府对于该项政策工具实施的强度。

具体操作为:比较城市层面"环境型政策工具—财政补贴—收入增速贡献奖"的强度,编码示例如表 7.5 所示。

表 7.5 独角兽"收入增速贡献奖"政策编码示例

城市	政策名称	文件码	分析单元	编码值(收入增速贡献奖比率)
长沙	《长沙市人民政府办公厅关于进一步促进人工智能产业发展的意见》	HN-19-3	企业获利后,根据其地方经济社会发展贡献,给予连续三年100%的奖励,每家企业每年最高 500 万元	1
厦门	《关于推进厦门现代服务业基地产业扶持引导的实施办法》	XM-19-02	对新注册入驻企业,按企业年度缴纳的两税区级税收贡献部分给予奖励,其中,800 万元(含)以内的部分,奖励比例 70%	0.7
广州	《广州市海珠区加快建设创新岛若干措施》	GZ-19-01	对本区年度经济社会发展贡献 100 万元以上,主营业务收入同比增速在 20% 以上的"四上"新一代信息技术企业,根据其主营业务收入增长情况,最高可按照其对本区经济社会发展贡献增量的 50% 给予贡献奖	0.5

续表

城市	政策名称	文件码	分析单元	编码值(收入增速贡献奖比率)
成都	《关于加快总部经济发展做强国家中心城市核心功能支撑若干政策措施的意见》	CD-18-08	培育支持。成长型总部企业自认定第二年起连续三年给予资金奖励，奖励金额为其上年度对地方经济实际贡献相对前一年度增量的30%，最高不超过100万元	0.3

第三节　政策工具的权重测算

一、主成分分析法和 CRITIC 法介绍

主成分分析法和 CRITIC 法是两种客观确定权重的方法。主成分分析法是多元统计方法之一，可以用于降低多个变量数据的维度，而且又极大地保留了原始信息，因此被广泛应用于以降维为目的的权重确定。主成分分析法计算逻辑如图 7.3 所示，主要使用 IBM SPSS Statistics 完成计算。

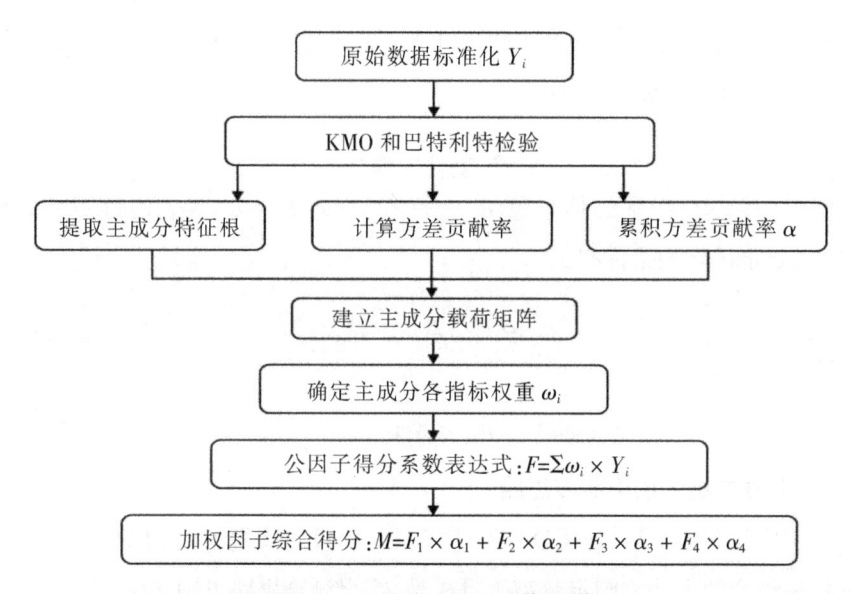

```
        ┌─────────────────────┐
        │  原始数据标准化 $Y_i$  │
        └──────────┬──────────┘
                   │
        ┌──────────▼──────────┐
        │  KMO 和巴特利特检验  │
        └──────────┬──────────┘
     ┌─────────────┼─────────────┐
     ▼             ▼             ▼
┌─────────┐  ┌──────────┐  ┌──────────────┐
│提取主成分│  │计算方差   │  │累积方差贡献率 │
│ 特征根  │  │ 贡献率   │  │     $\alpha$ │
└────┬────┘  └────┬─────┘  └──────┬───────┘
     └────────────┼───────────────┘
                  ▼
        ┌─────────────────────┐
        │   建立主成分载荷矩阵  │
        └──────────┬──────────┘
                   ▼
        ┌─────────────────────────┐
        │ 确定主成分各指标权重 $\omega_i$ │
        └──────────┬──────────────┘
                   ▼
        ┌─────────────────────────────────┐
        │ 公因子得分系数表达式：$F=\Sigma\omega_i\times Y_i$ │
        └──────────┬──────────────────────┘
                   ▼
┌─────────────────────────────────────────────────────┐
│ 加权因子综合得分：$M=F_1\times\alpha_1+F_2\times\alpha_2+F_3\times\alpha_3+F_4\times\alpha_4$ │
└─────────────────────────────────────────────────────┘
```

图 7.3　主成分分析法计算逻辑

CRITIC 法是 Diakoulaki 提出的一种综合性的客观权重赋值法,其基本思想是基于评价指标间的变异性和冲突性来确立指标的客观权数。变异性考察指标差距大小,反映指标之间的波动;冲突性考察指标之间的相关性,可以有效地处理部分变量中包含信息相同的问题。鉴于独角兽成长的扶持政策工具具有类别多元化和多层级的特征,确定独角兽成长的扶持政策工具的权重时,既需要对多指标降维,又需要揭示政策工具之间的协同性,因此我们结合主成分分析法和 CRITIC 法共同确定独角兽扶持政策工具的权重。

CRITIC 法计算权重的具体步骤如下:

假设有 m 个样本,每个样本都通过 n 个指标来考察,由此构成矩阵 L。C_{ij} 表示第 i 个样本的第 j 项指标的值。

通过公式(7.2)计算指标的变异性 Z_j,用原始数据的标准差衡量,其中 $\bar{C}_j = \frac{1}{n}\sum_{i=1}^{n}C_{ij}$。

$$Z_j = \sqrt{\frac{\sum_{i=1}^{n}(C_{ij}-\bar{C}_j)^2}{n-1}} \qquad (7.2)$$

通过公式(7.3)计算指标的冲突性 S_j，其中 S_{ij} 为指标 i 与指标 j 之间的关系数，用于确定指标之间的相关性。

$$S_j = \sum_{i=1}^{n}(1-S_{ij}) \tag{7.3}$$

公式(7.4)对指标的信息量 B_j 进行考察，即 $B_j = Z_j \times S_j$。通过 B_j 和公式(7.5)来确定最终的指标权重。

$$B_j = Z_j \sum_{i=1}^{n}(1-s_{ij}) \tag{7.4}$$

$$W_j = \frac{B_j}{\sum_{j=1}^{n} B_j} \tag{7.5}$$

二、政策工具的权重测算思路

在完成政策编码后，还需确定政策工具的权重。我们采用 CRITIC 法和主成分分析法结合的方式来确定政策工具权重，综合测算思路见图7.4。

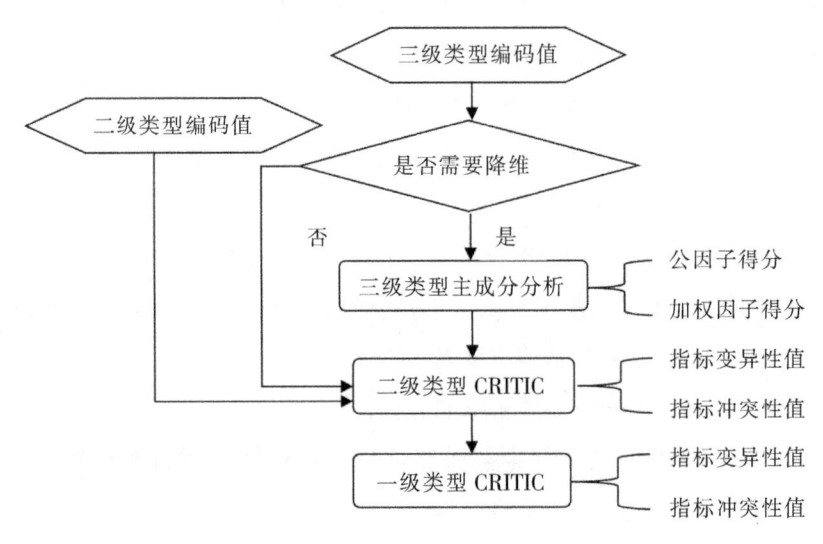

图7.4 CRITIC法和主成分分析法结合的权重综合测算思路

三、各类政策工具权重结果

(一)供给型政策工具子类型权重

供给型政策工具的三级类型都是采用多样性衡量法编码，该层级不需要降维，按照图7.4的思路，直接用三级类型编码值进行二级类型包括社会化服务、基础设施建设、资金投入和人才支持等四种政策工具的CRITIC权重分析。参照公式(7.2)至(7.5)进行测算,得到供给型政策工具二级权重(见表7.6)。

表7.6 供给型政策工具的四种政策权重

二级政策工具分类	变异性值 Z	冲突性值 S	CRITIC 权重
社会化服务	0.304	1.663	0.251
基础设施建设	0.337	1.483	0.248
资金投入	0.331	1.768	0.291
人才支持	0.339	1.253	0.211

(二)环境型政策工具子类型权重

环境型政策工具子类型权重的确定按从下至上的方式逐层测算。其中,二级政策工具"财政补贴"下设多个三级政策工具类别,而且采用多种编码方式,所以我们首先需要采用主成分分析法对该类别的三级政策工具进行降维处理,在此基础上再采用CRITIC法测算二级类型包括金融支持、财政补贴、税收优惠、知识产权、法规管制和目标规划等六种政策工具的权重。

1. 主成分分析

对于财政补贴的多项政策工具类型,采用主成分分析法进行降维的计算逻辑如图7.3所示。为了便于主成分分析测算,我们对财政补贴政策工具采用多样性编码直接得到的类型 Y_{25}—Y_{217}、Y_{222}—Y_{230} 重新命名。Y_{25}—Y_{217} 编码后的类型命名为"其他认定补贴",用 Y_{218} 表示;Y_{222}—Y_{230} 编码后的类型命名为"引进支持",用 Y_{231} 表示;"上市补贴"仍然用 Y_{232} 表示。财政补贴政策工具结构见表7.7。

表 7.7　财政补贴政策工具结构

二级政策工具类型	三级政策工具类型	备注(编码后命名)
财政补贴 Y_2	独角兽认定补贴(Y_{21}),瞪羚认定补贴(Y_{22}),准独角兽认定补贴(Y_{23}),科技成果转化补贴(Y_{24})	
	初创企业投资补助(Y_{25}),标杆企业认定(Y_{26}),指定地落户奖(Y_{27}),科技服务机构认定(Y_{28}),研发机构认定奖(Y_{29}),科技孵化器认定奖(Y_{210}),创新平台认定奖励(Y_{211}),实验室或研究中心认定(Y_{212}),高科技产业项目(Y_{213}),顶尖人才培育(Y_{214}),技术认定奖励(Y_{215}),引进(或培育)名企贡献奖(Y_{216}),科研比赛奖励(Y_{217})	其他认定补贴(Y_{218})
	销售首创产品的补贴(Y_{219}),收入增长率补贴(Y_{220})	
	收入增速贡献奖(比率)(Y_{221})	
	独角兽或瞪羚企业引进(或培育)奖励(Y_{222}),大型项目引进奖励(Y_{223}),院士工作站引进奖励(Y_{224}),产学研合作奖励(Y_{225}),孵化企业(Y_{226}),引进/促成科技成果转化(Y_{227}),重点实验室引进奖励(Y_{228}),首购补助(Y_{229}),人才团队引进奖励(Y_{230})	引进支持(Y_{231})
	上市补贴(Y_{232})	上市补贴(Y_{232})

利用 SPSS 软件进行主成分分析,得到前 3 个主成分 F_1、F_2、F_3,且其特征根都大于 1,分别为 3.560、2.013 和 1.301,方差贡献率分别为 35.598%、20.126% 和 13.009%,累积方差的贡献率为 68.733%,即这三个主成分基本上可以代表大部分的数据信息。

进一步依据主成分载荷矩阵、特征根计算特征向量,计算主成分各指标权重

ω。由此,主成分得分关系为:

$$F_1 = 0.200Y_{21} + 0.229Y_{22} + \cdots + 0.137Y_{232}$$

$$F_2 = (-0.233Y_{21}) + (-0.105Y_{22}) + \cdots + (-0.020)Y_{232}$$

$$F_3 = 0.271Y_{21} + (-0.095Y_{22}) + \cdots + 0.347Y_{232}$$

最后采用这三个主成分的因子得分来计算财政补贴政策工具的综合得分函数为:

$$F = \frac{35.598}{68.733}F_1 + \frac{20.126}{68.733}F_2 + \frac{13.009}{68.733}F_3$$

研究得到城市层面独角兽成长的财政补贴类政策的综合得分 F(见表7.8)。

表7.8 城市层面独角兽成长的财政补贴类政策的综合得分

样本	F_1	F_2	F_3	F
广州	-0.162	0.080	0.300	-0.004
深圳	2.358	-0.025	1.027	1.408
珠海	-0.017	-1.648	2.420	-0.034
上海	0.736	-0.561	-0.369	0.147
湖州	-1.066	-0.280	-0.683	-0.763
杭州	0.961	1.201	-1.806	0.508
宁波	-0.544	-0.388	-0.894	-0.564
合肥	0.010	1.921	0.311	0.627
天津	-1.551	-0.303	0.439	-0.809
厦门	-0.373	1.805	-0.075	0.321
长沙	-0.458	2.724	1.553	0.855
南京	0.093	-0.070	-1.154	-0.191
苏州	-0.205	-0.208	-0.595	-0.279
常州	-1.335	-0.224	-0.007	-0.759
泰州	0.446	-0.666	-1.291	-0.209

续表

样本	F_1	F_2	F_3	F
无锡	1.006	-1.485	-0.050	0.077
成都	2.211	0.661	0.510	1.435
重庆	-0.143	-0.388	-0.711	-0.322
贵阳	-1.211	-0.352	1.302	-0.484
渭南	-1.038	0.272	0.026	-0.453
武汉	-0.431	-0.679	1.256	-0.184
北京	0.629	-0.756	0.342	0.169
长春	-0.327	-0.497	-1.162	-0.535
青岛	-0.659	-0.105	-0.859	-0.535
济南	1.069	-0.030	0.169	0.577

2. CRITIC 分析

在上述降维基础上,采用 CRITIC 法计算环境型政策工具二级类型的权重,参照公式(7.2)至(7.5)测算,结果如表 7.9 所示。其中,财政补贴类政策用上述主成分分析得到的综合值 F 表示。

表 7.9 环境型政策工具的子类型权重

二级政策工具分类	变异性值 Z	冲突性值 S	CRITIC 权重
金融支持	0.337	2.923	0.122
财政补贴	0.273	4.007	0.136
税收优惠	0.466	3.231	0.187
知识产权	0.427	3.912	0.207
法规管制	0.466	3.271	0.189
目标规划	0.313	4.067	0.158

(三)需求型政策工具子类型权重

需求型政策工具没有三级类型,仅需将二级类型政府采购、消费端补贴、贸易管制和海外机构管理等四种政策工具的编码值进行CRITIC分析确定权重分配。参照公式(7.2)至(7.5),得到需求型政策工具的子类型权重见表7.10。

表7.10 需求型政策工具的子类型权重

二级政策工具分类	变异性值Z	冲突性值S	CRITIC权重
政府采购	0.467	2.558	0.341
消费端补贴	0.196	2.842	0.159
贸易管制	0.271	2.812	0.218
海外机构管理	0.466	2.120	0.283

(四)三大类政策工具权重

依据上述各类政策工具子类型权重,采用CRITIC法对供给型、环境型和需求型三大政策工具一级类型计算权重。参照公式(7.2)至(7.5),得到三大类政策工具类型的权重见表7.11。

表7.11 一级政策工具类型的权重

一级政策工具分类	变异性值Z	冲突性值S	CRITIC权重
供给型政策工具	0.283	0.773	0.393
环境型政策工具	0.285	0.532	0.273
需求型政策工具	0.315	0.590	0.334

第四节 扶持政策的倾向性与区域差异特征

利用政策工具考察独角兽扶持政策的作用,需要先识别扶持政策工具的特征。本节在前述研究设计的基础上,从政策关键词、政策工具密度、政策工具强度三个方面诠释独角兽扶持政策工具的使用倾向性。在此基础上,对城市层面和政策工具综合使用类型两个方面进行比较,以此获得区域差异特征。

一、政策关键词解析

首先,采用基于词频的分析法反映独角兽扶持政策的趋势和侧重点;然后,应用标签云技术对关键词进行筛选,界定独角兽扶持政策的核心关切点。

(一)词频统计

政策文本关键词提取的核心是选择关键词生成关键词列表,然后以此统计高频词。首先将每大类政策工具包含的二级和三级政策类别初选为关键词,生成关键词列表,然后利用 Python 软件实现关键词词频统计。通过多次迭代计算,可以调整关键词,如调整表达方式和合并相似关键词等,从而获得相对完整的关键词列表,据此得到最终结果。

为确保上述过程的严谨性以及合理性,这项工作由前期参与政策文本编码的3人团队小组合作完成。针对关键词的频次统计,罗列出前10个政策高频词表示核心政策内容,用于反映独角兽政策的关注点,如表7.12所示。

表7.12 政策工具高频关键词统计表

序号	关键词	频次	政策工具类型
1	融资	1493	环境型政策工具
2	知识产权	1342	环境型政策工具
3	认定	1249	环境型政策工具
4	上市	926	环境型政策工具
5	专利	739	环境型政策工具
6	科技成果转移转化	573	环境型政策工具
7	用地	554	供给型政策工具
8	创新创业领军人才	553	供给型政策工具
9	法规管制	511	环境型政策工具
10	实验室建设	421	供给型政策工具

(二)标签云制作

应用 Tagul 的标签云技术制作关键词云图,其中越核心的关键词就越突出。

如图 7.5 所示,"融资"是独角兽政策扶持文本中最核心的关键词,其次是"知识产权""认定""上市""专利""科技成果转移转化"等,这些关键词能较好地显示扶持独角兽成长的重点政策工具内容。

图 7.5　独角兽扶持政策关键词云图

(三)政策的关注点分析

根据独角兽关键词云图发现,独角兽政策工具要点集中在供给型和环境型两类。主要的政策关注点总结如下:

(1)供给型政策工具的关注点包括用地、创新创业领军人才和实验室建设。用地是创业企业的立足根本,政府采用产业用地形式支持独角兽高速成长。另外,创新创业领军人才是独角兽发展的内在驱动力量,也成为政府关注独角兽培育的重要供给型手段。实验室建设政策则突出了政府重视企业研发和创新的硬件设施支持,这与独角兽以创新为核心竞争力的特征需求相匹配。

(2)环境型政策工具的关注点包括融资、知识产权、认定、上市、专利、科技成果转移转化、法规管制等方面。融资主要反映在金融支持和财政补贴政策工具中对独角兽的扶持;知识产权、专利、法规管制等方面的制度设计,营造独角兽创新创业的良好环境;认定、科技成果转移转化等以财政补贴的形式,突出补贴独角兽的门槛条件;上市的补助政策,助推独角兽采取上市的行动。

总体来看,目前地方政府设计独角兽扶持政策时比较注重供给型和环境型政策工具,重点突出,且配有相对具体和细化的措施。这体现了政府重视从内在投入的助推和外界环境的培育来扶持独角兽。同时,需求型政策工具是最不显著的,未提取出高频关键词,意味着地方政府要么还没有形成统一认知的政策着力点,要么忽视了需求型政策的发力,这是未来扶持政策进一步探索的方向。

二、政策工具的密度特征

政策工具密度反映政策的积极性。经过文本大数据的统计,发现独角兽扶持政策工具密度呈现"环境、供给和需求梯度下降"特征,凸显出政府不同的政策积极性方向。

(一)政策工具密度呈"环境、供给和需求梯度下降"特征

总体上看,扶持独角兽的政策工具密度呈现重视环境、轻视供给和需求的特征。各样本城市地方政府重视利用环境型政策工具,对于需求型政策工具利用最少,而供给型政策工具介于二者之间。表7.13说明,环境型政策工具占所有政策工具的67.5%,供给型政策工具占28.5%,需求型政策工具仅占4%。

表 7.13 政策工具整体分布情况

政策工具		数量/个	比例/%	总比例/%
环境型	金融支持	73	8.8	67.5
	财政补贴	145	17.5	
	税收优惠	40	4.8	
	知识产权	40	4.8	
	法规管制	11	1.3	
	目标规划	250	30.3	
供给型	社会化服务	45	5.4	28.5
	基础设施建设	38	4.6	
	资金投入	78	9.4	
	人才支持	75	9.1	
需求型	政府采购	10	1.2	4
	消费端补贴	3	0.4	
	贸易管制	4	0.5	
	海外机构管理	16	1.9	

(二) 不同政策工具显示政府重点扶持方向的差异

从三大类政策工具内部结构看,独角兽供给型政策工具重视资金投入和人才支持,环境型政策工具突出目标规划和财政补贴,需求型政策工具紧抓海外机构管理和政策采购。以上特征反映了政府扶持政策的聚焦点差异。

1. 供给型政策工具重视资金投入和人才支持

各样本城市地方政府在供给型政策工具中最重视资金投入和人才支持两方面的政策。图7.6反映了供给型政策工具类别的分布情况。首先,资金投入政策在供给型政策工具使用居主导地位,占所有供给型政策工具的33%。以上海市出台的《松江区关于支持"卡脖子"工程和颠覆性技术发展的若干意见》为例,资金投入支持主要表现在创新平台支持、引进技术成果支持、研发奖励、研发机构支持、设备资助和产学研合作资助等多个方面。其次,地方政府也非常重视人才支持政策,人才支持政策占所有供给型政策工具的32%,主要是给予人才住房补贴、办公补贴,并提供企业家培育、创新创业领军人才或团队科研专项经费、创新成果激励等多方面的支持。

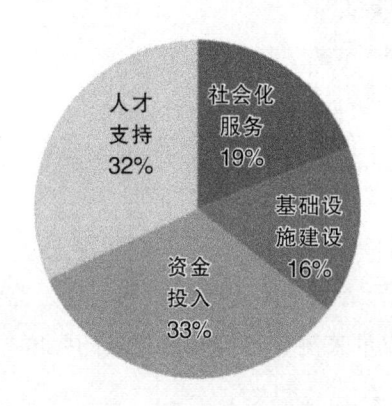

图 7.6　供给型政策工具密度分布 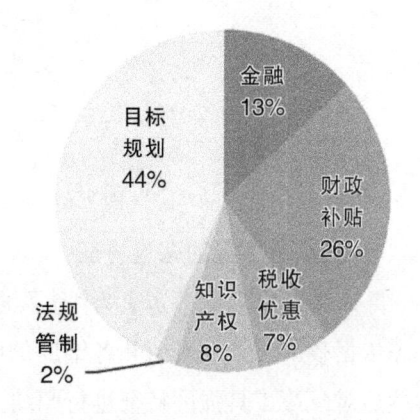　　　图 7.7　环境型政策工具密度分布

2. 环境型政策工具突出目标规划和财政补贴

各样本城市地方政府在环境型政策工具中积极使用目标规划和财政补贴两类政策。由图7.7可知,地方政府使用最多的环境型政策工具是目标规划,占所有环境型政策工具的44%,反映了其对培育独角兽的强烈愿望。另外,财政补贴

政策使用率也非常高，占所有环境型政策工具的26%，主要表现在政府设置的高成长型创业企业获取补贴的门槛条件，比如对独角兽认定后的补贴、科技成果转化补贴、销售收入补贴等，以此激励创业企业踊跃奋进独角兽行列。

3.需求型政策工具紧抓海外机构管理和政府采购

各样本城市地方政府采用需求型政策工具主要以海外机构管理和政府采购形式拉动独角兽成长。由图7.8可知，海外机构管理政策占所有需求型政策工具的49%，政府重点借助其提高独角兽海外市场的需求，助力独角兽业务创新。政府采购也是需求型政策的主要手段，占所有需求型政策工具的30%，形式主要为政府直接购买并消费独角兽的产品或服务。但总体来看，需求型政策工具使用率在所有的政策工具中最低，反映需求型政策积极性较小。

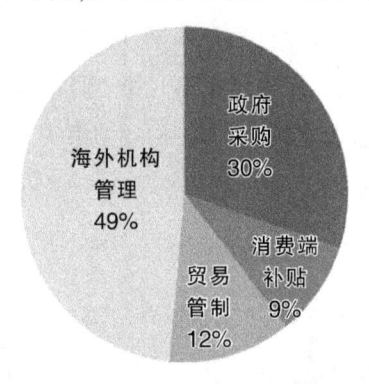

图7.8 需求型政策工具密度分布

三、政策工具的强度特征

政策工具强度被定义为"资源的组织和动员"，以此体现政策扶持力度。首先依据政策工具编码值和各维度的政策工具权重来测算各类政策工具的强度，然后对政策工具强度特征进行归纳。

政策工具强度测算公式为：

$$Z_{E_{ij}} = W_{E_i} \times A_{E_{ij}} \tag{7.6}$$

$$Z_{E_j} = \sum_{i=1}^{n} Z_{E_{ij}} \tag{7.7}$$

$$Z_{jk} = \frac{Z_{jk} - Z_{jk_{\min}}}{Z_{jk_{\max}} - Z_{jk}} \tag{7.8}$$

其中，公式(7.6)中 W_{E_i} 为某一层级政策工具指标 E_i 的权重，$A_{E_{ij}}$ 为第 j 个城市的相应层级政策工具指标 E_i 的编码值；公式(7.7)计算该层级政策工具指标 E_j 的总强度 Z_{E_j}；公式(7.8)是对最后求得的所有政策工具强度进行标准化处理，Z_{jk} 代表第 j 个城市任意一项政策工具强度 Z_k 标准化的值。借鉴孙盼盼和夏杰长的研究，将政策工具强度按照正向指标标准化的方式操作，最终得到的政策工具强度值详见附录C1、C2、C3。

为了对我国城市层面独角兽扶持政策工具力度做出合理的定性评估，我们按照三分位法将政策工具强度位于[0,0.33)、[0.33,0.67)、[0.67,1)分别界定为低强度、中强度和高强度三个强度扶持水平。分析结论如下。

(一)政策工具强度呈中等偏低支持力度

各城市对独角兽扶持的供给型和环境型政策工具均表现为中等水平的扶持强度，需求型政策工具扶持强度则处于最低水平。具体如表7.14所示。样本城市在三大类政策工具的强度分布情况：40%的城市在供给型政策工具和环境型政策工具上的扶持力度处于中等水平，56%的城市需求型政策工具扶持力度处于最低水平。以上结果显示，我国大部分城市针对独角兽的扶持政策工具强度呈中等偏低的支持力度。

表7.14 样本城市扶持独角兽成长的政策工具强度分布

政策工具类型	政策工具强度	样本城市数量/个	样本城市占比/%
供给型政策工具	高强度	7	28
	中强度	10	40
	低强度	8	32
环境型政策工具	高强度	9	36
	中强度	10	40
	低强度	6	24

续表

政策工具类型	政策工具强度	样本城市数量/个	样本城市占比/%
需求型政策工具	高强度	5	20
	中强度	6	24
	低强度	14	56

(二)不同政策工具体现政府扶持力度的差异性

各样本城市扶持独角兽成长的政策工具强度不同,体现出地方政府对独角兽成长扶持力度的差异性。

1. 供给型政策工具中资金投入和人才支持政策扶持力度最大

图 7.9 体现了 25 个典型样本城市中强度最高的供给型政策工具为资金投入,之后依次为人才支持、社会化服务和基础设施建设。进一步分析可知,资金投入强度处于高水平的城市有 11 个(占比 44%),人才支持强度处于高水平的城市有 6 个(占比 24%),社会化服务强度处于高水平的城市有 4 个(占比 16%),基础设施建设强度处于高水平的城市有 4 个(占比 16%)。由此可见,大部分城市愿意通过资金投入和人才支持政策扶持独角兽成长。

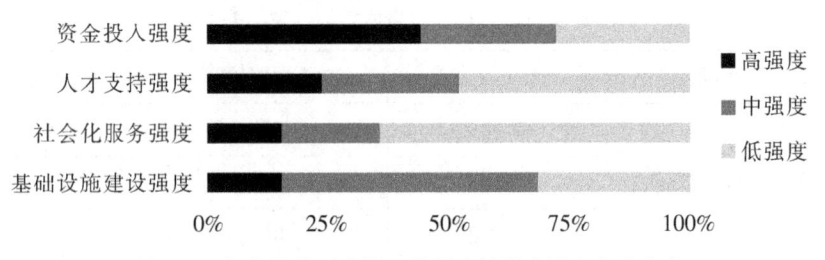

图 7.9 各类供给型政策工具强度的样本城市占比分布

2. 环境型政策工具中知识产权和税收优惠政策扶持力度最大

图 7.10 为样本城市的金融支持、知识产权、税收优惠、法规管制、财政补贴和目标规划六类环境型政策工具对独角兽的扶持力度表现。政策工具强度处于高水平的排序依次为知识产权、税收优惠、金融支持、目标规划、法规管制和财政补贴。进一步分析可知,知识产权强度处于高水平的城市有 19 个(占比 76%),

税收优惠强度处于高水平的城市有 17 个(占比 68%),金融支持强度处于高水平的城市有 10 个(占比 40%),目标规划强度处于高水平的城市有 10 个(占比 40%),法规管制强度处于高水平的城市有 9 个(占比 36%),财政补贴强度处于高水平的城市有 3 个(占比 12%)。由此可见,部分城市在环境型政策工具中通过知识产权和税收优惠政策对独角兽的扶持力度最大,这也反映出政府在独角兽创新技术需要更多的知识产权保护和创业企业经营中需要税收优惠的方向发力。

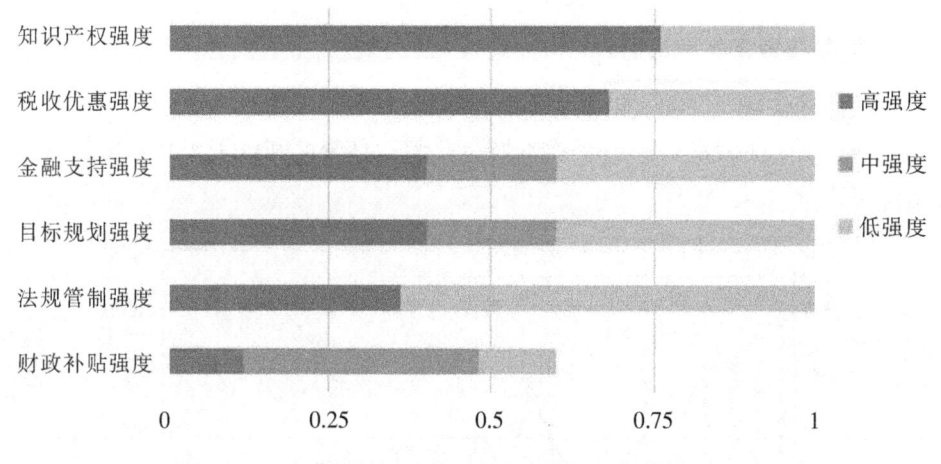

图 7.10 各类环境型政策工具强度的样本城市占比分布

3. 需求型政策工具中政府采购和海外机构管理政策扶持力度最大

图 7.11 为样本城市的政府采购、海外机构管理、贸易管制和消费端补贴四类需求型政策工具对独角兽的扶持力度表现。政策工具强度处于高水平的排序依次为政府采购、海外机构管理、贸易管制和消费端补贴。进一步分析可知,政府采购和海外机构管理两种政策工具的强度处于高水平的城市均有 8 个(占比 32%),贸易管制强度处于高水平的城市有 2 个(占比 8%),消费端补贴强度处于高水平的城市有 1 个(占比 4%)。由此可见,部分城市在需求型政策工具中通过政府采购和海外机构管理政策对独角兽的扶持力度最大,绝大部分城市的需求型政策工具扶持力度处于低水平。

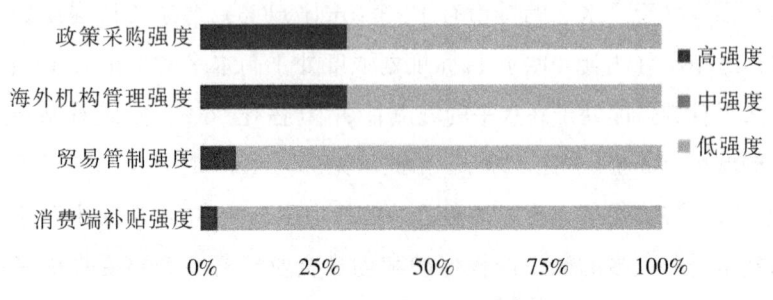

图 7.11 各类需求型政策工具强度的样本城市占比分布

四、扶持政策类型识别

在完成政策工具密度和强度评估的基础上,我们分析城市间的政策工具使用差异。图 7.12 反映了 25 个样本城市政策工具密度和政策工具强度的分布情况。

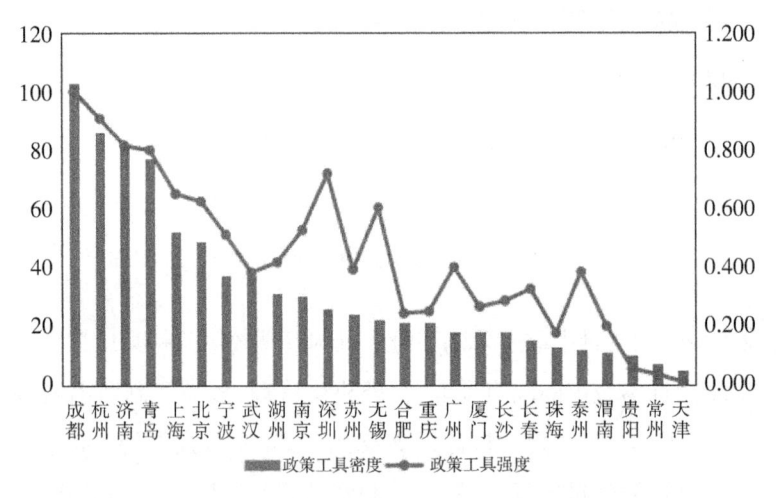

图 7.12 样本城市政策工具密度和政策工具强度的分布情况

为了进一步归纳政策工具使用的城市差异,本研究使用聚类分析。聚类分析分成三个步骤,分别为聚类划分、解释和判别分析。利用 SPSS 软件首先进行分层聚类(Hierarchical)获得最佳聚类数,然后对最佳聚类数应用 K-means 识别其特征,最后采用判别分析(Discriminant)验证该方法的可靠性。

(一)政策工具密度聚类

首先,依据供给型工具密度、环境型工具密度、需求型工具密度三个变量值采用欧氏平方距离(Squared Euclidean Distance)测度方法进行分层聚类分析。发现在第五类、第四类和第三类之间,聚合系数改变量以及改变率经历了一个"U"形过程,由此说明最佳聚类数可能是这三种情况。

依据最佳聚类数,利用 K-means 识别其分组特征。供给型政策工具密度的聚类中心分别为 6、10 和 25,环境型政策工具密度的聚类中心分别为 11、30 和 57,需求型政策工具密度的聚类中心分别为 0、1 和 5。由单因素方差分析可知,供给型政策工具密度、环境型政策工具密度、需求型政策工具密度分别在三类聚类数条件下存在显著差异($p<0.05$)。根据聚类中心分布特征,我们将这三类城市政策命名为"低积极性""中积极性"以及"高积极性"(见图 7.13)。相应的城市分布情况归总为表 7.15。

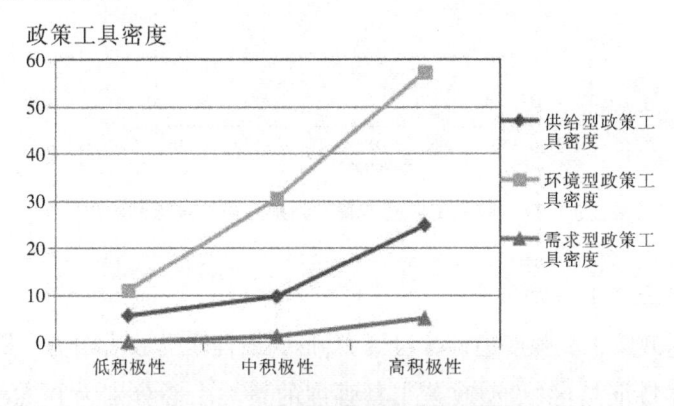

图 7.13 三类政策工具密度特征

表 7.15 政策工具密度聚类样本城市分布

政策工具聚类类别	样本城市
高积极性	杭州、成都、青岛、济南
中积极性	北京、上海、湖州、宁波、武汉
低积极性	广州、深圳、珠海、合肥、厦门、长沙、无锡、南京、苏州、泰州、重庆、渭南、长春、天津、常州、贵阳

为进一步了解上述分类的稳健性,需要实行判别分析。判别分析是基于确定的分类基础,根据城市政策的各种特征值辨析隶属类别的统计分析方法。利用 SPSS 软件的判别分析,将 Fisher 判别视为判别函数的输出系数标准,由此得出判别分析散点图如 7.14 所示,可见,城市政策工具密度的聚类结果是科学可靠的。

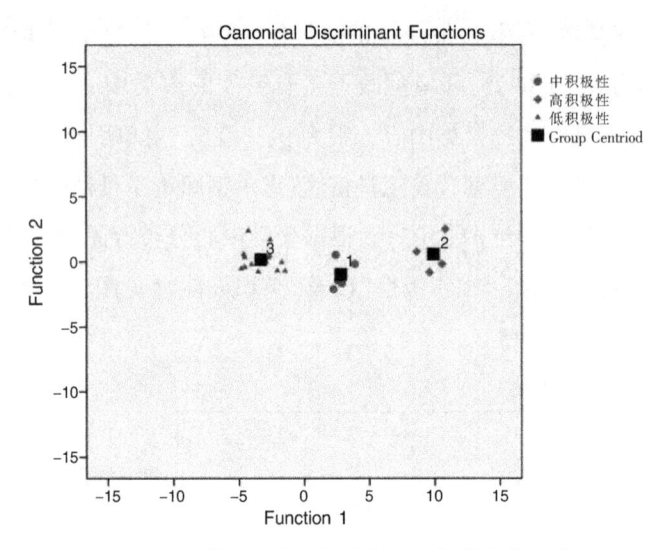

图 7.14 政策工具密度聚类判别函数的散点图结果

(二)政策工具强度聚类

同理对政策工具强度进行分层聚类,得到最佳聚类数为四类。最佳聚类状态下的样本特征是:供给型政策工具强度的聚类中心分别为 0.126、0.470 和 0.776,环境型政策工具强度的聚类中心分别为 0.167、0.537 和 0.874,需求型政策工具强度的聚类中心分别 0、0.152 和 0.727。得到的单因素方差同样通过了检验($p<0.05$)。根据聚类中心分布特征,本书将这三类城市命名为"低强度""中强度"和"高强度"(见图 7.15),并进一步将三类城市的分布情况归纳为表 7.16。

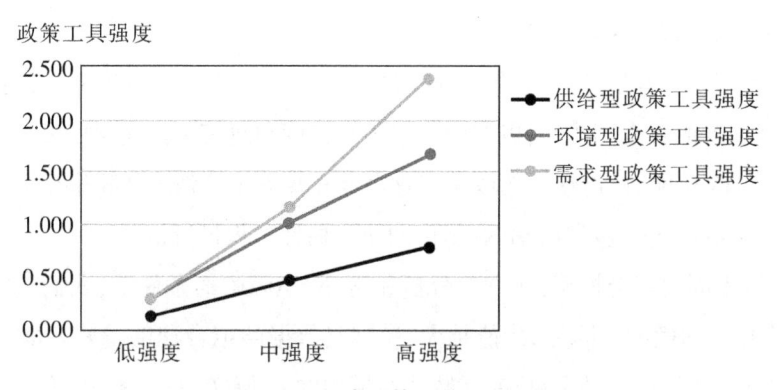

图 7.15 三类政策工具强度特征

表 7.16 政策工具强度聚类样本城市分布

政策工具聚类类别	样本城市
高强度	上海、杭州、无锡、成都、青岛、济南
中强度	北京、广州、深圳、宁波、湖州、合肥、厦门、长沙、南京、苏州、泰州、武汉、重庆、长春
低强度	珠海、天津、常州、贵阳、渭南

据此,进一步对聚类进行可靠性检验,得到的判别分析散点图如图 7.16 所示。可见,城市政策工具强度的聚类结果是科学可靠的。

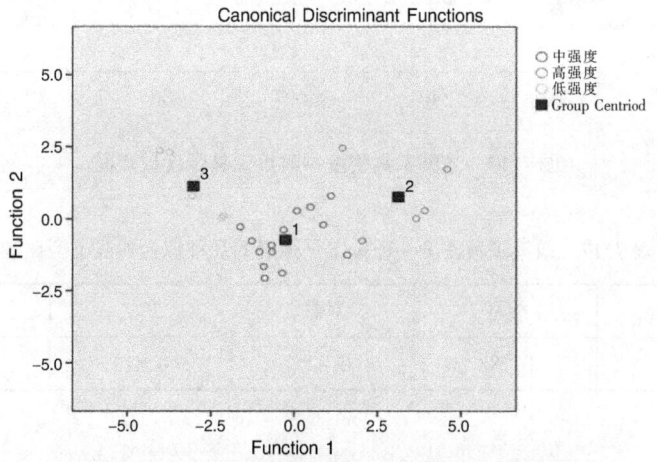

图 7.16 政策工具强度聚为三类的判别分析图

(三) 政策工具聚类总体特征

根据测算的各地政府扶持独角兽成长的政策工具密度和政策工具强度结果,绘制二者的散点图关系,以识别政策工具密度和政策工具强度聚类的总体特征。图 7.17 表明,政府使用的政策工具密度和政策工具强度之间呈现明显的曲线关系。因此,进一步利用 SPSS 提供的曲线估计过程进行拟合。

比较不同的拟合模型,在方差分析显著小于 0.01 的条件下,我们选择拟合度 R^2 值越大的模型。因为 R^2 值越大,模型与数据的拟合程度越好。由表 7.17 几种拟合曲线的比较结果可知,对数曲线模型的 R^2 值(0.821)最大,方差分析值为 0,因此判定政策工具密度和政策工具强度两个变量非常适用于对数曲线模型,曲线与观测平均值拟合如图 7.18 所示,反映了政策工具密度随政策工具强度变化的规律。根据表 7.18,我们得到的回归方程为:

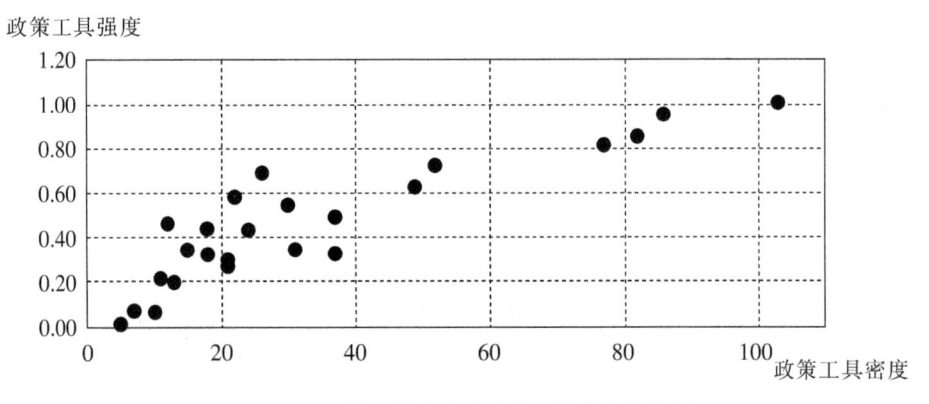

$$y = -0.545 + 0.312 \ln x$$

图 7.17 政策工具密度—政策工具强度散点图

表 7.17 政策工具密度—政策工具强度的几种拟合曲线模型比较

趋势线	线性	对数	二次	指数
R^2	0.788	0.821	0.813	0.410

表 7.18 对数曲线模型变量

变量	非标准化系数 B	Std. Error	标准化系数 Beta	t	Sig.
ln(政策工具密度)	0.312	0.030	0.906	10.258	0.000
常量	−0.545	0.100		−5.443	0.000

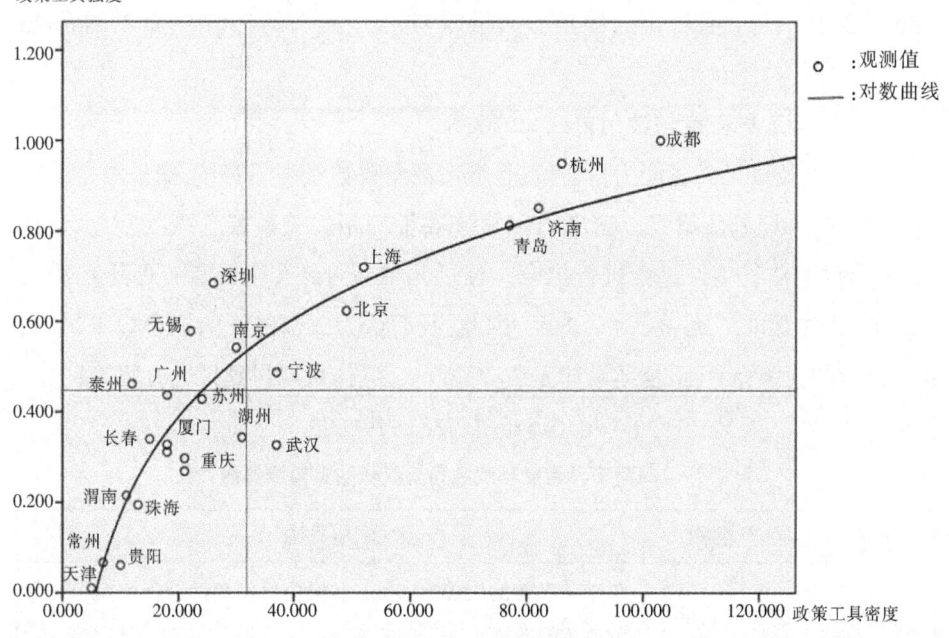

图 7.18 拟合的对数曲线

注：图中的分割点为样本均值分割点。

由各城市扶持独角兽成长的政策工具密度与政策工具强度的拟合情况可知，随着政策工具密度的增加，政策工具强度快速提高，但随后的增长速度逐渐放缓。该结果说明，一个城市的政策工具密度（表示积极性或对独角兽的支持态度）与政策工具强度（表示支持力度）存在强约束的关系，即独角兽扶持政策是否能够真正落地与所在城市的经济水平、人力资本和地方财政存在明确的约束结构。北京和上海两个城市很好地把握了这个尺度，而青岛、济南、杭州、成都四个城市则存在明显的政策工具强度不足的现状。结果还显示,更多的城市无论是政策工具密度还是政策工具强度,均没有达到合理的水平。

第五节 扶持政策的作用解析

扶持政策的作用解析旨在进一步分析各城市的政策工具使用对于独角兽成长的作用。引入散点图,分别对政策工具密度、政策工具强度与独角兽成长数量的关系进行拟合。各城市的独角兽数量以IT桔子发布的《2020—2021中国独角兽解读报告》统计为准。

一、政策工具密度与独角兽成长的关系

首先以政策工具密度为自变量,各城市独角兽数量为因变量,变量测量统计见表7.19,并绘制政策工具密度与独角兽数量的相关关系散点图,进一步采用SPSS提供的曲线估计过程进行拟合。经过几种拟合结果的比较(见表7.20),二次曲线模型的R^2最高,为0.246。因此,我们认为二次曲线的拟合效果最好,曲线如图7.19所示,拟合结果如表7.21所示。具体可以得到拟合方程为:

$$y=-0.015x^2+1.755x-19.603$$

表7.19 政策工具密度影响独角兽成长的变量测量统计

变量	变量名称	测量方法
因变量	独角兽数量	IT桔子发布的《2020—2021中国独角兽解读报告》中的各城市独角兽数量
自变量	政策工具密度	根据虚拟变量衡量法准则对各项政策工具编码,统计各城市计数为1的政策工具总和

表7.20 政策工具密度与独角兽数量的拟合模型比较

趋势线	线性	对数	二次	指数
R^2	0.052	0.099	0.246	0.093

表 7.21 政策工具密度与独角兽数量的拟合曲线模型拟合结果

变量	非标准化系数 B	Std. Error	标准化系数 Beta	t	Sig.
政策工具密度	1.755	0.674	2.016	2.604	0.016
政策工具密度^2	−0.015	0.007	−1.841	−2.378	0.027
(Constant)	−19.603	12.040		−1.628	0.118

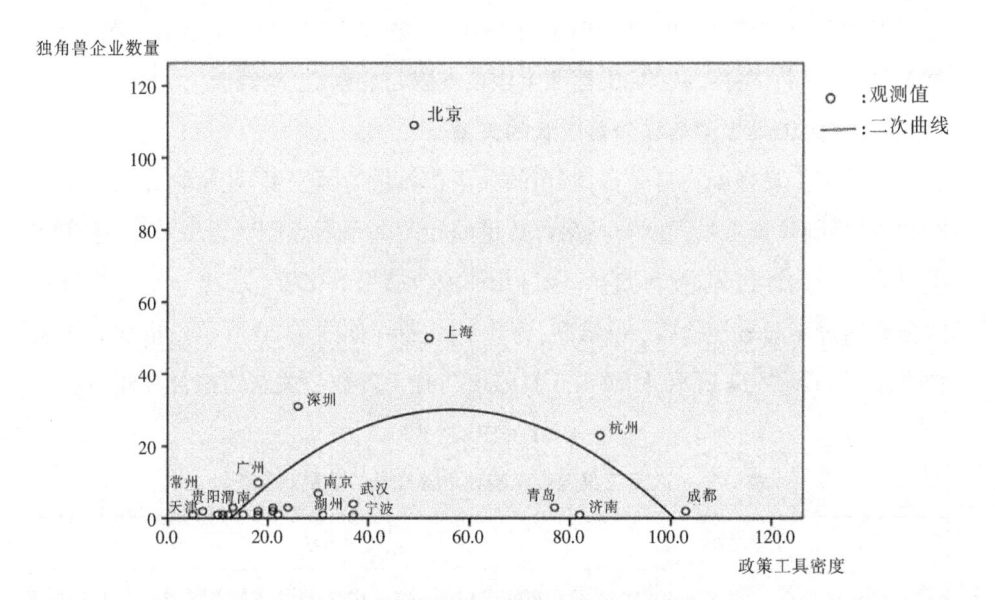

图 7.19 政策工具密度与独角兽数量拟合的二次曲线

结果显示,政策工具密度与独角兽数量呈倒"U"形关系,北京和上海两个培育中国独角兽的城市位居抛物线顶点位置。当政策工具密度过低时,独角兽数量较少。这不难理解,政策工具密度较低,说明该城市并不重视独角兽成长,独角兽很难在本地找到合适的发展空间,因此企业数量也较少。天津、贵阳、渭南等城市属于这一类。

当政策工具密度逐渐升高时,表明政府扶持独角兽成长的积极性增强,独角兽的数量也明显上升,这一类城市有常州、南京、武汉、广州、深圳等。当政策工具密度上升到一个临界点时,独角兽数量达到顶峰,反映政策工具密度发挥出了最大的作用。这种结果出现在北京、上海。

当政策工具密度超过临界点后,独角兽数量反而呈现下降趋势,出现"过犹不及"现象。比如青岛、济南、杭州、成都这些城市,政策工具密度已经非常高,但扶持效应并不算特别好。可能的原因是:扶持政策还依赖于强度,即所在城市还需要投入资源,反映政策工具的质量和力度,而不是靠政策数量的多少来决定。扶持政策不仅仅体现了政府扶持独角兽成长的积极性或态度,更依赖于所在城市的资源支持,例如"真金白银"的财政补贴、人才支持以及金融市场支撑。毫无疑问,青岛、济南、杭州、成都四个城市难以与北京、上海媲美。

二、政策工具强度与独角兽成长的关系

以政策工具强度为自变量,城市的独角兽数量为因变量,变量测量统计见表7.22,并绘制政策工具强度与独角兽数量的相关关系散点图。进一步采用 SPSS 提供的曲线估计过程进行拟合。经过几种拟合结果的比较(见表7.23),指数曲线模型通过了显著性检验,R^2 最高,为0.194,曲线如图7.20所示。指数曲线的拟合结果如表7.24所示,则政策工具强度与独角兽数量关系的拟合方程为:

$$y = 1.113 \times e^{2.231x}$$

表 7.22 政策工具强度影响独角兽成长的变量测量统计

变量	变量名称	测量方法
因变量	独角兽数量	IT桔子发布的《2020—2021中国独角兽解读报告》中的各城市独角兽数量
自变量	政策工具强度	各城市的各类政策工具的总强度,结果进行标准化

表 7.23 政策工具强度与独角兽数量的拟合模型比较

趋势线	线性	对数	二次	指数
R^2	0.102	0.072	0.127	0.194

表 7.24 政策工具强度与独角兽数量的拟合曲线模型拟合结果

变量	非标准化系数 B	Std. Error	标准化系数 Beta	t	Sig.
政策工具强度	2.231	0.948	0.441	2.355	0.027
(Constant)	1.113	0.554		2.006	0.057

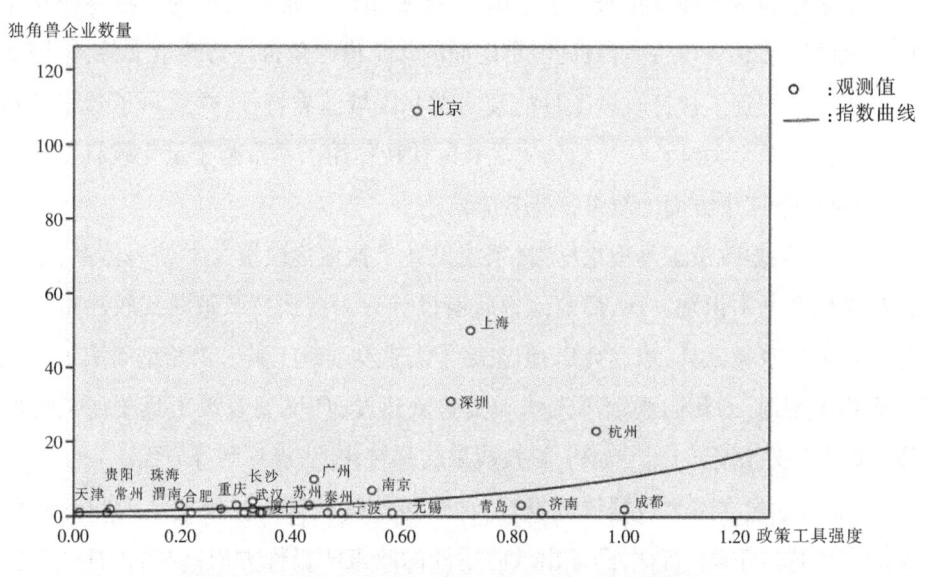

图 7.20 政策工具强度与独角兽数量拟合的指数曲线

结果显示，独角兽数量随地方政府政策工具强度的加强表现出指数增长趋势，但在样本城市中，独角兽政策工具强度虽大，但没有培育出更多的独角兽。譬如成都、无锡、青岛、济南的政策工具强度极高，但当地培育的独角兽数量却极少。

北京、上海、深圳三个一线城市远离拟合曲线，这说明推动独角兽培育的原因除了政策强度外，与这些城市的特征还存在较大的关联。有研究指出，独角兽的培育不仅受到政府政策的影响，还受到风投资本、孵化器水平、创业者素质等多方面因素的影响。这也说明依托政策工具强度发挥作用的城市，还需要其他因素的加持，才能提供独角兽成长的优质土壤，譬如北京、上海、深圳等一线中心城市的政策工具强度虽没有达到最高的扶持水平，但却为我国培育出了最多的独角兽。本书在后续内容将进一步解析风投、创业团队特征等其他关键创业生态要素对独角兽成长的作用，从而较系统地剖析基于创业生态系统视角的独角兽成长的影响机制。

第六节　本章小结

本章较为系统地量化研究了中国 25 个城市的独角兽政策的扶持特征与作用。从政策工具视角，针对我国城市层面的 287 份独角兽扶持政策文件，利用文本编码方式识别了扶持政策工具的倾向性和区域差异特征，并解析了政策工具密度和强度两个关键特征对独角兽成长的扶持作用。本章基于量化政策工具方法，得到以下四个方面的政策扶持效应结论。

第一，根据政策工具理论框架，系统设计了独角兽政策文本编码体系，通过文件编码和文本识别发现，目前地方政府设计独角兽扶持政策时比较注重供给型和环境型政策工具，重点突出，但忽略了需求型政策工具。供给型政策工具主要聚焦于用地、创新创业领军人才和实验室建设，环境型政策工具关注点为融资、知识产权、认定、上市、专利、科技成果转移转化、法规管制等方面。

第二，通过文本大数据统计发现，独角兽扶持政策工具密度呈现"环境、供给和需求梯度下降"特征，凸显出政府不同的政策积极性方向；政策工具强度整体呈中等偏低支持力度，各项政策工具表现出差异化的扶持力度。

第三，借助于聚类分析，从政策工具密度和强度两个方面识别了政策工具高积极性城市和高强度城市，杭州、成都、青岛和济南同时具备上述条件。通过拟合函数方法发现了各城市的政策工具密度与政策工具强度存在强约束的关系，即独角兽扶持政策是否能够真正落地，受到所在城市的经济水平、人力资本和地方财政等多重因素的明确约束与影响。北京和上海两个城市很好地把握了这个尺度。

第四，通过拟合函数方法，发现所在城市的政策工具密度与独角兽数量呈倒"U"形关系，政策工具强度与独角兽数量呈指数增长关系，但整体解释率只有 20%—25%。上述研究也暗示，政府政策扶持独角兽成长的作用是有限的，还有更多的创业生态系统因素影响独角兽的成长。

第五篇
风投机构助力

本篇基于资源依赖理论,采用社会网络分析识别独角兽嵌入风投机构的投资组合网络属性,描述独角兽嵌入网络的结构特征和关系特征。利用独角兽融资数据,构建计量模型实证分析独角兽嵌入投资组合网络中的两种特征影响独角兽成长绩效的作用,同时探讨风投机构的投资组合多样性的调节作用。本篇试图回答风投机构对独角兽成长产生什么样的助推作用。

在前述理论分析基础上,本篇提出包含四个假设的研究模型,利用 Heckman 两阶段模型解决内生性问题,基于此评估风投机构对独角兽成长绩效的影响。

第八章 风投网络对独角兽企业成长绩效的助推效应实证研究

第一节 研究模型与研究假设

一、研究模型

(一) 风投网络的特征

独角兽的生存与成长依赖长期的资本投资,在持续的投资过程中,不同风投资本多轮次介入独角兽的成长,以此在独角兽与风投机构间形成投资组合的网络。从风投机构角度讲,投资组合网络是风投机构的多种投资组合演化成的一种企业间关系网络,风投机构能以此分散投资风险。如图8.1给出了不同风投机构投资独角兽所形成的投资组合网络关系示意图。例如,风投机构VC1投资了e1、e2和e3三家独角兽形成网络,VC2投资了e3和e4两家独角兽形成网络,而VC3投资了e4和e5两家独角兽形成网络。由此,五家独角兽嵌入风投机构的投资组合中,风投机构也联合参与到不同的独角兽经营和成长活动中,二者交叠演化而成持续稳定的投资组合网络。如e3同时嵌入了VC1和VC2的投资组合,如此在投资组合之间会形成网络交叉。

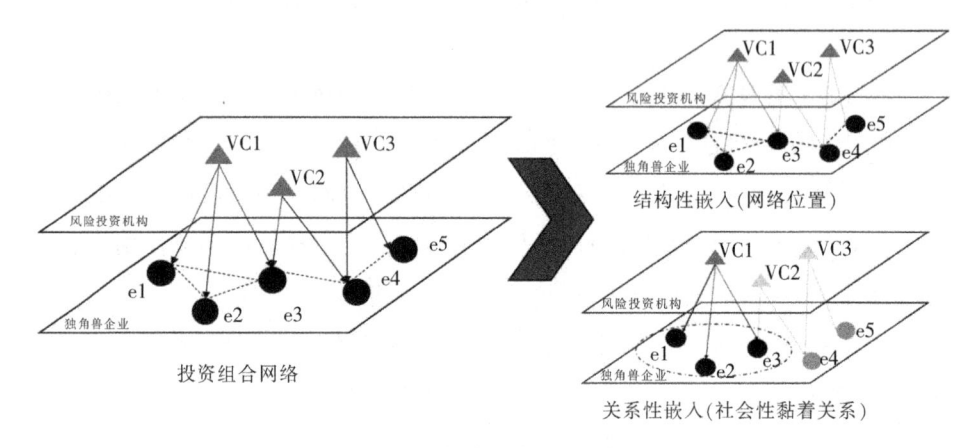

图8.1 投资组合网络示例

注:图中VC为风投机构,e为独角兽企业,作者自绘。

根据资源依赖理论,嵌入社会关系网络,独角兽既可以赢得风投机构直接的关键资源,又可以凭借在投资组合网络中获取的信息资源,积极发展与其他组织的合作,由此克服创业期的"新进入缺陷",从而高速成长。首先,风投机构可以提供资金和关键信息,帮助创业企业满足生存和发展的资源需求。其次,风投机构可以借助自身的专业投资知识和积累的行业声誉,为创业企业提供成功的企业运营经验。最后,依托风险资本支持的创业企业,可以获取对方所控制的富有经验和专业知识的人力资本嵌入所带来的价值创造。基于社会结构关系视角,风投网络对独角兽成长的作用可区分为结构嵌入(Structural Embeddedness)和关系嵌入(Relational Embeddedness)。

第一,结构嵌入是指行动者通过嵌入而演化出的网络。随着网络位置的调整,节点的信息优势也会出现变化,并且越往网络中心靠近所掌握的信息和资源优势也会越多。本研究中独角兽利用结构性的嵌入方式,嵌入风投机构的投资组合网络,以此体现独角兽凭借优越的位置来赢得行动优势。因此,网络中心性特征是主要衡量方式。网络中心性体现了不同独角兽在网络中的所处位置,意味着每家企业具备"接近"风投的资源并"引导"资源流动的位置优势。图 8.1 中,e3 和 e4 就比其他独角兽更靠近风投机构。

第二,关系嵌入是指行动者之间的联结关系,反映了企业与网络其他节点之间相互信任、信息交流和共享的水平,它能在很大程度上决定企业从社会网络中获取和利用资源的水平。本研究中,关系嵌入基于信任互惠,独角兽与领投风投之间构建信息共享关系,以此表示独角兽可以依赖这种关系产生关键性的联结,从而拥有稀缺资源的核心能力,用投资组合内部的关系强度表示。关系强度体现了风投的领投机构把独角兽看作优先投资对象的心理倾向,表示独角兽比投资组合中其他企业持有更优先分配到领投机构稀缺资源的资格,是保障其成功赢取领投风投机构优势资源的核心要素。图 8.1 中,e1、e2 和 e3 共同赢得 VC1 的投资,若 e1 的投资额最高,即表明 e1 获得与 VC1 最高的关系嵌入。

表 8.1 比较了两种网络嵌入作用的特征。

表 8.1 两种网络嵌入作用的比较

		结构嵌入	关系嵌入
相同点	网络资源可获得性	都体现独角兽拥有网络资源的机会与潜力	
不同点	含义	网络结构:侧重网络参与者在网络中的位置	网络关系:侧重网络参与者之间的社会性黏着关系
	分析单元	个体网络特征(如独角兽)	双方关系特征(如独角兽与掌握关键资源的风投机构)
	资源优势	结构性机会,保障资源获取的稳定性(包括市场机会)	互动优势,保障关键资源的优先配置权
	资源获取机制	较高的结构嵌入水平,如企业在网络系统中位于中心位置,意味着企业具备更靠近网络信息和资源的优势,也更有助于降低合作风险和掌握资源分配的更多话语权	较高的关系嵌入水平,如合作伙伴将企业视为更优质的交易对象,体现了企业相较于其他竞争对手具备更优先地分配到合作伙伴资源的资格,保障企业更有效地获取对方的优势和稀缺资源
	举例	2022年4月6日,SHEIN获取了来自泛大西洋投资(新进入)、老虎基金和红杉中国的数十亿美元融资,与泛大西洋投资之间的联结使SHEIN在B2C跨境商业体系中的地位攀升	2021年11月8日,腾讯投资在小红书C轮、D轮基础上继续增持D+轮(融资金额高达5亿美元),进一步加深了腾讯投资与小红书之间的互惠合作关系

综上,网络中心性和关系强度的结合能较为全面地反映独角兽获取投资组合网络资源的机会与潜力,是衡量网络嵌入促进企业价值的重要依据。但风投

机构的众多资源是有限的,随着投资组合多元化增长,投资组合内部的独角兽的资源诉求信息更加庞杂,资源竞争也将更为激烈,此时风投机构的资源分配决策将可能影响到独角兽基于网络嵌入所实现的资源获取效益。风投机构都会根据投资组合多样性原则谨慎选择投资对象。

在金融投资中,组合多样性用于表示风投机构投资行业种类多少,风投机构的投资行业种类越多,投资组合越具多样性。虽然多样性可以规避风险,但随着投资组合多样性的扩张,不仅独角兽所面临的资源竞争压力将更加强烈,风投机构也需耗费更多的注意力和精力去处理投资组合内部中创业增值活动所产生的繁杂信息和资源诉求,这导致独角兽的资源获取将难以避免地受到风投机构资源分配决策的影响。因此,风投机构的投资组合多样性为促进风投资本助力独角兽成长提供了边界条件,存在调节效应。

(二)独角兽成长绩效界定

本书采用企业估值衡量独角兽的成长绩效。估值是指针对上市或非上市企业内在价值的评估,直接反映了企业能够获取资金的额度和出让权益的额度。由此能够较好地反映独角兽资产及获利能力,也是其投融资和交易的重要前提。常见的非上市公司的估值有多种,包括市场法(如可比公司法、可比交易法)、收益法(如现金流折现法)、资产法、实物期权法等。

对处于发展期的独角兽而言,通常开始营收但未实现盈利,Mary Meeker首次提出了DEVA(Discounted Equity Valuation Analysis,股票价值折现分析)模型方法适用于独角兽的企业估值。DEVA估值法及其衍生模型都是在梅特卡夫定律基础上再构建的,主要驱动因素是用户贡献,用于避免出现现金流折现法带来的不适于应用的状况,由此计算的企业估值能够较好地反映并用于评估企业内在价值的成长。因此,本书决定采用DEVA计算的企业估值反映独角兽内在的成长绩效。

综合上述论述,本书构建了研究模型,如图8.2所示。

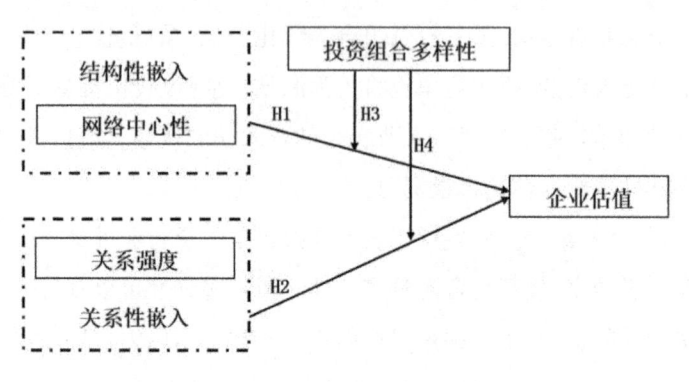

```
┌─────────────────┐
│  结构性嵌入      │
│ ┌─────────────┐ │      投资组合多样性
│ │  网络中心性  │ │──H1──┐  │
│ └─────────────┘ │      │ H3
└─────────────────┘      │  │ H4
                         ├──────→ 企业估值
┌─────────────────┐      │
│ ┌─────────────┐ │      │
│ │  关系强度   │ │──H2──┘
│ └─────────────┘ │
│  关系性嵌入     │
└─────────────────┘
```

图 8.2 研究模型

二、风投网络嵌入的直接效应

（一）结构嵌入与独角兽成长绩效

结构嵌入反映了独角兽如何利用在网络中的有利位置来获取更多信息和资源，从而产生和维持竞争优势。网络中心性能够较好地反映独角兽通过占据投资组合网络中有利的资源交换位置来获取和掌握信息与资源的能力。吸收能力可通过获取、吸纳、转化、开发外部信息和知识促进组织创新，从而使组织获得更快的增长优势。结构嵌入通过提升资源获取和吸纳效率以及更快地整合和开发创新优势，赋予独角兽更佳的吸收能力。

首先，独角兽可以借助在投资组合网络中的中心位置来提升资源、知识的获取和吸纳效率。风投机构由于其独特的金融地位，对于感知资本市场变化的敏锐性更强。在风投网络中越接近核心位置，意味着独角兽能越快从风投机构获得市场机遇信息，与众多风投机构更加接近，可以以更低的成本和更高的效率获取投资组合中的发展资金、经营管理经验、高管团队人力资本。

其次，独角兽可以凭借在投资组合网络中的中心位置更好地将外部资源进行整合利用。在网络中处于核心位置意味着独角兽建立了与风投机构进行知识交换与获取的跨组织关系基础，可以形成资源壁垒。这对于发掘新产品及产生创新性想法极为关键。例如，越靠近中心，独角兽可以更快地从资本市场获得新的战略机遇，对企业现有创新能力进行提炼、扩展、平衡或创造，将整合的内外部资源真正转变为企业实际的创新。

最后，基于在吸收效率和整合能力方面的优势，独角兽可以利用网络中心位置的优势推动自身增强创新能力，在商业模式创新或者技术创新方面享有先发优势，尽快抓住蓝海市场机遇，提升新产品或者新技术推向市场的概率和速度并保障自身内部价值，以此提高其市场估值。由此，本书提出以下假设。

H1：独角兽在风投网络的中心性对企业估值存在正向影响。

(二) 关系嵌入与独角兽成长绩效

关系嵌入聚焦于直接联结的纽带所引发的二元交易问题，可以体现出企业如何通过构建相互的理解、信任和承诺来实现独角兽和风投机构两者的合作共赢。其中，关系强度能较好地反映独角兽和风投机构之间的黏着性关系以及二者间联系的频率和深度。

第一，与风投机构建立良好关系能帮助独角兽赢得更优先的资源分配权。风投机构在进行资源分配时往往会对不同企业产生不同的心理与行为倾向，当企业与风投机构形成更强的互惠关系时，这就意味着企业相对于其他竞争对手能优先取得风投伙伴更多、更新和更好的稀缺资源，包括对方的金融资源、专业知识和技巧以及行业背书等。同时，这种互惠关系也能在较大程度上缓解双方的委托代理冲突以及规避风投机构为追求自身收益最大化而牺牲独角兽局部利益的风险。此外，当独角兽被视作优先伙伴时，风投机构也会出于善意和长远导向提升其对独角兽的关系承诺。这既保障了双方信息和知识的开放式交换，也使得风投机构愿意提供更多的增值服务去积极解决独角兽商业模式创新和技术创新等成长路径中所遇到的瓶颈性难题，进而适应独角兽的新产品开发和市场扩张诉求并推动用户价值的迅速增长。

第二，关系强度的提升有利于提升独角兽获取外部资源的质量。关系强度的不断增强，有助于独角兽更全面地了解对方可利用的稀缺性资源，为自身捕获外部异质性资源提供了更多的机会。尤其是战略规划、"干中学"等过程中所产生的隐性知识，由于它们难以从纯粹的市场关系中进行共享，因此通过这种互惠预期所建立的强关系在输入跨组织隐性知识和处理独角兽发展难题的路径中发挥着关键机制的作用。通过隐性知识的分享，独角兽得以学习风投机构多年深耕所积累的行业经验，并在这种言传身教的情境下与对方共同学习，更好地建立竞争壁垒，保障产品或技术创新的迭代，提升企业市场竞争能力和客户价值。

综上所述，本书认为一个有限理性的风投机构在进行资源分配时会产生特定偏好，独角兽与风投机构之间的关系将影响其资源获取效益和质量。关系强度越大，独角兽越能高效地利用这种合作关系获取稀缺资源和隐性知识等保障商业模式和产品的迭代创新，实现市场估值的增长。因此，本书提出以下假设。

H2：独角兽在风投网络中的关系强度对企业估值存在正向影响。

三、投资组合多样性对网络中心性的调节效应

注意力基础观指出，风投机构的注意力将作用于独角兽最终能获取的资源分配效益。我们借鉴了 Bouquet 和 Birkinshaw 关于子公司如何吸引母公司注意力以赢得对方资源支持的结构和关系两种作用机制，探究投资组合多样性从结构嵌入和关系嵌入对独角兽资源获取效益的调节作用。

（一）投资组合多样性对网络中心性的调节作用

当风投机构的注意力更为有限时，网络中心性对独角兽成长绩效更加重要，即关键风投机构的投资组合多样性可能会加强网络中心性对企业成长绩效的正向影响。主要原因有两点。第一，独角兽在投资网络中占据核心位置将更能吸引风投机构的注意力，因此在投资组合多样性提升时网络中心性对独角兽资源获取更为关键。当独角兽嵌入到投资组合网络的核心位置，则更有利于帮助企业提升对风投机构等网络成员的影响力，并且通过自身其他的社会网络关系增强对关键风投机构的议价能力。因此，在关键风投机构的注意力资源更有限的情境下，这种网络位置所发挥的作用将更加关键。

第二，独角兽可以依托其他网络成员弥补由于关键风投机构的资源紧张而难以分配到的稀缺资源。当投资组合多样性更高时，投资组合内部的资源竞争更加激烈，而领投风投机构的注意力资源是稀缺且相对稳定的，因此将导致独角兽能分配到的资源收益受到更大的约束。此时在投资组合网络中占据有利位置的独角兽可以利用与其他网络节点的近距离关系快速地弥补因关键风投机构资源供应限制而难以满足的关键资源。相较而言，如果独角兽的位置较为边缘，则

难以及时有效地接触到网络中的其他互补性资源,因此更可能受到由于关键风投机构注意力紧张而引发的资源分配限制,这将导致独角兽在商业模式创新、市场开拓等关键节点上遭遇资源和能力瓶颈。因此,本书提出下列假设。

H3:风投机构投资组合多样性正向调节网络中心性对企业估值的影响。

(二)投资组合多样性对关系强度的调节作用

本书推断,当风投机构的注意力更为有限时,关系强度对独角兽成长绩效更加重要,即关键风投机构的投资组合多样性可能会加强关系强度对企业绩效的正向影响。随着投资组合多样性的增加,风投机构等组织在调节多种并行项目的过程中常会造成信息超载,因此面临的组织管理难度往往会大幅提升。此时为了保证投资收益的最大化,风投机构只能依据可见的企业质量信号进行自身稀缺资源的配置。在这种情境之下,与风投机构之间的强合作关系使独角兽能在风投机构参与企业增值管理的多次接触过程中,主动传递自身质量信号并降低双方之间的信息不对称性,从而强化自身的关键合作地位并赢得风投机构的注意力等稀缺资源分配的先机。除此之外,独角兽也能在必要节点主动传达自身与风投机构战略目标和价值观的一致性,以争取对方更多的信任,以及注意力和精力的支持,从而共同解决独角兽发展难题,保障企业竞争优势。反之,当投资组合多样性有限时,风投机构可回应其投资组合中大部分企业的资源诉求,此时风投机构的注意力资源更加充盈,企业质量信号等要素对资源分配决策的影响可能会变得十分有限。基于上述推导,本书提出下列假设。

H4:风投机构投资组合多样性正向调节关系强度对企业估值的影响。

第二节　研究设计

一、数据来源与处理

使用独角兽基本信息和风投机构信息开展本部分研究。具体的数据采集和处理主要有以下四个步骤,如图8.3所示。

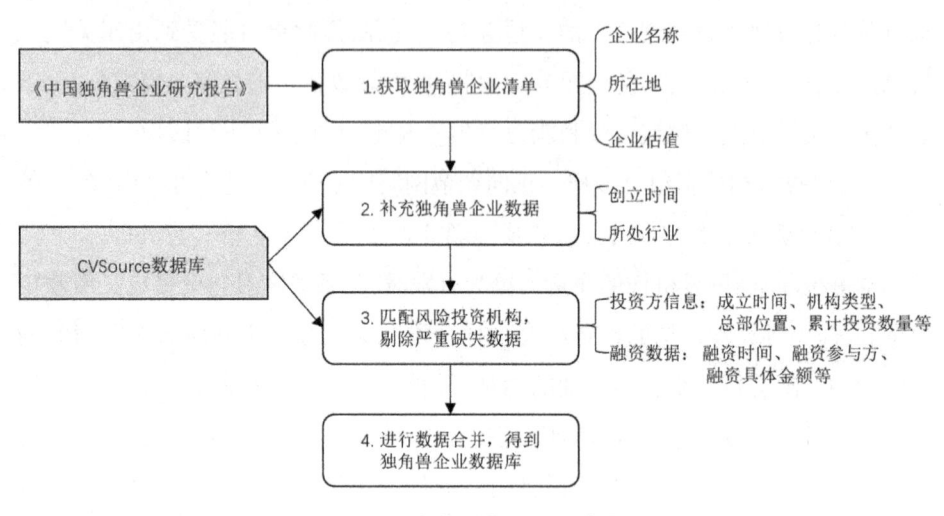

图 8.3 数据采集和处理步骤

首先,制作独角兽清单。利用科技部火炬中心历年公布的独角兽榜单,获取独角兽创立时间、所在地、所处行业及估值数据。我们发现由于历年统计口径存在差异,导致独角兽的行业标签会发生微小变化。如今日头条在 2017 年的榜单中标识行业为"新媒体",而 2018 年又被标识为"新文娱"。为了便于后续研究中使用独角兽的行业归类信息,本研究采用投中数据库的行业分类(CV 行业),可以很好地避免行业名称前后不一致的问题。例如,今日头条对应的 CV 行业是"文化传媒—媒体网站"。

其次,补充独角兽数据。将投中数据库与科技部火炬中心榜单中的独角兽清单进行匹配,获得独角兽融资数据和相关投资机构信息。独角兽融资数据包括融资时间、融资参与方和融资具体金额等信息。投资机构信息包括投资方的成立时间、机构类型、总部位置和累计投资数量等。

最后,数据来源渠道信息合并。将从科技部火炬中心和投中数据库两种渠道获取的数据进行合并得到后续研究的基础数据。对于未透露投资机构及创业融资详情严重缺失的独角兽进行了剔除。

经过以上过程的处理,本研究最终得到 231 家独角兽数据和对应的 447 家风投机构数据。后续主要采取从 CVSource 数据库获取的 2017 年投资组合网络特征数据对 2020 年(滞后 3 年)的企业绩效进行计量分析。

二、研究方法介绍

(一)社会网络分析法

本研究运用社会网络分析法构建 231 家独角兽与 447 家风投机构的投资组合网络,并据此计算中心结构关系的各种指标。

社会网络分析是社会网络理论的一个应用工具,用于对社会网络行动者之间的关系进行量化。研究中,社会关系网络图通常用图论来表示,以节点表示网络中的行动者,用连线表示行动者之间的关系。网络的性质分析通常包括中心性分析和结构洞分析。

网络中心性通常可以用度中心性、接近中心性、中介中心性和特征向量中心性来衡量。度中心性反映网络中某个行动者与其他行动者直接联系的数量;接近中心性反映网络中某个行动者与其他行动者的联系紧密程度;中介中心性反映某个行动者作为中间桥梁联系其他间接连接的两个网络行动者的水平;特征向量中心性反映网络联结的质量,根据网络联结重要性的不同进行加权,有助于找出整个网络结构中的核心行动者。

$$度中心性\ Degree = \frac{\sum_{j=1}^{N} U_{ij}}{N-1} \tag{8.1}$$

$$接近中心性\ Closeness = \frac{N-1}{\sum_{j=1}^{N} D(i,j)} \tag{8.2}$$

$$中介中心性\ Betweenness = \sum_{j<k} \frac{L_{ijk}}{L_{jk}} \tag{8.3}$$

$$特征向量中心性\ Eigenvector = \alpha \sum_{j=1}^{N} Z_{ij} \omega_j \tag{8.4}$$

公式(8.1)为度中心性的表达式,$\sum_{j=1}^{N} U_{ij}$ 为节点 i 在网络中连接的其他节点数量,N 为此网络中节点的总数。公式(8.2)为接近中心性的表达式,$D(i,j)$ 反映了节点 i 和 j 之间建立连接的最短距离。公式(8.3)为中介中心性的表达式,L_{ijk} 反映了节点 j 和 k 之间,通过节点 i 建立间接连接的路线数目;L_{jk} 反映了机构

j 和 k 总的连接路线数目。公式(8.4)为特征向量中心性的表达式,α 为常量,即节点通过网络关系构成的邻接矩阵特征值的最大值;Z_{ij} 表示节点 i 和 j 的连接关系,若存在,取值为 1,否则取值为 0;w_j 为节点 j 的特征向量中心性。

结构洞指网络行动者之间的非冗余联系,即网络中两个行动者之间若产生联系必须通过第三方,那么第三方就是中间人,这就是一个结构洞。占据结构洞位置是关系产生的纽带,是信息传递不可或缺的中介。现有研究广泛采用约束指数来测度结构洞,用来反映网络成员结构洞的匮乏程度,本研究使用 1 与约束指数的差来衡量结构洞。差值越大,表明结构洞越多,对异质性信息控制的优势越大。公式(8.5)为约束指数的表达式。

$$P_{ij}+\sum P_{iq}P_{jq}(q\neq i,j) \qquad (8.5)$$

其中,P_{ij} 为 i 到 j 的直接联系强度,$\sum P_{iq}P_{jq}$ 为 i 到 j 通过所有 q 的间接联系强度之和。

本研究用社会网络分析方法构建了独角兽与风投机构之间的投资组合网络,并借助 Ucinet 软件实现数据可视化和以上关键网络特征的精准量化。

(二)Heckman 两阶段模型

本研究使用 Heckman 两阶段模型估计投资组合网络的嵌入特征与独角兽成长绩效的关系。由于风投机构选择独角兽并不是随机的,风投机构还可能倾向于与特定的行业领域的独角兽进行产业生态扩张。上述投资选择偏差使得独角兽与风投机构所形成的投资网络关系出现内生性问题,将混淆独角兽成长价值的形成。

Heckman 两阶段模型可以解决自选择偏差所带来的随机扰动项增加以及回归估计偏差问题。在 Heckman 第一阶段,基于 Probit 模型来估计样本选择性偏差出现的概率,并生成逆米尔斯比率(Inverse Mills Ratio,*IMR*)。通过选取合适的工具变量生成 *IMR*,可以为所有样本生成一个可以修正样本选择性偏差的数值。在 Heckman 第二阶段,需要将前一阶段计算获取的 *IMR*,以及自变量、控制变量和调节项等纳入新一轮的计量分析中。在该阶段,将 *IMR* 和其他控制变量纳入回归模型可以有效控制并反映出样本选择性偏差问题。本书在研究风投对独角兽成长的影响机制时,借助 Heckman 两阶段模型方法对独角兽的投资组合网络特征和独角兽成长绩效的因果关系进行实证分析。此时的研究模型已经包含了可能出现的选择偏差,因此能获得投资组合网络特征对独角兽成长绩效的作用效果的无偏估计。

在 Heckman 第一阶段,本书设计了概率回归分析来估计一个特定的风投机构和一个独角兽之间匹配的可能性。模型设定如下。

$$M = \alpha_0 + \alpha_1 Availability + \alpha_2 W + v \tag{8.6}$$

首先,通过公式(8.6)的模型估计获取模型参数。其中,M 表示风投机构与独角兽是否发生匹配,如果发生则为 1,否则为 0。W 包括了独角兽的创业年限、行业等控制变量。$Availability$ 为工具变量,表示风投机构在企业当地市场的可获得性。

通过公式(8.7)构造 IMR 来控制公式(8.6)中 OLS 估计量的偏差。其中,$\rho(\cdot)$ 是标准正态分布的概率密度函数,$\varphi(\cdot)$ 是标准正态分布的累积分布函数。

$$IMR = E(w|M) = \begin{cases} \dfrac{\rho(\alpha_0 + \alpha_1 I + \alpha_2 W)}{\varphi(\alpha_0 + \alpha_1 I + \alpha_2 W)} & if \quad M = 1 \\ \dfrac{-\rho(\alpha_0 + \alpha_1 I + \alpha_2 W)}{1 - \varphi(\alpha_0 + \alpha_1 I + \alpha_2 W)} & if \quad M = 0 \end{cases} \tag{8.7}$$

研究人员可以基于 IMR 的正负值,来识别该样本是否出现选择性偏差的问题,如果 $IMR>0$ 则说明 Heckman 两阶段模型可以对模型进行有效调整。

三、变量测量

（一）因变量:企业估值

本研究采用企业估值衡量独角兽成长绩效。独角兽估值记作 $Valuation_i$,采用由 DEVA 模型计算得到估值数对其进行评估。《中国独角兽企业研究报告》所采用的 DEVA 模型可以较好地避免传统评估手段因企业存在负现金流、财务杠杆不稳定而无法使用的情况,适用于对独角兽进行估值。另外,风投机构对创业企业的增值效应是滞后的,这种滞后通常在 3 年左右,因此本研究采用投资组合网络构建完成3年后的企业估值衡量独角兽的成长绩效,即采用2020年独角兽的估值衡量。

(二)自变量:网络中心性和关系强度

1. 网络中心性

本研究的第一个自变量是网络中心性,记作 $Centrality_i$,用于衡量独角兽在投资组合网络中的结构嵌入。网络中心性一直都作为衡量网络中节点特征的一种重要度量指标,可以用于判断个体节点在网络中的位置优劣,分析节点在网络中位于核心或边缘位置的程度。选择特征向量中心性衡量独角兽节点的网络中心性,因为这一方法还同时考虑了其邻接节点的重要程度。并在后续使用其他网络中心性衡量指标作为替代指标来做稳健性检验。参考公式(8.4),计算独角兽的特征向量中心性。

2. 关系强度

本研究的第二个自变量是关系强度,记作 $Rel\_strength_i$,用于衡量独角兽在投资组合网络中的关系嵌入。对于独角兽而言,领投机构相对于跟投机构,往往起到更加重要的作用,通常会花费十倍左右的精力和成本去服务于创业公司的增值活动。因此,本研究主要对独角兽和领投机构的关系强度进行分析。我们采用了领投机构对独角兽在2013—2017年5年期间的累计投资金额来衡量独角兽在投资组合网络中受到领投机构的关注度。累计投资金额越高,说明该独角兽的被关注度越高,与领投机构的关系越紧密。考虑到该指标的波动性较大可能影响最终结果的稳健性,需对该指标采取对数化处理。

(三)调节变量:投资组合多样性

投资组合多样性反映了领投的风投机构投资独角兽行业的多样性。独角兽所处的行业类型不相同,会对投资机构的投资决策产生直接影响,譬如领投对独角兽的注意力分配以及资源分配都会被影响。将投资组合多样性作为调节变量,记作 Ind_HHI_i,计算公式如下。

$$Ind\_HHI_i = 1 - \sum_{j=1}^{N} p_i^2 \qquad (8.8)$$

其中,p 表示领投风投机构的投资组合所属行业的比例,i 表示所属类别的编号。Ind_HHI_i取值范围在[0,1],取值越大代表领投风投机构所投独角兽的行业多样性水平越高。当Ind_HHI_i为0时,表示领投风投机构所投资的所有独角兽都属于同一行业。本书统计的独角兽的行业包括IT及信息化、房地产、互联网、建筑建材、教育培训、金融、旅游业、企业服务、汽车行业、人工智能、生活服务、体育、文化传媒、消费升级、医疗健康、运输物流、制造业和新能源共计18种行业类型。

(四)控制变量

本研究从独角兽和风投机构两个层面对其他可能作用于企业绩效的变量进行了控制。在独角兽层面,由于不同行业的独角兽创业情境可能存在较大差异,便对独角兽的行业属性进行了控制,采用哑变量进行描述,同时,还将独角兽的创业年限作为控制变量纳入模型中;在风投机构层面,考虑到风投机构不同的投资经验、声誉可能对独角兽成长绩效产生不同效应,对领投风投机构的投资组合规模和累计投资次数进行了控制。所有变量的统计信息见表8.2。

表8.2 变量测量统计表

变量	变量名称	符号表示	测量方法
因变量	企业估值(单位:10亿美元)	$Valuation$	2020年独角兽的企业估值,模型中取对数
自变量	网络中心性	$Centrality$	通过社会网络分析计算得到,取值范围0—1
自变量	关系强度(单位:10亿美元)	$Rel\_strength$	以2013—2017年领投风投机构投资于独角兽的投资金额表示,模型中取对数化
调节变量	投资组合多样性	Ind_HHI	2013—2017年领投风投机构所投独角兽的赫芬达尔指数(行业)

续表

变量	变量名称	符号表示	测量方法
控制变量	行业	$Industry$	哑变量,提取自独角兽所对应的 CVSource 行业标签,共分为18类
	创业年限	Age	独角兽从创立到2017年的年度时长
	投资组合规模	$VCportfoliosize$	2013—2017年领投风投机构所投独角兽的数量
	累计投资次数	$VCInvCount$	2013—2017年领投风投机构总共参与的投资事件,取对数

第三节 计量模型设定与分析结果

一、网络整体特征分析

首先对独角兽的投资组合网络进行直观展示。采用 Ucinet 6.0 对 2017—2020 年由独角兽和风投机构两个主体构建的投资组合网络特征进行社会网络分析。表 8.3 说明,在投资组合网络中,共存在 678 个节点,其中独角兽节点有 231 个、风投机构节点有 447 个,而双方交互所产生的连边共有 1259 条。另外,网络密度为 0.012,说明独角兽所在的投资组合网络仍处于相对稀疏的水平。最后,网络直径为 10 且网络中各节点间的平均距离为 4.313,说明了投资组合网络中各节点较为接近,大致符合现状。

表 8.3 独角兽所属投资组合网络的特征

名称	节点数/个	连边数/条	网络密度	平均距离	直径
投资组合网络	678	1259	0.012	4.313	10

进一步采用 NetDraw 绘图软件绘制拓扑图,详见附录 D。图中可清晰观察到,北京小桔、北京三快科技、车好多等独角兽在投资组合网络中占据了核心位置,和网络中其他企业和风投机构也保持较近的距离。而在风投机构一侧,腾讯

投资、红杉中国和阿里资本等机构在网络中占据了中心位置,并且其周边网络联结的分布也最为密集,说明这些风投机构投资了最多的独角兽。

二、描述性统计与相关性分析

我们探究的是投资组合网络对独角兽价值的影响,并结合实证背景和现有研究成果,提出了可能影响社会网络资本获取的两种因素:结构嵌入性和关系嵌入性。因此在构建计量模型进行实证分析之前,我们对研究中的变量数据进行了初步的描述性统计,以便对数据有一个清楚的认识,如表8.4所示。

从表中结果可知,样本中最高的企业估值达1800亿美元,最低的为10亿美元,这说明不同独角兽的估值存在很大差异,进行对数化处理将更为合理。同理,关系强度的数值最大为81.84亿美元,最小值为0.0038亿美元,累计投资次数最大为1662次,最小为1次。范围偏差均过大,具有典型的长尾特征,因此对上述变量取以10为底的对数进行对数转化。

表8.4 各变量描述性统计分析

研究变量	表示符号	平均值	标准差	最小值	最大值
企业估值(单位:10亿美元)	$Valuation$	4.94	16.49	1	180
网络中心性	$Centrality$	0.052	0.039	0.000	0.173
关系强度(单位:10亿美元)	$Rel\_strength$	0.158	0.584	0.00038	8.184
投资组合多样性	Ind_HHI	0.549	0.356	0.000	0.877
投资组合规模	$VCportfoliosize$	13.406	15.232	1	49
创业年限	Age	5.324	2.381	0	12
累计投资次数	$VCInvCount$	453.4	530.9	1	1662

随后,使用Stata 14.0进一步检测各变量之间的相关性,见表8.5。从表中结果可以看出,两种投资组合网络指标和企业估值之间均存在显著的相关关系,初步验证了本研究框架的合理性。最后,考虑到研究样本量和变量个数的多少,不同变量之间可能会面临多重共线性问题,我们还实施了VIF检验上述变量。结果发现,VIF的均值为1.81,低于相关经典文献所推荐的基准值10,基本排除

了本研究模型的研究变量之间存在多重共线性的问题。

表 8.5 各变量相关性矩阵

变量	1	2	3	4	5	6	7
1. lg*Valuation*	1						
2. *Centrality*	0.353*	1					
3. lg*Rel_strength*	0.438*	0.336*	1				
4. *Ind_HHI*	0.017	0.363*	−0.001	1			
5. *VCportfoliosize*	0.129*	0.515*	0.070	0.652*	1		
6. *Age*	−0.016	0.010	0.267*	0.033	0.003	1	
7. lg*VCInvCount*	0.001	0.312*	−0.090	0.856*	0.680*	0.020	1

注：*$p<0.05$。

三、Heckman 模型设定

风投机构选择独角兽并不是随机的，未来投资收益更大的企业更能吸引外部投资方的投资。风投机构还可能倾向于与特定行业领域的独角兽进行产业生态扩张，例如腾讯资本通常选择投资新媒体、互联网电商以及人工智能行业的独角兽。

对于 Heckman 模型的设定前文已有呈现，此处不再赘述。本书采用"风投机构在企业当地市场的可获得性"作为工具变量，来解决风投机构与独角兽之间匹配的非随机性，主要是因为风投机构在市场上的分布是外生的，而且市场上风险资本的可获得性也影响了特定风投机构与创业企业相匹配的可能性，这与投资组合网络中企业的网络特征存在较大的关联。然而，一旦特定的风投机构和某家独角兽发生匹配之后，风投机构在当地市场的可获得性将不再对企业绩效产生影响。

在 Heckman 第二阶段，通过逐步回归分析进一步对独角兽成长绩效进行估计，此时的研究模型已经包含了可能出现的选择偏差，因此能获得投资组合网络特征对独角兽成长绩效的作用效果的无偏估计。本书分别将网络中心性(反映结构嵌入)和关系强度(反映关系嵌入)纳入回归分析，建立的包含控制变量的估计模型如公式(8.9)、(8.10)所示。进一步为了检验投资组合多样性对两种直接效应可能存在的调节作用,纳入投资组合多样性与网络中心性的交互项、投资组合多样性与关系强度的交互项,同时为避免多重共线性问题,对网络中心性、关系强度和投资组合多样性进行中心化计算交互项,得到最终计量模型,如公式(8.11)所示。

$$\lg Valuation = \beta_0 + \beta_1 Centrality + \beta_3 Ind\_HHI + Z + \varepsilon \quad (8.9)$$

$$\lg Valuation = \beta_0 + \beta_2 \lg Rel\_strength + \beta_3 Ind\_HHI + Z + \varepsilon \quad (8.10)$$

$$\lg Valuation = \beta_0 + \beta_1 Centrality + \beta_2 \lg Rel\_strength + \beta_3 Ind\_HHI + \beta_4 Centrality \times Ind\_HHI + \beta_5 \lg Rel\_strength \times Ind\_HHI + Z + \varepsilon \quad (8.11)$$

四、计量模型分析结果

由于独角兽估值是连续性变量,模型使用的是截面数据,我们使用 OLS 对估值为因变量的模型进行 Heckman 两阶段检验估计。模型 1 对 Heckman 第一阶段的结果进行了展示。模型 2 至模型 5 分别检验两种网络嵌入对独角兽成长绩效的直接效应,其中,模型 2 纳入了所有控制变量作为参考组,而模型 3 和模型 4 则分别纳入结构嵌入和关系嵌入指标考察对企业绩效的直接效应,模型 5 同时纳入网络中心性和关系强度进行进一步分析。模型 6 至模型 8 为投资组合多样性的调节作用结果。

表 8.6 中,模型 1 显示了风投机构与独角兽之间的匹配概率并计算得到逆米尔斯比率,结果表明工具变量对两者匹配存在正向且显著的影响,这也进一步反映了工具变量的选择是较为恰当的。此外,逆米尔斯比率的平均值为 2.538 大于 0,选择性偏差在本研究情境中是客观存在的,因此选用 Heckman 两阶段模型能对原有模型进行合理的校准。

模型 2 说明在控制变量中只有投资组合规模是正向显著的($\beta=0.153, p<0.01$)。模型 3 可以观测到网络中心性的系数正向且显著($\beta=10.273, p<0.001$),网络中心性每提升 0.1,可增加估值 1 倍。因此,假设 H1 得到了验证。模型 4 可以观测到关系强度的系数也同样正向显著($\beta=0.283, p<0.001$),关系强度每提升 1%,独角兽估值将提升 0.283%。因此假设 H2 也得到了证实。

模型 6 和模型 7 考察了调节效应的显著性。模型 6 显示,网络中心性与投资组合多样性的交互项系数不显著($\beta = 4.392, p>0.1$),说明假设 H3 不成立。模型 7 显示,关系强度与投资组合多样性的交互项系数正向显著($\beta = 0.263, p<0.05$),说明假设 H4 成立。模型 8 纳入全部自变量与调节变量,结果显示是稳定的,R^2 达到 30.7%。

表 8.6 独角兽高估值的 Heckman 两阶段检验

变量	控制组 第一阶段 M1	控制组 第二阶段 M2	直接效应 第二阶段 M3	直接效应 第二阶段 M4	直接效应 第二阶段 M5	调节效应 第二阶段 M6	调节效应 第二阶段 M7	总模型 第二阶段 M8
常数项	-3.874*** (0.066)	0.911 (0.637)	0.371 (0.600)	1.852** (0.597)	1.282* (0.603)	1.308* (0.603)	1.450* (0.598)	1.453* (0.599)
控制变量								
Industry	—	包含	包含	包含	包含	包含	包含	包含
Age	0.024*** (0.005)	-0.002 (0.027)	0.001 (0.025)	-0.053* (0.025)	-0.039 (0.025)	-0.041 (0.025)	-0.041 (0.025)	-0.042+ (0.025)
Vcportfoliosize		0.153** (0.059)	0.006 (0.060)	0.089 (0.054)	0.008 (0.057)	-0.012 (0.061)	0.005 (0.057)	-0.001 (0.061)
lgVCInvCount	0.274*** (0.010)	-0.057 (0.052)	-0.004 (0.050)	0.011 (0.049)	0.029 (0.048)	0.026 (0.048)	0.013 (0.048)	0.013 (0.048)
自变量								
Centrality			10.273*** (1.790)		6.666*** (1.864)	6.807*** (1.870)	6.140*** (1.851)	6.208*** (1.867)
lgRel_strength				0.283*** (0.042)	0.217*** (0.045)	0.214*** (0.045)	0.225*** (0.045)	0.224*** (0.045)
调节变量								
Ind_HHI		0.030 (0.359)	-0.244 (0.337)	-0.228 (0.329)	-0.346 (0.322)	-0.265 (0.333)	-0.242 (0.320)	-0.216 (0.330)

续表

变量	控制组 第一阶段 M1	控制组 第二阶段 M2	直接效应 第二阶段 M3	直接效应 第二阶段 M4	直接效应 第二阶段 M5	调节效应 第二阶段 M6	调节效应 第二阶段 M7	总模型 第二阶段 M8
交互项								
Centrality×Ind_HHI						4.392 (4.595)		1.581 (4.697)
lgRel_strength×Ind_HHI							0.263* (0.103)	0.254* (0.107)
工具变量								
当地风投机构数量×0.001[a]	0.072*** (0.015)							
Inverse Mills Ratio		−0.034 (0.186)	0.045 (0.173)	0.018 (0.169)	0.058 (0.165)	0.037 (0.166)	0.018 (0.163)	0.012 (0.165)
N[b]	103257	231	231	231	231	231	231	231
VIF 均值	1.00	1.76	1.78	1.76	1.81	1.82	1.79	1.81
R^2	0.077	0.080	0.206	0.241	0.285	0.288	0.307	0.307

注:括号内是标准误差,$^+p<0.10$,$^*p<0.05$,$^{**}p<0.01$,$^{***}p<0.001$。

a. 由于当地风投机构数量的值过大,为了便于结果的清晰显示,本书将工具变量当地风投机构数量缩小 1000 倍,表示为当地风投机构数量×0.001。

b. Heckman 第一阶段样本量为独角兽数量与风投机构数量的乘积: $N=231×447=103257$,第二阶段样本量为 $N=231$。

五、稳健性检验

为了避免研究结果受到变量测量方式和测量时间的影响,我们利用两种方法实施稳健性检验。一是替换自变量,考察其他常见的衡量网络中心性的方式验证结构嵌入对独角兽成长绩效的影响;二是调整滞后因变量,检验独角兽估值滞后 1 期、滞后 2 期的投资组合网络指标效用的稳健性。

(一) 替换自变量

我们在衡量结构嵌入时主要是通过特征向量中心性评估网络中心性,但除此之外,度中心性、接近中心性和中介中心性也是常见的衡量网络中心性的方式。本书参照郭晓冬等的评估方法对特征向量中心性进行替换,各中心性的计算参考公式(8.1)至(8.4),得到的稳健性检验结果如表8.7所示。其中,模型1—2、3—4和5—6分别采用度中心性、接近中心性和中介中心性对网络中心性进行衡量。从表中结果可以看出,网络中心性对独角兽估值的直接效应基本维持正向显著,而关系强度以及关系强度和投资组合多样性的交互项系数的正负和显著性也与主要计量结果保持基本一致,进一步支撑了本书的数据结论。

除网络中心性以外,结构洞也常用于分析结构嵌入的影响作用。与网络中心性不同的是,结构洞主要聚焦于与焦点企业产生联系的网络个体之间的关系模式,它能够较好地反映出焦点企业获取资源的非冗余程度以及控制其他网络个体进行信息和资源交换的水平。这意味着独角兽可以凭借结构洞优势获取并非简单累加或堆叠就能得到的互补性资源。因此,本研究在表8.7中进一步检验了结构洞对于企业绩效的效用,计算参考公式(8.5)。从结果中可以看出,结构洞从0到1能使得独角兽价值增加1.2%。总体而言,结构洞的鲁棒性检验结果有效支撑了假设H1、H2和H4。

表8.7 替换网络中心性指标的独角兽估值模型估计结果

变量	度中心性		接近中心性		中介中心性		结构洞	
	直接效应 M1	调节效应 M2	直接效应 M3	调节效应 M4	直接效应 M5	调节效应 M6	直接效应 M7	调节效应 M8
常数项	1.272* (0.604)	1.444* (0.602)	0.837 (0.801)	0.457 (0.886)	1.735** (0.594)	1.889** (0.591)	1.447 (0.598)	1.578** (0.596)
控制变量	包含	包含	包含	包含	包含	包含	包含	包含
自变量								

续表

变量	度中心性		接近中心性		中介中心性		结构洞	
	直接效应 M1	调节效应 M2	直接效应 M3	调节效应 M4	直接效应 M5	调节效应 M6	直接效应 M7	调节效应 M8
Centrality	2.069*** (0.588)	1.886** (0.587)	1.758+ (0.932)	2.780* (1.248)	21.122* (9.578)	24.516 (15.267)	0.012** (0.003)	0.012** (0.004)
lgRel_strength	0.215*** (0.045)	0.224*** (0.045)	0.246*** (0.046)	0.236*** (0.046)	0.254*** (0.044)	0.263*** (0.044)	0.228*** (0.045)	0.237*** (0.044)
调节变量								
Ind_HHI	−0.367 (0.323)	−0.277 (0.332)	−0.313 (0.330)	−0.210 (0.325)	−0.278 (0.327)	−0.253 (0.345)	−0.364 (0.324)	−0.375 (0.338)
交互项								
Centrality× Ind_HHI		−0.309 (1.550)		1.850 (2.580)		−37.756 (51.610)		−0.015 (0.012)
lgRel_strength× Ind_HHI		0.265* (0.108)		0.310** (0.112)		0.275* (0.109)		0.279* (0.108)
Inverse Mills ratio	0.058 (0.165)	0.022 (0.165)	0.060 (0.169)	0.017 (0.167)	0.021 (0.168)	−0.008 (0.167)	0.051 (0.166)	0.032 (0.165)
N	231	231	231	231	231	231	231	231
VIF 均值	1.80	1.79	1.78	1.88	1.75	1.90	1.77	1.79
R^2	0.284	0.305	0.253	0.291	0.258	0.281	0.277	0.301

注：括号内是标准误差，+$p<0.10$，*$p<0.05$，**$p<0.01$，***$p<0.001$。

(二)调整滞后项

考虑到投资组合网络可能会对企业绩效产生滞后影响，本书最初采用滞后3年的独角兽成长价值进行衡量。为了进一步保证结果的稳健性，本书还同时对2018年(滞后1期)、2019年(滞后2期)的企业价值进行鲁棒性分析，结果如表8.8所示。研究结果与本书的主要数据结论基本保持一致，假设 H1、H2 和

H4 再次得到了验证。

表 8.8 调整滞后项结果

变量	滞后 1 期 直接效应	滞后 1 期 调节效应	滞后 2 期 直接效应	滞后 2 期 调节效应
常数项	0.745	0.910**	0.616	0.772
	(0.550)	(0.547)	(0.538)	(0.535)
控制变量	包含	包含	包含	包含
自变量				
Centrality	5.861***	5.429***	6.107***	5.678**
	(1.702)	(1.702)	(1.663)	(1.701)
lgRel_strength	0.232***	0.239***	0.224***	0.231***
	(0.041)	(0.041)	(0.041)	(0.040)
调节变量				
Ind_HHI	−0.144	−0.017	−0.096	0.017
	(0.294)	(0.301)	(0.287)	(0.300)
交互项				
Centrality×Ind_HHI		1.653		1.143
		(4.282)		(4.189)
lgRel_strength× Ind_HHI		0.243*		0.234*
		(0.098)		(0.096)
Inverse Mills ratio	0.186	0.141	0.192	0.152
	(0.151)	(0.151)	(0.148)	(0.147)
N	231	231	231	231
VIF 均值	1.81	1.81	1.81	1.81
R^2	0.318	0.341	0.323	0.345

注：括号内是标准误差，+$p<0.10$，*$p<0.05$，**$p<0.01$，***$p<0.001$。

第四节　结果讨论

本章在构建风投机构投资独角兽形成的二元投资网络基础上，探讨了独角兽嵌入投资组合网络中的两种特征影响其自身成长绩效的机制，同时分析了风投机构的投资组合多样性的调节作用。研究假设验证结果如表 8.9 所示。本研究拓展了独角兽利用风投资本助推创业发展的作用机制。

表 8.9　研究假设验证结果

研究假设	假设内容	是否成立
H1	独角兽在风投网络的中心性对企业估值存在正向影响	成立
H2	独角兽在风投网络中的关系强度对企业估值存在正向影响	成立
H3	风投机构投资组合多样性正向调节网络中心性对企业估值的影响	不成立
H4	风投机构投资组合多样性正向调节关系强度对企业估值的影响	成立

一、网络嵌入对独角兽成长绩效的直接效应

本研究证实了网络嵌入通过结构嵌入和关系嵌入两种不同机制影响风投对独角兽成长绩效的助推效应。网络中心性反映独角兽在投资组合网络中的结构嵌入特征，关系强度表示独角兽在投资组合网络中的关系嵌入特征。

首先，结构嵌入解释了独角兽通过风投机构获得成长资源进而追求市场机会的能力，这种能力取决于该企业在风投网络中的核心位置。研究结果显示，独角兽在风投网络中的中心性每提升 0.1，估值可增加 1 倍。这一研究结果与先前的研究一致。先前研究提出结构嵌入影响创业企业发展存在两种方式：一是创业企业可凭借自身在社会网络中的中心位置，减少创业企业在信息和资源交换过程中的成本投入和失败风险等；二是创业企业能够借助结构嵌入来扩散声誉，并使用自身在网络中的核心位置掌握更多的控制权和分配权，进而保障自身的资源分配效益。本书的研究显示，独角兽通过结构嵌入的方式进入风投机构的投资组合网络，随着网络位置的调整，节点的信息优势也会出现变化，并且越

往网络中心靠近所掌握的信息和资源优势也会越多,从而对独角兽成长绩效的提升越有利。

其次,本研究引入关系嵌入测量投资组合网络中风投机构与独角兽之间的社会性黏着关系,这种能力表现为围绕资源互补而产生的互动优势维持,从而形成风投资本对于独角兽成长的支持积极性。研究结果显示,独角兽与领投机构的强度关系(领投累计投资额)增加 1%,平均三年后独角兽估值将提升 0.283%。这与先前研究的发现保持一致。先前网络关系嵌入研究发现关系强度的提高会影响企业绩效的提升。譬如我国学者谢洪明等人对民营科技企业创新进行研究,以我国珠三角区域为例,研究证实网络关系嵌入对管理创新绩效存在显著正向影响,网络关系强度每增加 1%可以提升管理创新绩效 0.23%。国外学者 Lindsey、Wang 等基于共同的风投机构联结形成的战略联盟关系,论证了联盟关系强度对于企业价值会产生增值作用,这些研究提出关系嵌入很大程度上决定了企业从社会网络中获取和利用资源的水平。本书研究结论补充了独角兽这种高成长型创业企业嵌入风投机构的投资组合网络中发挥关系嵌入作用的实证证据,充分表明关系嵌入对独角兽发展起到关键作用。

二、投资组合多样性的调节作用

注意力基础观指出,风投机构的注意力将作用于独角兽最终能获取的资源分配效益。对于日益依赖创新驱动的创业企业而言,如何在风投机构追求投资组合多样性的竞争中获得更多的关注、进入更为中心的投资组合网络显得尤为重要。本研究将投资组合多样性视为网络嵌入的边界作用,重点考察结构嵌入和关系嵌入两种路径作用于独角兽成长的调节机制。

研究结果显示,投资组合多样性的调节效应只发生在关系强度对独角兽估值的影响中。这样的证据说明,在风投机构追求多样性、规避投资风险的基本前提下,如果独角兽能够获得领投机构的认可,那么独角兽的估值将得到显著提升。反之,投资组合性多样性较低时,风投机构有能力满足投资组合中大部分企业的资源诉求,独角兽与风投机构的关系强度并不会体现出优势。这一研究结论与注意力理论解释子公司如何吸引跨国母公司注意而优先分配到资源的研究发现一致,风投机构对于投资组合中的企业注意力也是有限的,独角兽可以依赖强网络关系吸引风投机构注意力,从而优先分配到稀缺资源,并得到更多支持。本书的研究也说明,投资组合多样性对成长中的独角兽产生价值提升的边界效应。

为了更好地界定投资组合多样性如何调节关系强度对独角兽市场估值的作用,我们进一步绘制出调节效应图,如图 8.4 所示。从图中可以观测到,在投资组合多样性从低到高的过程中,直线的斜率出现明显的提升,说明投资组合多样性更高的情境下关系强度对于企业价值的提升作用更加明显。值得注意的是,当企业与关键风投机构是低关系强度时,投资组合多样性更低时企业价值的表现更好,潜在原因是在投资组合多样性更低的条件下独角兽在投资组合中的资源竞争压力更小,因此,在获取风投机构资源时将受到更小的限制。但当企业与关键风投机构是高关系强度时,投资组合多样性更高时企业价值反而更高,这可能是因为在该情境下风投机构会出现注意力和资源分配的倾斜,在投资组合管理难度较大的情况下通过将资源倾斜到自身最为偏好的企业,从而降低投资风险并实现自身投资收益的最大化,此时处于高关系强度的企业也因此获取到更多的资源收益。

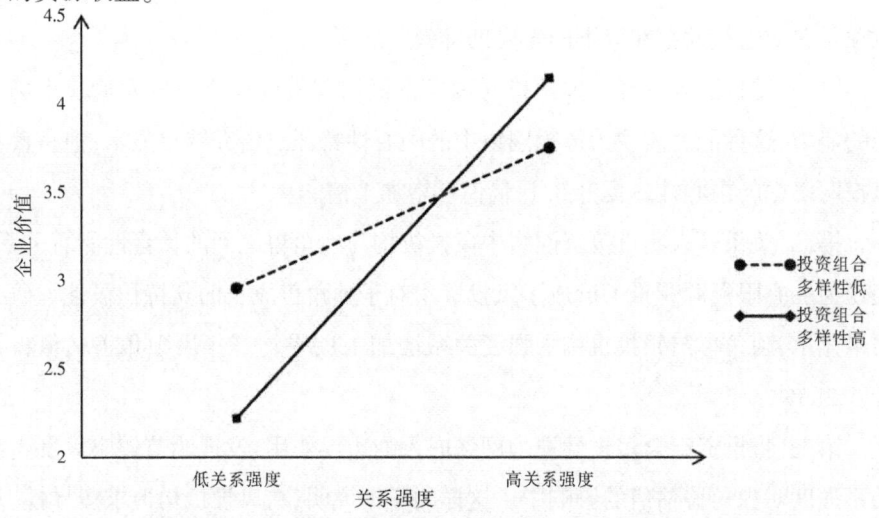

图 8.4 投资组合多样性对关系强度的调节效应

研究也证实,投资组合多样性在网络中心性对独角兽估值的影响中不存在显著的调节作用。本书认为有两个潜在原因。第一,由于风投机构投资多元化的特征,独角兽在投资组合网络中的地位并非风投机构关注的重点,风投机构往往更关注于独角兽在自身创业能力、商业模式和技术创新水平等方面显现的市场地位信号。第二,风投机构的一些优势资源是难以替代的,独角兽很难借助自身的网络中心位置在多样性的风投组合中从其他风投机构处获取到可替代资源。基于上述原因,在关键风投机构的注意力有限时,独角兽在投资组合网络的地位并不能直接转化为各种商业资源支持创业发展,从而帮助独角兽提升市场估值。

第五节 本章小结

本章采用社会网络分析方法识别了独角兽嵌入风投机构的投资组合网络属性,描述了独角兽嵌入网络的结构特征和关系特征。根据2017—2020年231家独角兽融资数据和对应的447家风投机构的投资数据,使用Heckman两阶段模型建立并检验了结构嵌入和关系嵌入两种网络特征对滞后3年独角兽成长绩效的影响,同时探讨了风投机构的投资组合多样性的调节作用。本章发现了风投对独角兽成长绩效存在以下的重要助推效应。

第一,结构嵌入解释了独角兽通过风投机构获得成长资源进而追求市场机会的能力,这种能力表现为风投网络中的中心性特征。研究结果显示,独角兽在风投网络中的中心性每提升0.1,估值可增加1倍。

第二,关系嵌入测量投资网络中风投机构与独角兽之间的社会性黏着关系,表现为在有限资源背景下形成了风投资本对于独角兽成长的支持积极性。研究结果显示,独角兽与领投机构的强度关系增加1%,平均三年后独角兽估值将提升0.283%。

第三,将投资组合多样性视为网络嵌入的边界作用,发现调节效应只发生在关系强度对独角兽估值的影响中。这样的证据说明,在风投机构追求多样性、规避投资风险的基本前提下,如果独角兽能够获得领投机构的认可,那么独角兽的估值将得到显著提升。这一研究结论与注意力理论关于子公司如何吸引跨国母公司注意而优先分配到资源的研究发现一致。

第四，独角兽嵌入风投机构的投资组合网络属性对于解释市场估值增加可以达到30.7%。由此说明，风投对独角兽成长的助推作用更多地表现在提供各种金融、人力以及创业经验，通过提升公司独立创业能力加快市场估值增加。

第六篇
高估值成长模式

在明确政策扶持、风投助推作用的基础上,本篇探讨独角兽如何利用外部资源选择合适的创业模式产生高估值成长绩效,试图同时回答两个问题"组织创业对独角兽成长绩效产生什么影响""创业生态关键要素联合驱动独角兽高估值成长存在哪些创业模式"。

本篇将从创业生态系统全局视角审视政策扶持、风投助推和组织创业的有效组合模式。根据追踪58家独角兽的公开数据,形成以城市政策扶持能力、风投网络嵌入及组织创业特征为核心的三维模式,利用fsQCA进行组态建模,确定我国独角兽实现高估值成长的多种创业模式。在此基础上,对应每一种模式,进行简单的对应性案例评析,还讨论了创业模式的选择过程。

第九章 独角兽企业高估值成长的创业组态模式探究

第一节 研究模型提出

一、独角兽高估值成长影响的三维框架

本书第六章提炼了独角兽成长依赖创业生态系统中政策制度、融资关系、组织创业三类关键要素。第七章、第八章已经围绕政策制度、融资关系两个要素分别进行了影响独角兽成长的实证研究,而组织创业要素反映了独角兽自身能力对其成长的影响,由于独角兽比一般创业企业对外部环境更加依赖,独特的融资环境、良好的制度环境等是其高绩效成长的重要因素。基于组态理论,不同要素的组合被视为一种企业特征对企业竞争优势起到创造或破坏的作用,因此,独角兽成长绩效由多种前因要素的匹配关系决定。本章分析独角兽组织创业要素对其成长的影响时,结合了外部的政策制度、融资关系两个要素共同分析,由此也能反映独角兽创业生态关键要素联合驱动其高绩效成长的影响机制。

但是现有研究对独角兽高绩效成长的内在机理并不清晰,主要有两方面原因:一是影响独角兽高绩效成长的因素之间有着复杂的相互作用机制,而各因素之间存在复杂的因果关系,传统的研究主要依靠单案例或者多案例平行比较,较难识别具有普适性的归纳,多种核心要素之间的交互效应案例研究难以实现;二是采集大量独角兽微观数据较难。独角兽多是未上市的创业企业,企业信息披露不充分,存在一定信息的非对称性。有研究表明,fsQCA 特别适用于进行多个因素与结果间复杂的因果关系问题研究。fsQCA 方法从集合视角出发,将样本案例视作前因要素的不同组合,存在多种不同路径产生结果变量,能够解决因果复杂性问题。因此,相对于案例或者基于方差的回归统计等传统方法,fsQCA 更有利于解释我国独角兽实现高绩效成长的复杂情境。

本研究基于创业生态系统理论的制度、关系与结构三个维度,将独角兽成长机制解构为政策制度、融资关系、组织创业三类关键要素。基于第七章的研究,从政策工具视角识别出政策制度影响独角兽成长的关键特征聚焦于政策工具密度和政策工具强度两个方面。基于第八章的研究,融资关系对独角兽成长绩效的影响体现为独角兽嵌入风投网络的网络中心性和关系强度两个属性。而对于组织创业要素,从已有研究发现,独角兽作为新创企业,创业团队的构成特征极大地决定了独角兽的战略决策和估值增长,具备不同能力特征和经验背景的创业团队会选择不同的创新模式进而影响企业成长。部分研究从创业团队层面指出,具备创业热情的创业者更易抓住创新机遇,创业团队的受教育程度和社交网络能够提高企业形象,正向促进独角兽的生存和发展。还有学者从创新模式层面出发,指出技术创新能为独角兽带来核心竞争力以帮助其实现突破性成长,商业模式创新能够帮助独角兽适应高度不确定的市场环境从而获得差异化竞争优势。

二、基于高阶理论的组织创业影响

高阶理论指出，高层管理者自身有很多个人特质，包括经验、性格、价值观等多方面，这种特征与组织战略的选择、组织绩效产生一定的关联。当前高阶理论试图分析高管团队的特征对组织创新和运营的影响，因为组织的管理和领导是一个共享的活动。在先前研究中，高管团队的人口统计特征（如年龄、性别、学历、经验等）往往被认为是影响组织创业的核心要素，组织战略决策和创新行为均与这些因素有关。

根据第五章的 LDA 建模结果，在组织创业类别共提取了创业知识能力、团队经验背景、商业模式创新和技术创新四个主题。基于高阶理论，创业知识能力、团队经验背景对应于独角兽组织创业要素中的创业经验、职能经验异质性。其中，创业经验反映了创业团队成员在企业创办前是否有过创业。拥有创业经验的团队成员熟知创业过程中的完整流程，能够有效依据市场需要开展创业活动，支撑创业企业的高速成长。职能经验异质性是指创业团队成员在不同职能部门工作经历的多元化程度，具有更高职能经验异质性的团队利用广泛的技能、知识和认知资源做出的全面战略决策更能促进企业的高速增长。

组织创业的一个典型特征是选择合适的创新模式，通常包括商业模式创新和技术创新两大类。商业模式创新注重创造价值逻辑的革新，而技术创新强调技术活动的变革。高估值独角兽具有强劲的大额吸金能力，代表着资本所青睐的投资方向。各区域借助投资高估值独角兽的风口效应以及其所产生的示范效应，依托相关政策使得各类创新资源加速向相关的新兴产业领域集聚，为区域产业试错与爆发成长提供了必要条件。探究高估值独角兽企业的创业模式对于新创企业寻求爆发式成长路径具备一定的借鉴意义。

本章将综合上述研究成果，识别融合三方因素复杂的相互作用对独角兽成长的影响，选取 8 个驱动要素以考察这些因素的组合如何影响独角兽的高估值成长，并识别出有效的组态匹配构型解析独角兽实现高估值成长的不同创业路径。构建的理论模型如图 9.1 所示。

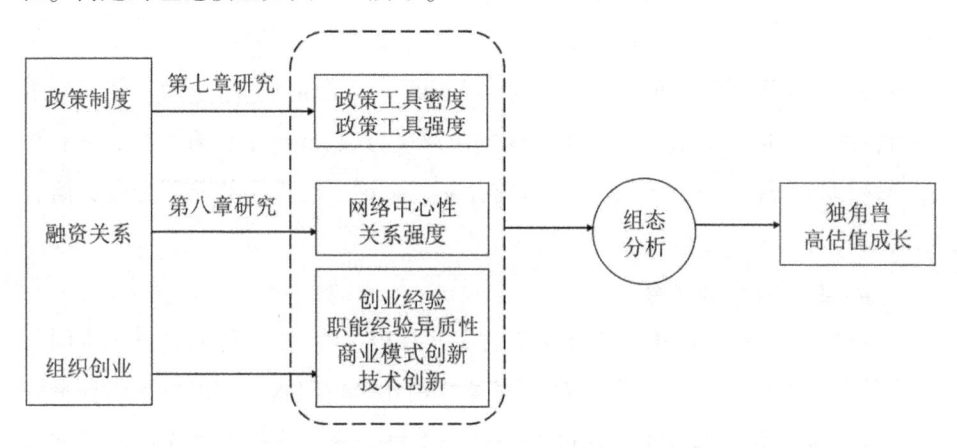

图 9.1 基于创业生态系统的独角兽成长创业组态理论模型

第二节 研究设计

一、研究方法选择与建模步骤

(一) fsQCA 的应用依据

第一,影响独角兽成长的各因素之间具有错综复杂的相互作用。基于创业生态系统理论,探究影响独角兽成长的前因需从整体视角出发,分析政策制度层面、融资关系层面以及组织创业层面各前因条件的组态效应。传统的回归分析方法假定自变量是独立的,且符合一定的分布规律,以此探究单因素对结果的"净效应"影响。相比于 fsQCA 分析方法,传统分析方法忽略了各个前因变量之间可能存在的相互依赖关系以及其组合效应对结果变量的影响,并未考虑是否存在多重共线性,进而导致现有研究暂未掌握独角兽成长机制可能存在的复杂因果关系。

第二,独角兽高绩效成长的原因可能是多样性且等效性。"条条大路通罗马",Carmen 等的研究发现企业实现高绩效的最佳路径不止一条,不同的高管团队构成特征对企业的绩效成长会产生不同影响。独角兽实现高绩效成长本是在复杂情境下产生,应用 fsQCA 方法可以有效找到多种等效的路径,包括促进创业型或抑制创业型,并明确每条路径中的核心条件和边缘条件。

第三，fsQCA方法基于集合论的思想用于解释多因素之间的非对称关系，有利于解释独角兽高绩效成长是由多个前因变量集合形成的现象，而不是基于传统方法表明单因素与结果变量之间的对称关系。且fsQCA方法通过对相关变量进行校准使其成为隶属于0到1之间的隶属度分数，保持了真值表数据的有限多样性和简化配置，有利于处理本研究存在的多种不同类型的前因变量的组合情况。

(二) fsQCA方法介绍

fsQCA方法是一种基于整合视角的集合分析方法，能够帮助确定产生同一结果的多种路径，解决多个前因变量复杂的相互影响问题。与以往采用计量分析的定量研究不同，fsQCA方法的核心在于将每个案例或样本视作由不同前因条件构成的组态。fsQCA方法将所有前因变量可能相互作用的情况考虑在内，并通过分析各组态中的核心条件和辅助条件，以解释说明可能存在产生相同结果的不同组态构型。因而fsQCA方法非常适用于解释复杂的创业现象，借助fsQCA 3.0软件可以实现上述过程。

fsQCA方法主要采用一致性(Consistency)和覆盖度(Coverage)确定结果的准确度。一致性是指各个前因条件的组合构型与原始材料数据的逻辑条件之间的相关程度，该值范围在0到1之间。通常情况下一致性结果大于0.8即可认为该前因条件符合理论要求，存在较强的相关度。而覆盖率则是指前因条件的组合构型隶属于结果变量的程度，即在满足一致性要求的前提下组合构型在最终结果中所占比例。在现有研究中一般会用原始覆盖率和净覆盖率来衡量每个组态构型的隶属程度，其取值范围也在0到1之间，一般当取值越接近1时表明其越符合一定的经验，且解释强度就越大。一致性和覆盖率的相关表达式如公式(9.1)和公式(9.2)所示。

$$Consistency(X_i \leq Y_i) = \sum \frac{\min(X_i, Y_i)}{\sum X_i} \quad (9.1)$$

$$Coverage(X_i \leq Y_i) = \sum \frac{\min(X_i, Y_i)}{\sum Y_i} \quad (9.2)$$

其中，X表示单个条件或是条件组合，Y表示结果。同时公式(9.1)可用来

判断 X 是否为 Y 的必要条件,而公式(9.2)则表示了条件(或组合) X 对结果 Y 的解释力度。

(三) fsQCA 操作步骤

第一,案例的选取和前因变量的确定。对于案例的选取和收集,需要坚持差异性和同质性原则选取合适的样本案例数量,确保案例与变量之间的平衡,能够更好地为后续的研究做好铺垫。第二,变量的校准和集合隶属度分数。借鉴已有研究,明确三个定性锚点:完全隶属、交叉点、完全不隶属。第三,必要性分析。选取所有前因变量以及其对应的非前因变量,以一致性阈值 0.9 为标准,进行必要性检验分析以确定相关变量是否为结果产生的必要条件。第四,构建真值表并进行组态分析。依据研究需要设定相关的案例频数阈值和一致性阈值构建真值表进行充分性分析。第五,制作组态构型表并进行结果的分析讨论。用"●"符号来标识核心条件,较小的"•"来标识辅助条件。对于组态构型中"缺席"或以否定状态呈现的前因条件,通常采用"⊗"符号来表示,核心与辅助主要是大小的区分。表中的空白单元则表示该条件的存在与否对组态构型并不重要。最后,根据表中结果分析并讨论相关结论。

二、样本选择与特征分析

本章使用的数据有独角兽最新估值信息、独角兽创始人信息和独角兽创新模式信息。最终获取 231 家独角兽全面信息,包含企业层面、融资层面和创始人层面的 20 多个字段,具体为企业名称、企业官网网址、成立时间、企业估值、上榜时间、主营业务、融资轮次、每轮融资金额、融资机构、投资企业及创始人姓名、职位、工作经验、教育背景等。

基于高阶理论,独角兽的生存和发展会受到创业团队构成特征的影响。故本研究在梳理的数据库中选取样本案例企业遵循以下三个标准:①独角兽获得过私募融资;②独角兽最新估值超过 10 亿美元;③独角兽包含两人及以上的创始人。除此之外,选取的样本案例还需具备一定的代表性和较大的社会关注度,案例企业所在区域、成立时间和行业分布具备多样性,且能与整体的独角兽特征相匹配。

最终有58家独角兽满足上述要求成为本研究的样本案例,涵盖金融科技、电子商务、硬件、汽车交通、文娱传媒、健康医疗等多个领域,主要聚集于北京、上海、杭州、深圳。具体的企业特征如表9.1所示。

表9.1　样本企业的特征分析

特征	类别	样本量/家	比重/%	特征	类别	样本量/家	比重/%
独角兽估值	20亿美元以下	21	36.207	公司规模	300人以下	17	29.310
	20—50亿美元	17	29.310		300—1000人	26	44.828
	50—100亿美元	7	12.069		1000—5000人	2	3.448
	100亿美元以上	13	22.414		5000人以上	13	22.414
企业创业团队成员	2人	22	37.931	企业成立时间	2—4年	2	3.448
	3人	14	24.138		5—7年	13	22.414
	4—5人	16	27.586		8—10年	26	44.828
	6—9人	6	10.345		10年以上	17	29.310
公司区域	北京	29	50.000				
	上海	10	17.241				
	深圳	6	10.345				
	杭州	4	6.897				
	其他	9	15.517				

由表9.1可知,选取的独角兽案例存在明显的区域不平衡分布,大多数企业是以中小规模的形式运营发展,且样本企业之间的估值存在显著的差异,既存在超级独角兽,也有刚满足条件的独角兽。因此,本研究样本案例的选取存在一定的合理性。具体的特征分析如下。

(1)独角兽估值层面。我们发现超过50%的独角兽估值在50亿美元以下,而估值在100亿美元以上的超级独角兽有13家,占总体比例高达22.4%。将企业估值从高到低排序发现,估值排在前29家的独角兽企业平均估值高达397.550亿美元,只用10年左右时间获得如此高的估值也反向印证了独角兽企业指数级增长的成长特性。

（2）企业创业团队成员层面。独角兽创业团队大多为2—3人，该类型的企业占比高达62.1%。由此可见，中国独角兽的创业团队多是5人以下的小规模团队，从而可以减少团队沟通成本，提高决策效率，更有利于企业的创新发展。

（3）公司区域层面。样本案例显示有29家独角兽坐落于北京，占比高达50%，可见北京在孕育和培养独角兽层面存在很大的优势。

（4）公司规模层面。1000人以下的独角兽占比高达74.1%，规模5000人以上的独角兽也有13家，占比22.4%，企业规模具有多元性和代表性。

（5）企业成立时间层面。独角兽多是已成立5年以上的企业，占比超过95%，其中成立时间在8年左右的独角兽最多。但也存在2家独角兽成立时间不足5年，即在4年时间内使得企业估值达到10亿美元。

三、变量测量与校准

(一) 变量测量

根据创业生态系统理论和前述的实证研究，导致独角兽高速成长的条件变量分别为政策工具密度、政策工具强度、网络中心性、关系强度、创业经验、职能经验异质性、商业模式创新和技术创新。与线性成长的传统企业相比，在一定年限内发展成为指数级增长的独角兽企业，其高估值能够一定程度地映射企业的高成长，故本研究选择的结果变量为企业估值。其中，政策工具密度、政策工具强度、网络中心性和关系强度4个变量在第七章和第八章分别详细说明了其具体定义和相关的测量方式。下文对组织创业层面的4个条件变量和结果变量进行解释。

创业经验。独角兽创始人因先前经验积累起来的知识，有利于削弱新进入缺陷对其的影响。通过对市场进入方式、行业特征、创业流程和信息收集渠道等方面的了解，独角兽更容易获取竞争机会，抢占有利市场开展创业活动。故基于Carmen等的研究，本书利用创业团队成员中在创立该企业之前拥有过独自创业或联合创业经验的成员人数占比来衡量该企业创业团队的创业经验，以表现该团队创业经验的丰富程度对企业估值的影响。

职能经验异质性。本研究借鉴 Ndofor 等的研究，从管理、市场、金融、生产及研发五个方面突出职能背景差异化程度，采用 Blau 系数计算该变量，如公式 (9.3) 所示。m 代表部门类别数，Q_i 反映专业背景差异的成员比例。N 越大，表示职能经验异质性越高。

$$N = 1 - \sum_{i=1}^{m} Q_i^2 \qquad (9.3)$$

商业模式创新。商业模式能表现企业的价值创造、传递和获取，故本研究依据独角兽主营业务编码，并结合第五章中提取的 Topic3 商业模式创新关键词，来确定独角兽是否进行了商业模式创新。针对选取的 58 家案例企业，由两位编码者根据主题中的文本关键词独立编码，将主营业务文本中出现了商业模式创新主题关键词的独角兽赋值为 1，否则为 0。如果出现编码不一致的情况，则要求编码者各自阐述理由并进行讨论，直至结果达成一致，确定为最终结果。

技术创新。技术的创新在于企业采用高新技术手段研发出新的技术产品，同样对独角兽主营业务编码，依据第五章中提取的 Topic4 技术创新关键词，来确定独角兽是否进行了技术创新。针对选取的 58 家案例企业，由两位编码者根据主题中的文本关键词独立编码，将主营业务文本中出现了技术创新主题关键词的独角兽赋值为 1，否则为 0。特别情况出现在某一家独角兽在主营业务介绍中兼具商业模式创新和技术创新两种特征，此时认为该家企业兼具两种创新模式。

企业估值是对独角兽内在价值的评估，而在一定时间内能够获取极高估值足以表现独角兽企业的指数级成长性。本研究采用 DEVA 模型计算独角兽的最新估值来衡量高估值独角兽的高绩效成长。IT 桔子发布的《2020—2021 中国独角兽解读报告》中的独角兽估值正是采用 DEVA 模型计算的，因此本研究直接采用此解读报告中的最新估值，而曾经出现在解读报告中但已上市或被收购的企业予以剔除。

具体的变量测量方式如表 9.2 所示。

表 9.2　变量测量方式

变量	概念	测量方式
创业经验	表示团队成员在创办该企业之前是否有创立企业的经历	团队中拥有创业经验的成员比例
职能经验异质性	指团队成员在不同职能部门工作经历的多元化程度	将职能经验分成一般管理、市场营销、金融财务、生产制造和技术研发五类，采用Blau系数测量，即 $N = 1 - \sum_{i=1}^{m} Q_i^2$
商业模式创新	注重创造价值逻辑的革新	采用虚拟变量，实施商业模式创新则赋值为1，否则为0
技术创新	强调技术活动的变革	采用虚拟变量，技术创新的企业赋值为1，否则为0
企业估值	指对独角兽内在价值的评估	2021年独角兽的企业估值

（二）变量校准

为了分析变量的组合是否必要或有足够强的影响结果，fsQCA分析的第一步就是对所有变量进行校准操作，即赋予各案例隶属度分数的过程，用以表示组合和结果之间的关系。这种技术基于模糊集的隶属度分数，表示案例属于一个集合的程度，以及它是可以由某些属性或特征来描述的不同对象的任何集合。故对于模糊集（连续或程度）变量，必须应用理论和背景知识来确定最合适完全隶属成员和完全不隶属成员的阈值，以及最大模糊点阈值。

借鉴杜运周等人的研究建议，结合各个变量的描述性统计信息，设定了上四分位作为完全隶属的定向锚点，上下四分位均值作为交叉点的定向锚点，下四分位作为完全不隶属的定向锚点。对二分变量则无须进行校准，因为已经明确了隶属度。故本研究中的商业模式创新和技术创新2个变量无须进行校准操作，其他6个前因变量和结果变量均采用以上3个校准锚点进行校准。即利用fsQCA 3.0软件采用calibrate函数进行校准操作，将各个变量赋予0—1之间的隶属度分数。

变量校准及描述性统计分析情况如表9.3所示。

表9.3 变量校准与描述性统计

前因变量和结果变量		定位点			描述性统计			
		完全隶属	交叉点	完全不隶属	标准差	均值	最小值	最大值
结果变量	企业估值	73.110	43.865	14.620	623.23	207.118	10	4000
前因变量	政策工具强度	0.685	0.654	0.623	0.119	0.643	0.33	0.949
	政策工具密度	49	44.500	40	15.377	46.052	18	86
	网络中心性	0.089	0.056	0.022	0.045	0.061	0	0.173
	关系强度	4	3.706	3.402	0.656	3.770	2.02	5.913
	创业经验	0.666	0.333	0	0.356	0.456	0	1
	职能经验异质性	0.527	0.451	0.375	0.233	0.418	0	0.800
	商业模式创新	1	—	0	0.326	0.879	0	1
	技术创新	1	—	0	0.475	0.655	0	1

第三节 fsQCA 建模分析

一、条件必要性分析

本研究首先进行了必要性分析,以评估是否有任何条件导致必要的结果发生,即确定结果发生时,该变量一定存在,则该变量就是必要条件。借鉴以往研究基础,判断必要条件的一致性阈值需超过0.9,并具有一定的覆盖范围。从表9.4所示的必要性分析结果来看,政策工具密度、政策工具强度、网络中心性、关系强度、创业经验、职能经验异质性、商业模式创新和技术创新的一致性阈值均低于0.9,因此,8个前因变量的非集均不构成独角兽高估值成长结果产生的必要条件。

据此,本研究做出以下判断:所有前因变量均不是结果变量产生的必要条件,即单个前因变量对于结果产生的解释性不足,需要结合变量间的综合效应影响独角兽的高估值成长。因此,多因素结合的组合效应分析通过从整体视角出发进行组态分析的基本研究思路,严格遵循符合 fsQCA 的建模要求。

表 9.4　必要性分析

前因变量	一致性	覆盖率
政策工具密度	0.737624	0.431155
~政策工具密度	0.305693	0.448276
政策工具强度	0.421617	0.481848
~政策工具强度	0.622112	0.409894
网络中心性	0.702146	0.595730
~网络中心性	0.389439	0.320761
关系强度	0.733086	0.558630
~关系强度	0.355610	0.329133
创业经验	0.711304	0.499407
~创业经验	0.393894	0.406730
职能经验异质性	0.687294	0.481503
~职能经验异质性	0.398102	0.412393
商业模式创新	0.857261	0.407451
~商业模式创新	0.142739	0.494286
技术创新	0.791254	0.491795
~技术创新	0.208746	0.266316

注:"~"表示条件的非集。

二、充分性组态分析

充分性组态分析可以通过真值表计算以明确相关组态与结果的充分性,并采用一致性衡量。

(一)构建真值表

构建真值表是 fsQCA 分析因果复杂性的关键工具,它允许案例间的结构化和集中比较,并列出了因果条件的逻辑可能组合以及与每个因果配置相关的经验结果。

从连续模糊集隶属度分数构建一个真值表总共涉及两个步骤。第一步包括从模糊集数据中创建一个真值表电子表格,主要包括指定要纳入分析的结果和因果条件。第二步在于选取合适的频率阈值和一致性阈值来准备可供分析的真值表。一个频率阈值(案例频数阈值),即根据每个配置中隶属度大于 0.5 的情况数估计哪些条件配置是相关的来确定最小的案例频数阈值,对于样本量较少的案例一般案例频数设置为 1,以确保较好保留相关的前因变量组态。还需考虑反映条件变量和结果变量相关性的一致性指标,以及代表"不一致性的比例减少"的 PRI 阈值。本研究在已有研究基础上,将一致性阈值设置为 0.8, PRI 阈值设定为 0.7,频率阈值设定为 1,来构建较为标准的真值表以便进行充分性分析。

(二)充分性分析

运用 fsQCA 进行充分性分析时,会产生三种不同的组态类型,分别为复杂解、简单解和中间解。一般来说,简单解不考虑反事实案例,只确保逻辑上的组态类型更为简单;复杂解是基于最严格标准得出的,它无须考虑逻辑余项的存在,直接导出能够解释结果的最小且完整的组态方式;相对简单的反事实案例可以通过中间解表示。故中间解优于其他类型,因为它们不允许去除必要的条件,兼具简单解和复杂解的优势,其运算结果也相对优于其他类型的解,进而获取更加合理的组态构型对结果变量进行解释。

借鉴 Fiss 的研究,核心条件是指同时出现在简单解和中间解中的前因条件,而辅助条件是指仅出现在中间解中的前因条件,因此需要对照中间解和简单解来确定。在组态构型表中,本研究分别采用"●"、小圆"•"、"⊗"、小圈"⊗"代表前因变量的核心条件、辅助条件、缺失的核心条件、缺失的辅助条件。而表格中的"空白",则表明该前因条件的存在与否对结果变量没有影响。最终本研究通过 fsQCA 3.0 软件实现,得出对独角兽高估值成长产生影响的不同前因组态构型如表 9.5 所示。如果组态的总体一致性得分高于 0.74,并且总体覆盖范围在 0.25—0.65 的区间内,则表明充分性分析后得到的解是有用的。如表 9.5 所示,存在 4 种不同组态构型影响独角兽的高绩效成长,且每条组态构型的一致性都大于 0.85,均具备较高的水平,说明每组组态构型都构成影响独角兽成长的充分条件。同时,4 种组态构型的总体覆盖率达到了 0.520,总体一致性高达 0.901,说明 4 种组态构型对于独角兽成长具备较强的解释力。这表示 4 种影响独角兽实现高绩效成长的不同组态构型既体现了结果的多重并发性,也表明存在"殊途同归"性。

表 9.5 独角兽高估值成长的前因组态构型

条件变量	组态 1	组态 2	组态 3	
	P1	P2	P3a	P3b
政策工具强度		⊗	●	●
政策工具密度	•	•	⊗	⊗
网络中心性	●	●	⊗	•
关系强度	●	•	⊗	•
创业经验	●	⊗	•	⊗
职能经验异质性		⊗	●	●
商业模式创新	•		•	⊗
技术创新	●	●		•
原始覆盖度	0.333375	0.0948845	0.0474422	0.060231
唯一覆盖度	0.319761	0.0792079	0.0474423	0.0581683
一致性	0.878274	0.92	0.950413	1
总体覆盖率	0.520256			
总体一致性	0.901365			

从各个组态表现出的不同前因条件构型(横向和纵向结合)来看,本研究发现每个组态至少包含政策制度、融资关系和组织创业三个层面中任意层面的一

个变量。可见,独角兽实现高绩效成长并不是单一层面影响的结果,需要多个层面因素组合调配、协同作用才能够助力企业的生存和发展。

从前因条件视角(横向)来看,组织创业层面的技术创新、融资关系层面的网络中心性和关系强度作为核心条件或辅助条件出现在了3个组态中,可见融资关系和技术创新对于独角兽估值的增长起到至关重要的作用。同时也表明独角兽作为初创企业,其生存和发展离不开融资市场给予的外部资金支撑,以协助企业进行颠覆性创新增强自身竞争力,从而抢占市场、获取竞争优势。

从单个组态构型(纵向)来看,本研究发现组态3a和组态3b具备相同的核心条件,即政策工具密度、政策工具强度和职能经验异质性均作为核心条件存在,其他5个前因变量存在一定的替代性。即在政策工具强度较高但密度较低的城市,具备多元化职能经验的创业团队可依据当地融资市场环境和团队的创业经验选择不同的技术或者商业创新模式实现企业高绩效成长。

基于各层面因素特征,本研究将得出的4个组态依据核心变量的不同进行分析,具体如下。

P1:政策工具密度 * 网络中心性 * 关系强度 * 创业经验 * 商业模式创新 * 技术创新。其中,高网络中心性、高关系强度、丰富的创业经验和技术创新为核心条件,高政策工具密度和商业模式创新作为辅助条件,构成影响独角兽成长的充分性组态构型。P1组态与其他组态的不同在于,其核心条件主要集中于融资关系层面和组织创业层面。基于创业生态视角,以上特征可总结为:在政策工具密度较高的城市,技术创新与商业模式创新融合驱动的独角兽借助自身在风投组合网络的中心地位和关系强度,借助于多元化的扶持政策,充分发挥创业团队的创业经验优势,不断引入风投网络中充足的外部资源,即可促进企业估值提升。

P2:~政策工具强度 * 政策工具密度 * 网络中心性 * 关系强度 * ~创业经验 * ~职能经验异质性 * 技术创新。其中,低政策工具强度、高网络中心性和技术创新作为核心条件,高政策工具密度、高关系强度、低创业经验和低职能经验异质性作为辅助条件,以构成独角兽成长的充分组态构型。P2组态的核心条件分布在政策制度、融资关系和组织创业三个层面。基于创业生态视角，以上特征可总结为：在政策工具密度较高的城市，技术创新驱动的独角兽充分利用自身在风投组合网络的中心地位和关系强度，补充源源不断的创业资源以推动企业估值提升。

P3a：政策工具强度＊~政策工具密度＊~网络中心性＊~关系强度＊创业经验＊职能经验异质性＊商业模式创新＊~技术创新。其中，高政策工具强度、低政策工具密度和高职能经验异质性作为核心条件，低网络中心性、低关系强度、丰富的创业经验和商业模式创新作为辅助条件。该组态核心在于政策制度层面和组织创业层面的职能经验异质性。基于创业生态视角，以上特征可总结为：在政策工具强度较高的城市，独角兽充分发挥创业团队丰富的创业经验和团队异质性互补，利用地方政府的政策扶持优势，推进以商业模式创新为核心的组织创业，远离风投网络的中心有助于独立探索全新的商业模式，从而推动企业估值提升。

P3b：政策工具强度＊~政策工具密度＊网络中心性＊关系强度＊~创业经验＊职能经验异质性＊~商业模式创新＊技术创新。其中，高政策工具强度、低政策工具密度和高职能经验异质性作为核心条件，高网络中心性、高关系强度、低创业经验和技术创新作为辅助条件。该组态与P3a组态的核心要素一致，但融资关系层面的各要素之间处于替代关系。基于创业生态视角，以上特征可总结为：在政策工具强度较高的城市，独角兽充分利用地方政府的政策扶持优势，利用自身在风投组合网络的中心地位和关系强度获得充足的创业资源，并借助于团队多样化的职能经验合理吸收和创新应用风投网络的资源，通过技术创新变革产业发展，从而推动企业估值提升。

三、稳健性检验

最为常见的fsQCA研究稳健性分析包括改变校准（Changing Calibration）和改变一致性阈值（Changing Consistency Levels）。改变校准锚点主要是在-25%—25%之间改变最大模糊点的校准临界值以验证结果是否出现实质性变化。分析阈值、更改案例频数和调整一致性分析阈值，其核心思想在于验证在更严苛的情况下结果是否发生实质性改变。更改案例频数适用于大样本研究,而调整一致性阈值相对简单,没有过多约束。

因此,本研究基于以上两种方法进行稳健性检验。首先,在进行标准化分析时,将 PRI 阈值从 0.7 提高到了 0.75,结果显示在更高 PRI 下的组态构型与原先组态并无实质性改变。其次,本研究仅对结果变量的最大模糊点在上下 25% 的范围内进行了锚点调整,校准阈值为(73.11,45,14.62),所得的组态构型如表 9.6 所示。结果显示组态构型并未发生实质性改变,但总体解的一致性由原来的 0.901 降低到了 0.896,总体解的覆盖率由原来的 0.520 提升到 0.524,因此结合以上,发现本研究结果存在一定稳健性。

表 9.6 更改结果变量校准阈值的稳健性检验

条件变量	P1	P2	P3a	P3b
政策工具强度		⊗	●	●
政策工具密度	●	●	⊗	⊗
网络中心性	●	●	⊗	●
关系强度	●	●	⊗	●
创业经验	●	⊗	●	⊗
职能经验异质性		⊗	●	●
商业模式创新	●		●	⊗
技术创新	●	●	⊗	●
原始覆盖度	0.335884	0.0949393	0.048097	0.0610623
唯一覆盖度	0.322083	0.0790464	0.048097	0.0589711
一致性	0.87284	0.908	0.950413	1
总体覆盖率	0.52409			
总体一致性	0.895647			

第四节　创业组态模式总结与案例评析

针对获取的组态构型,依据其构成的核心要素不同,归纳为三种类型的独角兽创业组态模式,分别为众星拱月导流型(P1)、资本赋能科创型(P2)、政策助力探索型(P3a 和 P3b)。下文从这三种创业组态模式对独角兽成长机制的影响方面进行剖析,并结合典型独角兽案例的简单剖析,解释当前成功的独角兽的创业成长特征。

一、众星拱月导流型

P1 组态被命名为众星拱月导流型,是因为这种模式的独角兽创业具有以下三个方面特征:第一,这类独角兽企业主要聚集在政策工具密度较高的城市,创业发展广泛受益于政府提供的多元化、全方位、综合性的扶持政策;第二,独角兽受到风投资本市场的青睐,与大型风投资本关系密切,往往借助自身在风投组合网络的中心地位和关系强度获得稀缺和前瞻性的创业资源;第三,独角兽创业团队实力雄厚,特别是创业经验丰富,善于利用政府扶持政策与风投资本扶持的叠加效益,推进技术创新与商业模式创新融合的创业活动。在政策积极性高、包容异型广泛的创业环境中,又有风投资本的异质性资源不断注入,这些外部创业要素助力企业通过技术创新和商业模式创新结合来提升独角兽竞争优势以实现高估值成长。因此,该组态归纳为众星拱月导流型,预示着这些受到风投资本热捧的企业,还需要依赖于广泛的扶持政策,充分发挥创业团队的创业经验优势,通过复杂的技术和商业混合模式创新实现市场估值快速增长。

一下科技就是这一构型的典型案例。一下科技立足移动视频产品的开发及运营,自 2011 年创立后,短短 5 年就成长为独角兽。一下科技的创始人团队具有连续创业经验,创业团队抓住了北京得天独厚的创业生态优势,总部选址在北京。一方面,公司可享有北京市政府关于资金支持创新创业服务平台、科技企业孵化加速平台认定和支持等相关政策的扶持。另一方面,创业团队拥有互联网娱乐行业的丰富经验,能够迅速捕捉市场机遇,利用自身过硬的技术能力不断推出与我国生活场景紧密交融的秒拍、小咖秀、一直播等移动视频产品,从而迅速成为国内移动视频领域的"航母",但这些产品的成功运作离不开资本的持续支持。一下科技优秀的创业团队及颠覆性的技术创新能力吸引了泰合资本担任其融资顾问,泰合资本是中国领先的提供融资及并购服务的投行,最具代表性的服务项目是人人贷。在泰合资本的助力下,一下科技在前四轮融资中囊括了新浪微博、红点创投、凯鹏华盈、Star VC、红杉资本、晨兴资本等国内外顶级投资机构,其中新浪微博更是从2013年的B轮投资开始,连续四轮领投一下科技,为其发展提供了有力的资金支撑。至今,一下科技在社交移动视频领域保持着在产品、资源、内容上的硬实力和软实力优势,以技术创新与商业模式创新融合驱动,发展成为行业生态的制造者、新的商业逻辑的开拓者。

二、资本赋能科创型

P2组态被命名为资本赋能科创型,是因为这种模式的独角兽创业具有以下三个方面特征:第一,这类独角兽企业主要聚集在政策工具密度较高的城市,创业发展广泛受益于政府提供的多元化、全方位、综合性的扶持政策,但是政策工具强度不高;第二,独角兽受到风投资本市场的青睐,在所在行业中独领风骚,占据了较高的中心位置,因此成为风投机构争相投资的对象,可以获得持续、稀缺和前瞻性的创业资源;第三,独角兽创业团队无论创业经验还是互补性均不占优势,但公司的技术创新能力极强,其创业颠覆性持续引领市场,因此企业高估值成长将受到资本市场的持续关注。在政策积极性高、包容异型广泛的创业环境中,这类独角兽通过颠覆性的技术创新博得资本市场青睐,利用自身在风投组合网络的中心地位,通过多轮融资源源不断地补充异质性的创业资源支撑企业快速发展。尽管自身创业团队不够资深、经验不多(通常是高学历的技术专家),但公司凭借出色的技术创新能力持续引领市场创新发展,开拓新的技术领域,成为行业的"领头羊"。因此,该组态归纳为资本赋能科创型,预示着风投资本对于该类独角兽发展具有极其重要的作用,极强的技术创新能力是独角兽有效转化风投资本带来的创业资源,通过充分消化和吸收的关键环节所引发的高估值成长则是回报资本市场、展现行业显示度的重要特征。

旷视科技是这一构型的典型案例。旷视科技聚焦于领先的人脸识别算法技术,成立于2011年,2019年入选胡润研究院发布的《2019全球独角兽榜》。从政策制度层面看，旷视科技总部在北京，结合第四章的分析可知，北京政策工具密度较高，旷视科技所处的人工智能行业处于政策红利时期，多项人工智能产业专项扶持政策出台，但是政策工具强度不算高，特别是人工智能研发部署力度有待加强；从融资关系层面看，旷视科技于2012年获得天使轮首次融资后，经历了A轮、B轮、B+轮、C轮、D轮等多轮次融资，捕获了蚂蚁集团、腾讯资本、国风投基金、富士康、SK电讯创投（中国）、中俄投资基金、中银投资、创新工场等多家顶尖风投机构的投资，由此获取源源不断的异质性资源；从组织创业层面看，尽管旷视科技创始人团队的创业经验及职能经验异质性均不占优势，但创始人团队可谓天才团队，由具备强大研发能力的世界级科学家组成，凭借技术创新模式，掌握自研视觉感知算法引擎核心，蓄力在各商业领域推出AIoT操作系统，深层次形成生态系统以便连通百亿物联网设备。旷视科技依托过硬的技术实力完成了一轮又一轮融资，2019年在香港联合交易所披露招股说明书，2021年已申请科创板上市。在大热的产业赛道上，旷视科技正飞速发展。

三、政策助力探索型

P3a和P3b组态合并被命名为政策助力探索型，是因为这种模式的独角兽创业具有以下四个方面特征：第一，这类独角兽企业主要聚集在政策工具强度较高的城市，创业发展广泛受益于政府提供的多元化和强有力的扶持政策；第二，独角兽创业团队异质性较高，特别是经验丰富、互补性强，能够快速适应各种不确定的创业场景；第三，以商业模式创新驱动为主的独角兽依赖于创业团队丰富的创业经验，善于将政府扶持政策转化为企业核心创新能力，主动规避风投网络中心，防止风投资本过度干扰公司经营，独立探索全新的商业模式，通过创造蓝海市场获得高估值成长；第四，以技术创新驱动为主的独角兽则独辟蹊径，通过颠覆性的技术创新博得资本市场青睐，利用自身在风投组合网络的中心地位，通过多轮融资源源不断地补充异质性的创业资源支撑企业快速发展。因此，该组态归纳为政策助力探索型，预示着无论是商业模式创新驱动还是技术创新驱动的企业，均需要充分利用强有力的政府扶持政策，利用创业团队的能力探索适合自身的创业路径。以商业模式创新驱动为主的独角兽侧重利用创业团队丰富的创业经验发挥创业主观能动性，敏锐识别市场商业模式机遇，体现了商业模式创新导向的创业路径；而以技术创新驱动为主的独角兽则依赖于资本市场的外部资源导入，支撑企业技术研发和突破，体现了技术创新导向的创业路径。

喜茶是这一构型以商业模式创新的典型案例。喜茶原名皇茶，总部位于深圳，创建于 2012 年，2019 年上榜成为独角兽。从政策制度层面看，深圳的政策工具密度与我国其他城市相比处于中等偏上的地位，对于独角兽创业而言，扶持政策的积极性不算高，但是其政策工具强度遥遥领先于大部分城市，营造了浓厚的创业氛围，具有全国前列的扶持独角兽成长的力度。从融资关系层面看，主动规避风投网络中心。虽然早在 2016 年 A 轮融资已经高至 1 亿元以上，后来又陆续收获美团龙珠、腾讯投资、高瓴投资、Coatue Management、红杉中国等顶级风投机构的投资，目前处于 D 轮融资状态。但是，从喜茶的品牌运营发现，喜茶和风投机构之间没有产品运作的融合，喜茶专注于本地生活餐饮行业，坚持采取直营连锁模式，防止加盟对品牌的侵蚀和破坏。从组织创业层面看，创始人团队兼具产品营销与软件运营的不同工作经历，职能经验多元化。并且创始人团队先前拥有较丰富的创业经历，能够敏锐感知政府对数字经济的大力支持，凭借过硬的数字化运营能力，在喜茶的产品运营及管理方面率先搭建起先进的数字化体系。喜茶采用商业模式创新的方式，在运营扩张中采用"口味+设计+宣传"的策略，不断深入人心，已经成长为名副其实的优质网红品牌。

微众是另一个构型以技术创新的典型案例。微众成立于 2014 年，是我国第一家由民间资本控制和经营的银行，发起人包括多个知名企业，诸如腾讯、立业等等。在政策制度层面，微众银行和喜茶相似，虽然企业所在地政府的政策积极性与全国其他城市相比处于中等偏上位置，但享有深圳对独角兽创业的高政策工具强度的扶持红利，将降准、再贷款再贴现、转贷款、普惠小微增量奖励等各项政策工具与自身小微金融服务进行有机结合，推动中小微企业帮扶政策切实落地。在组织创业层面，创始人团队具有在中国平安、中信等不同企业不同部门的工作经历，职能经验异质性高，另外，创业团队成员利用名牌大学的学习所获，持续发挥线上服务和数字科技优势，以技术创新独辟蹊径。因此，在融资关系层面,微众凭借颠覆性的技术创新促进企业获取源源不断的资金支持,曾于2016年首轮融资高达12亿元,后续又博得腾讯投资、金立集团、深圳信太等多家机构的青睐和持续、多轮次的投资。综上,微众灵活运用政策工具以加大自身领域支持力度,使得企业结合融资关系和组织创业层面其他要素实现高绩效成长。

第五节 独角兽企业创业模式选择

伴随独角兽从弱到强的成长,创业者需要对各种创业要素进行有效的分配与利用。通过综合自身的创新模式、创业团队能力以及外部的创业资源,独角兽拥有独特的创业模式。基于创业生态系统理论、高阶理论和组态理论,本章前述部分通过 fsQCA 建模分析已经检验了政策制度和融资关系的外部创业资源依赖、独角兽创业团队能力以及独角兽创新模式选择三者之间的关系。结果表明,三者关系不同的组态匹配下,存在众星拱月导流型、资本赋能科创型、政策助力探索型3种独角兽创业模式。本小节进一步利用决策树给出上述3种创业模式的特征(见图9.2),由此可以更清晰地帮助独角兽做出较好的创业模式决策。

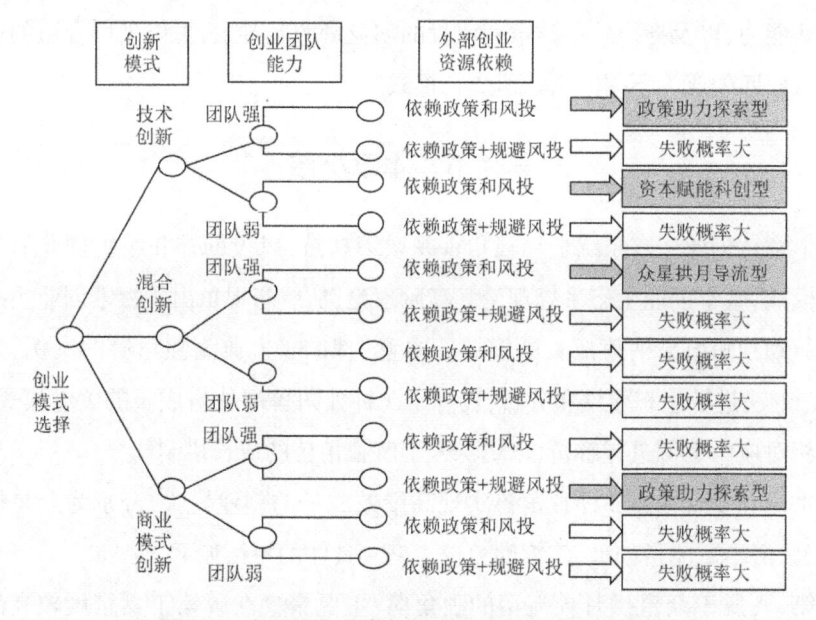

图 9.2 中国独角兽高估值成长的创业模式决策树

由上图可知，独角兽创业模式的决策由创新模式、创业团队能力、外部创业资源依赖三方面要素共同决定。独角兽的创新模式可以为技术创新、商业模式创新，或者二者兼而有之的混合创新模式；创业团队能力主要体现为创业团队的创业经验或者职能经验异质性两方面；外部创业资源依赖主要为政府政策和风投资本。

基于不同组态形成的独角兽高估值创业模式隶属于4种不同的创业情境：一是独角兽采用技术创新模式时，如果创业团队能力强，外部又能获取政策和风投的支持，可以选择政策助力探索型创业模式；二是独角兽采用技术创新模式时，如果创业团队能力弱，但外部同样可以获得政策和风投的支持，则可以选择资本赋能科创型创业模式；三是独角兽采用商业模式创新时，如果创业团队能力强，对于外部资源能获取政策支持的同时又能有效规避风投对企业运营的干扰，则可以选择政策助力探索型创业模式；四是独角兽采用混合创新模式，企业内部的创业团队能力强，外部又可以依赖政策和风投的支持，则选择众星拱月导流型的创业模式可以助推其高估值成长。由此，对于独角兽而言，在充分认识内部创业团队能力，以及把握外部政策和风投的创业资源基础上，可以采用合适的创新模式从而匹配成为不同的高估值成长模式。

第六节 本章小结

本章从创业生态系统全局视角审视政策扶持、风投助推和组织创业的有效组合模式，基于创业生态系统理论和高阶理论，从组态视角出发探索创业生态多因素驱动独角兽高估值成长的模式。本章选取58家典型独角兽的案例，采用fsQCA方法进行组态建模和分析，提炼了3种独角兽高估值成长的关键模式，并结合相对应的案例进行解析，以更深入了解独角兽的成长机制。

本研究发现存在3种独角兽实现高绩效成长的创业模式，分别为众星拱月导流型、资本赋能科创型、政策助力探索型。具体的特征如下。

第一，属于众星拱月导流型的独角兽，主要聚集在政策工具密度较高的城市；与大型风投资本关系密切，借助自身在风投组合网络的中心地位和关系强度获得稀缺和前瞻性的创业资源;创业团队实力雄厚,经验丰富,善于利用政府扶持政策与风投资本扶持的叠加,通过复杂的技术和商业混合模式创新实现市场估值高增长。

第二,属于资本赋能科创型的独角兽,主要聚集在政策工具密度较高的城市,但是政策工具强度不高;企业在所在行业中独领风骚,受到风投资本市场的青睐,可以获得持续、稀缺和前瞻性的创业资源;自身创业团队不够资深,多为高学历的技术专家,但凭借出色的技术创新能力持续引领市场创新发展,极强的技术创新能力是独角兽有效转化风投资本带来的创业资源,通过充分消化和吸收的关键环节所引发的高估值成长则是回报资本市场、展现行业显示度的重要特征。

第三,属于政策助力探索型的独角兽,主要聚集在政策工具强度较高的城市。以商业模式创新驱动为主的独角兽依赖于创业团队丰富的创业经验,善于将政府扶持政策转化为企业核心创新能力,主动规避风投网络中心,防止风投资本过度干扰公司经营,敏锐识别市场商业模式机遇,独立探索全新的商业模式,通过创造蓝海市场获得高估值成长;以技术创新驱动为主的独角兽则通过颠覆性的技术创新博得资本市场青睐,利用自身在风投组合网络的中心地位,通过多轮融资源源不断地补充异质性的创业资源支撑企业快速发展,体现了技术创新导向的创业路径。

第七篇 结 语

第十章 结论与建议

本书从创业生态系统视角剖析了中国独角兽成长的机制，重点基于主题建模—政策量化—计量模型以及组态建模等一系列研究方法，识别了影响中国独角兽成长的关键因素，实证研究了政策扶持、风投助推和组织创业对中国独角兽成长的作用，并发现中国独角兽高估值成长的多种模式。研究证实，单个创业因素无法培育和支持独角兽成长，多个创业生态要素的耦合激发独角兽创业能力才能促进其高估值成长。本书尝试揭开中国独角兽成长的"神秘面纱"。

第一节 研究结论

一、提出并论证了独角兽三大关键创业生态要素

先前研究明确了独角兽的生存与创业生态有关，强调了良好的区域创业生态是独角兽成长必不可少的要素。但由于独角兽属于高成长型创业企业，存在一定特殊性，以往影响企业成长的驱动因素并不一定能在独角兽发展过程中得到呈现。本书发现了独角兽成长依赖的关键创业生态要素主要表现为政策制度、融资关系和组织创业，并进一步论证了政策制度、融资关系和组织创业三类关键创业生态要素对独角兽成长的潜在影响。主要结果体现在以下两个方面。

（1）基于 Fernandes 和 Ferreira 的创业生态系统理论，提出独角兽创业生态系统的核心可以由制度、关系和结构三个维度解释。

(2)基于70万字的非结构化文本数据,利用LDA主题模型,从社会公众和政府部门视角提取了独角兽成长的8个关键创业生态要素,归纳为政策制度、融资关系和组织创业。该结果很好地与创业生态系统理论形成对应关系。基于自上而下的理论解构和自下而上的实践归纳相结合,本研究提出政策扶持、风投助推及组织创业是独角兽高估值成长的关键机制。

二、量化识别了独角兽扶持政策工具密度与强度的关键特征与作用

政府利用政策工具将政策意图转变为管理行为,将政策理念转变为政策现实,实现市场经济"第二只手"的作用。本书基于政策工具理论,系统设计了独角兽政策编码体系,量化了2015年以来25个城市287份独角兽扶持政策文件,识别了扶持政策工具的倾向性和区域差异特征,并解析了政策工具密度和强度两个关键特征对独角兽的培育作用。主要结果体现在以下三个方面。

(1)总体上各地政府"重供给型和环境型政策工具,轻需求型政策工具",量化数据显示,政策工具密度呈"环境、供给和需求梯度下降"特征,政策工具强度呈中等偏低支持力度。

(2)聚类结果显示,杭州、成都、青岛和济南四个城市在政策工具密度和强度两个方面同时跻身全国四强;研究也发现,政策工具强度对政策工具密度具有约束作用,即独角兽扶持政策能否真正落地取决于所在城市的经济水平、人力资本和地方财政,北京和上海两个城市很好平衡了政策工具的密度和强度。

(3)通过拟合函数方法,发现政策工具密度与独角兽培育数量呈倒"U"形关系,强度与培育数量呈指数增长关系,整体解释率只有20%—25%。此结果说明,政府政策对独角兽成长的扶持作用有限,还有更多的创业生态系统要素决定了独角兽的成长。

三、实证检验了风投对独角兽成长的两种助推机制

风投机构对独角兽的成长影响不仅表现在提供发展资金,而且还通过双方合作网络产生的嵌入性带来资源汇入。这种嵌入式关系决定了独角兽多大程度从投资网络中继续吸收资金、人力、知识、流量等市场稀缺资源支持组织创业。根据2017—2020年231家独角兽融资数据和对应的447家风投机构投资数据,

本研究利用社会网络分析方法识别了独角兽嵌入风投机构的投资组合网络属性。进一步使用 Heckman 两阶段模型实证检验了风投对独角兽成长绩效的助推作用,对市场估值的解释率可达 30.7%。主要结果体现在以下两个方面。

(1)研究发现了结构嵌入和关系嵌入对独角兽成长绩效的直接影响。具体而言,使用网络中心性表示结构嵌入,解释了独角兽通过风投机构获得成长资源进而追求市场机会的能力。网络中心性每提升 0.1,可增加估值 1 倍。以领投累计投资额表示关系嵌入,解释了风投机构与独角兽之间的社会黏着关系,强度关系增加 1%,平均三年后独角兽估值将提升 0.283%。

(2)研究也证实了风投机构投资组合多样性的调节作用只发生在关系强度对独角兽估值的影响中,即在风投机构追求多样性、规避投资风险的基本前提下,如果独角兽能够获得领投机构的认可,那么估值将得到显著提升。

四、结构化勾勒了独角兽高绩效成长的三类组态模式

影响独角兽高绩效成长的因素之间存在复杂的相互作用关系,依靠单案例或者多案例平行比较,较难识别多种创业成长模式。本书从创业生态系统全局视角审视政策扶持、风投助推和组织创业的相互关系,利用组态建模求解了创业生态多因素驱动独角兽高绩效成长的模式。通过多源数据集成,汇聚 58 家典型独角兽的案例,采用 fsQCA 方法进行组态建模,最终确定了我国独角兽实现高绩效成长的三种创业模式。本研究发现:

(1)高绩效成长组态构型中均至少包含政策制度、融资关系和组织创业三个层面中的一个因素,验证了独角兽成长存在一定复杂性,需要多个层面因素组合调配、协同作用才能够助力独角兽的生存和发展。

(2)存在三种独角兽高绩效成长的关键模式,分别为众星拱月导流型、资本赋能科创型、政策助力探索型。独角兽需结合自身创业条件,在准确把握外部创业资源依赖的基础上,选择合适的创业模式。本书提炼的三种模式融合了多样化的创业生态要素,为加深理解独角兽成长的内在机制以及合理选择创业模式提供了清晰的判断逻辑。

第二节 管理建议

现实层面,独角兽正在成为我国数字经济新的经济增长点。而与此同时,我们尚不清楚独角兽成长机制。本书从创业生态系统视角对政策制度、融资关系、组织创业三个层面系统论证独角兽的成长机制,提出以下管理实践建议。

首先,对于如何优化政府的扶持作用提供了政策建议。一是合理评估自身的独角兽扶持政策的效率。本研究为我国城市层面的独角兽扶持政策提供了系统的量化方法,各地政府可以充分利用政策工具的两个关键特征政策工具密度和政策工具强度,识别自身对独角兽扶持的政策工具使用效率。二是平衡独角兽扶持政策与区域资源约束。本研究发现政策工具强度对政策工具密度具有约束性,即政府对政策工具的使用会受到区域资源约束,对独角兽扶持的真正落地政策需要同所在城市的经济水平、人力资本和地方财政等资源能力相匹配。因此,各地政府可以参照北京和上海两个表现优异的城市,尽量在政策工具密度和强度的使用上达到平衡。三是调整独角兽扶持政策工具的设计方向。本研究发现政策对独角兽具有有限扶持作用,各地政府需要在现有政策评估的基础上调整政策工具设计方向,侧重独角兽创业生态的其他方面要素的支持,譬如风险资本的激励、创业文化的培育、创业环境的营造等等。

其次,对于如何规范和促进风投扶持独角兽成长提供了管理建议。投资机构应该拓宽对创业企业的注意力范围来选择合适的投资对象。不仅注意对与自己保持良好关系的创业企业进行投资,还需敏锐捕获投资体系外部但在整个投资组合网络处于中心位置的创业企业,这样更有利于提高投资回报可能性。另外,投资机构还可以依赖独角兽高估值成长模式判断是否对初创企业进行投资。在不确定的市场环境下,投资机构做出投资决策需要基于对信息可信性的判断,进而参考高成长型独角兽具备的特质,对与之拥有类似资源能力且存在发展潜力的初创企业进行投资,这样更可能培育出独角兽并快速获取投资回报。

最后,对于如何利用自身创业能力更好地把握制度优势和市场机遇提供了创业建议。第一,创业企业应审视自身能利用的政策制度与网络关系。本研究表明政策制度、融资关系是关键的创业生态要素，政府对于创业企业的成长提供"帮助之手"，而风投网络关系则是把"双刃剑"。因此，创业企业需要高度保持对外部制度的敏感性，适时把握制度优势，不可过度乐观或是高估网络关系的作用。第二，创业企业要善于模仿独角兽这类高成长型创业企业的成长模式，找到适合自己的创业定位。本研究提炼了三种独角兽高估值成长的关键模式，在政府和风投的助力下，创业企业的团队能力和创新模式的选择至关重要。由此，创业企业应结合自身的创业团队条件，选择合适的创新模式以快速成长。第三，创业企业应该努力提升自身的创业能力，包括创业团队能力和创新能力，从而可以更好地把握可能利用的外部资源，实现内部条件与外部资源的统一，以取得卓越的创业绩效。

参考文献

[1] Zhai J. Z., Carrick J.. The Rise of the Chinese Unicorn: An Exploratory Study of Unicorn Companies in China[J]. *Emerging Markets Finance and Trade*, 2019, 55(15): 3371-3385.

[2] 曲婉, 冯海红. 创新创业政策对早期创业行为的作用机制研究[J]. 科研管理, 2018, 39(10): 12-21.

[3] Lu Y., Meng Q., Cai Y., et al.. Research on the Relationship between R & D Investment and Corporate Value of "Unicorn" Companies: Based on the Financial Flexibility of Artificial Intelligence Company Data[J]. *Open Journal of Business and Management*, 2018, 6(4): 953-962.

[4] Lehmann E. E., Schenkenhofer J., Wirsching K.. Hidden Champions and Unicorns: A Question of the Context of Human Capital Investment[J]. *Small Business Economics*, 2019, 52(2): 359-374.

[5] Macmillan I. C., Siegel R., Narasimha P. N. S.. Criteria Used by Venture Capitalists to Evaluate New Venture Proposals[J]. *Journal of Business Venturing*, 1985, 1(1): 119-128.

[6] 季辰宇, 熊慧明, 周佳纯. 基于因子分析的独角兽企业集聚区金融生态环境评价研究[J]. 市场周刊, 2019(2): 120-122.

[7] 袁晓辉, 高建. 寻找独角兽企业[J]. 清华管理评论, 2016(Z2): 28-38.

[8] 刘程. 如何成为"独角兽"企业？[J]. 企业管理, 2017(6): 38-39.

[9] 郑健壮, 吴文雯. 独角兽企业成长关键因素的实证研究[J]. 科技管理研究, 2020, 40(21): 225-232.

[10] 余维臻, 陈立峰, 刘锋. 后发情境下创业企业如何成为"独角兽"——颠覆性创新视角的探索性案例研究[J]. 科学学研究, 2021, 39(7): 1267-1276.

[11] Acs Z. J., Stam E., Audretsch D. B., et al.. The Lineages of the Entrepreneurial Ecosystem Approach[J]. *Small Business Economics*, 2017, 49(1): 1-10.

[12] Spigel B., Harrison R.. Toward a Process Theory of Entrepreneurial Ecosystems[J]. *Strategic Entrepreneurship Journal*, 2018, 12(1): 151-168.

[13] Corrente S., Greco S., Nicotra M., et al.. Evaluating and Comparing Entrepreneurial Ecosystems Using SMAA and SMAA-S[J]. *Journal of Technology Transfer*, 2019, 44(2): 485-519.

[14] 陈强, 肖雨桐, 刘笑. 京沪独角兽企业成长环境比较研究——城市创新创业生态体系的视角[J]. 同济大学学报(社会科学版), 2018, 29(5): 106-114.

[15] 余菲菲, 施晔. 互联网创业政策对新创企业融合互联网的影响[J]. 科学学研究, 2020, 38(3): 476-487.

[16] Mason C., Brown R.. Entrepreneurial Ecosystems and Growth-Oriented Enterprises, Background Paper Prepared for the Workshop Organised by the OECD LEED Programme and the Dutch Ministry of Economic Affairs[R]. OECD, 2014.

[17] 陈靖, 徐建国, 唐涯, 等. 独角兽企业的兴起:典型事实和驱动因素[J]. 上海金融, 2019(2): 12-20+49.

[18] Hsu D. H.. What Do Entrepreneurs Pay for Venture Capital Affiliation?[J]. *Journal of Finance*, 2004, 59(4): 1805-1844.

[19] 段茹, 李华晶. 创业型企业市场进入模式研究[J]. 科学学研究, 2019, 37(8): 1481-1488.

[20]董静,汪江平,翟海燕,等.服务还是监控:风险投资机构对创业企业的管理——行业专长与不确定性的视角[J].管理世界,2017(6):82-103+187-188.

[21]陈辉发,施博辉.独角兽企业创始人资本情况分析[J].财会通讯,2019(14):12-15.

[22]Urbinati A., Chiaroni D., Chiesa V., et al.. The Role of Business Model Design in the Diffusion of Innovations: An Analysis of a Sample of Unicorn-Tech Companies[J]. *International Journal of Innovation and Technology Management*, 2019, 16(1): 1-64.

[23]马邈.我国独角兽企业的培育和发展研究[D].武汉:华中科技大学,2018.

[24]杜芳.中国"独角兽":因何一路狂奔[J].中国中小企业,2017(5):48-49.

[25]金雪涛.我国互联网"独角兽"企业发展解析[J].人民论坛·学术前沿,2020(5):92-98.

[26]Penrose E., Penrose E. T.. *The Theory of the Growth of the Firm*[M]. Oxford:Oxford University Press, 2009.

[27]Nuscheler D., Engelen A., Zahra S. A.. The Role of Top Management Teams in Transforming Technology-Based New Ventures Product Introductions into Growth[J]. *Journal of Business Venturing*, 2019,34(1): 122-140.

[28]陈强,肖雨桐.基于定性比较分析的创新型企业高成长性路径[J].同济大学学报(自然科学版),2020,48(12):1818-1827.

[29]Barringer B. R., Jones F. F., Neubaum D. O.. A Quantitative Content Analysis of the Characteristics of Rapid-Growth Firms and Their Founders[J]. *Journal of Business Venturing*, 2005, 20(5): 663-687.

[30]谢海娟,何和阳,刘晓臻.高管团队特征对企业成长性的影响——基于创业板上市公司的数据[J].财会通讯,2015(36):46-49.

[31]朱宇澄,孙璐,王雪秀,等.独角兽企业发展特征视域下苏州培育独角兽企业的策略探析[J].创新创业理论研究与实践,2018,1(13):113-115.

[32]姚威,胡顺顺,储昭卫.中国省域战略性新兴产业政策工具体系研究——基于政策指数统计分析[J].科技管理研究,2020,40(7):26-34.

[33]Harhoff D., Stahl K., Woywode M.. Legal Form, Growth and Exit of West German Firms – Empirical Results for Manufacturing, Construction, Trade and Service Industries[J]. *Journal of Industrial Economics*, 1998, 46(4): 453-489.

[34]Feeser H. R., Willard G. E.. Founding Strategy and Performance: A Comparison of High and Low Growth High Tech Firms[J]. *Strategic Management Journal*, 1990, 11(2): 87-98.

[35]Coad A., Rao R.. Innovation and Firm Growth in High-Tech Sectors: A Quantile Regression Approach[J]. *Research Policy*, 2007, 37(4): 633-648.

[36]楚天骄,宋韬.中国独角兽企业的空间分布及其影响因素研究[J].世界地理研究,2017,26(6):101-109.

[37]任声策,胡迟.独角兽企业培育绩效的创业生态系统建设路径——基于模糊集定性比较分析的观点[J].技术经济,2019,38(7):46-55+70.

[38]Bottazzi L., Da Rin M., Hellmann T.. Who are the Active Investors? Evidence from Venture Capital[J]. *Journal of Financial Economics*, 2008, 89(3): 488-512.

[39]Sorensen M.. How Smart is Smart Money? A Two-Sided Matching Model of Venture Capital[J]. *Journal of Finance*, 2007, 62(6): 2725-2762.

[40]蔡宁."逐名"抑或"增值"?——风险投资政治背景与公司成功上市[J].投资研究,2016:34-53.

[41]Anita Kerai. Role of Unicorn Tag in Gaining Legitimacy and Accessing Funds[J]. *The Business and Management Review*, 2017,9(2):119-127.

[42]Zörgiebel S.. The Rise of the Unicorns – How Media Affects Start-Up Valuations[J]. *European Financial Management*, 2016, 7: 1-45.

[43]孟韬,徐广林. 专利申请、创业融资与独角兽企业估值及成长性[J]. 科学学研究, 2020, 38(8): 1444-1450+1472.

[44]蒋师,罗强,叶盛,等. 2017年中国独角兽企业专利申请状况研究[J]. 中国发明与专利, 2018, 15(6): 58-64.

[45]诸国华. 独角兽企业研究综述与展望[J]. 经营与管理, 2020(2): 65-71.

[46]Dyer J. H., Hatch N. W.. Relation-Specific Capabilities and Barriers to Knowledge Transfers: Creating Advantage through Network Relationships[J]. *Strategic Management Journal*, 2006, 27(8): 701-719.

[47]周乐婧,郭东强,余鲲鹏. "互联网+"背景下中国独角兽企业商业模式创新研究[J]. 对外经贸, 2019(4): 93-97+157.

[48]Fan W. G., Wallace L., Rich S., et al.. Tapping the Power of Text Mining[J]. *Communications of the Acm*, 2006, 49(9): 77-82.

[49]Resch C., Kock A.. The Influence of Information Depth and Information Breadth on Brokers' Idea Newness in Online Maker Communities[J]. *Research Policy*, 2021, 50(8): 104-142.

[50]魏玉媛. 广东省科技成果转化政策文本内容分析研究[D]. 广州:华南理工大学, 2020.

[51]汪涛,谢宁宁. 基于内容分析法的科技创新政策协同研究[J]. 技术经济, 2013, 32(9): 22-28.

[52]Krippendorff K.. *Content Analysis: An Introduction to Its Methodology*[M]. Los Angeles:Sage Publications, 2018.

[53]Duraiappah A. K., Bhardwaj A.. *Measuring Policy Coherence among the MEAs and MDGs*[M]. Winnipeg: International Institute for Sustainable Development, 2007.

[54]Freitas I. M. B., von Tunzelmann N.. Mapping Public Support for Innovation: A Comparison of Policy Alignment in the UK and France[J]. *Research Poli-*

cy, 2008, 37(9): 1446-1464.

[55] 马祎晗. HD 集团股权激励优化方案研究[D]. 西安:西安理工大学,2021.

[56] Diakoulaki D., Mavrotas G., Papayannakis L.. Determining Objective Weights in Multiple Criteria Problems – the Critic Method[J]. *Computers & Operations Research*, 1995, 22(7): 763-770.

[57] 张立军,张潇. 基于改进 CRITIC 法的加权聚类方法[J]. 统计与决策,2015(22): 65-68.

[58] 张玉,魏华波. 基于 CRITIC 的多属性决策组合赋权方法[J]. 统计与决策,2012(16): 75-77.

[59] 欧阳天皓. 国家经济安全背景下的政府债务风险评估与分析[D]. 南昌:南昌大学,2021.

[60] 朱庆华,李亮. 社会网络分析法及其在情报学中的应用[J]. 情报理论与实践,2008(2): 179-183+174.

[61] Hochberg Y. V., Ljungqvist A., Lu Y.. Whom You Know Matters: Venture Capital Networks and Investment Performance[J]. *Journal of Finance*, 2007, 62(1): 251-301.

[62] Bonacich P. F.. Factoring and Weighting Approaches to Status Scores and Clique Identification[J]. *Journal of Mathematical Sociology*,1972, 2(1): 113-120.

[63] 孙爱丽,顾晓敏,吴慧. 研发投入对高新区集群企业创新绩效的影响[J]. 经济地理,2017, 37(7): 99-104+145.

[64] Zaheer A., Bell G. G.. Benefiting from Network Position: Firm Capabilities, Structural Holes, and Performance[J]. *Strategic Management Journal*, 2005, 26(9): 809-825.

[65] Heckman J. J.. Sample Selection Bias as a Specification Error[J]. *Econometrica: Journal of the Econometric Society*, 1979,47(1): 153-162.

[66] 杜运周,贾良定. 组态视角与定性比较分析(QCA):管理学研究的一

条新道路[J]. 管理世界, 2017(6): 155-167.

[67] Isenberg D.. What an Entrepreneurship Ecosystem Actually Is[J]. *Harward Business Review*, 2014, 88(6): 40-50.

[68] Spigel B.. The Relational Organization of Entrepreneurial Ecosystems[J]. *Entrepreneurship Theory and Practice*, 2017, 41(1): 49-72.

[69] 蔡莉, 彭秀青, Nambisan S., 等. 创业生态系统研究回顾与展望[J]. 吉林大学社会科学学报, 2016, 56(1): 5-16+187.

[70] 林嵩. 创业生态系统: 概念发展与运行机制[J]. 中央财经大学学报, 2011(4): 58-62.

[71] 张秀娥, 徐雪娇. 创业生态系统研究前沿探析与未来展望[J]. 当代经济管理, 2017, 39(12): 1-7.

[72] Brown R., Mason C.. Looking Inside the Spiky Bits: A Critical Review and Conceptualisation of Entrepreneurial Ecosystems[J]. *Small Business Economics*, 2017, 49(1): 11-30.

[73] Stam E.. Entrepreneurial Ecosystems and Regional Policy: A Sympathetic Critique[J]. *European Planning Studies*, 2015, 23(9): 1759-1769.

[74] 孙金云, 李涛. 创业生态圈研究: 基于共演理论和组织生态理论的视角[J]. 外国经济与管理, 2016, 38(12): 32-45.

[75] 焦豪, 马高雅. 国外创业生态系统研究文献回顾与展望[J]. 研究与发展管理, 2022, 9(7): 1-17.

[76] Mack E., Mayer H.. The Evolutionary Dynamics of Entrepreneurial Ecosystems[J]. *Urban Studies*, 2016, 53(10): 2118-2133.

[77] Fernandes A. J., Ferreira J. J.. Entrepreneurial Ecosystems and Networks: A Literature Review and Research Agenda[J]. *Review of Managerial Science*, 2022, 16(1): 189-247.

[78] Autio E., Kenney M., Mustar P., et al.. Entrepreneurial Innovation: The Importance of Context[J]. *Research Policy*, 2014, 43(7): 1097-1108.

[79]Carayannis E. G., Grigoroudis E., Campbell D. F. J., et al.. The Ecosystem as Helix:An Exploratory Theory-Building Study of Regional Coopetitive Entrepreneurial Ecosystems as Quadruple/Quintuple Helix Innovation Models[J]. *R & D Management*, 2018, 48(1):148-162.

[80]Schaeffer V., Matt M.. Development of Academic Entrepreneurship in a Non-Mature Context: The Role of the University as a Hub-Organisation[J]. *Entrepreneurship and Regional Development*,2016, 28(9-10): 724-745.

[81]Colombo M. G., Dagnino G. B., Lehmann E. E., et al.. The Governance of Entrepreneurial Ecosystems[J]. *Small Business Economics*, 2019, 52(2): 419-428.

[82]Cowell M., Lyon-Hill S., Tate S.. It Takes All Kinds: Understanding Diverse Entrepreneurial Ecosystems[J]. *Journal of Enterprising Communities*, 2018, 12(2): 178-198.

[83] Colombelli A., Paolucci E., Ughetto E.. Hierarchical and Relational Governance and the Life Cycle of Entrepreneurial Ecosystems[J]. *Small Business Economics*, 2019, 52(2):505-521.

[84]Motoyama Y., Knowlton K.. From Resource Munificence to Ecosystem Integration: The Case of Government Sponsorship in St. Louis[J]. *Entrepreneurship and Regional Development*, 2016, 28(5-6): 448-470.

[85]Apa R., Grandinetti R., Sedita S. R.. The Social and Business Dimensions of a Networked Business Incubator: The Case of H-Farm[J]. *Journal of Small Business and Enterprise Development*, 2017, 24(2): 198-221.

[86]Neumeyer X., Santos S. C., Caetano A., et al.. Entrepreneurship Ecosystems and Women Entrepreneurs: A Social Capital and Network Approach[J]. *Small Business Economics*, 2019, 53(2): 475-489.

[87]吴静. 国家科技政策对农业创新型企业发展的影响研究[D]. 郑州:河南农业大学,2018.

[88]吕文晶,陈劲,刘进.政策工具视角的中国人工智能产业政策量化分析[J].科学学研究,2019,37(10):1765-1774.

[89]陈振明,张敏.国内政策工具研究新进展:1998—2016[J].江苏行政学院学报,2017(6):109-116.

[90]黄红华.政策工具理论的兴起及其在中国的发展[J].社会科学,2010(4):13-19+187.

[91]Elliott O. V.. The Tools of Government: A Guide to the New Governance[M].Oxford:Oxford University Press,2002.

[92]韦彩玲,杨臣.政策工具理论的研究状况及其在我国的应用前景——以国内外文献为研究对象[J].江西社会科学,2012,32(8):230-235.

[93]白仲林,尹彦辉,缪言.财政政策的收入分配效应:发展不平衡视角[J].经济学动态,2019(2):91-101.

[94]王红梅,王振杰.环境治理政策工具比较和选择——以北京PM2.5治理为例[J].中国行政管理,2016(8):126-131.

[95]Rothwell R., Zegveld W.. Reindustrialization and Technology[M].London:Longman Group Limited,1985.

[96]苏竣.公共科技政策导论[M].北京:科学出版社,2014.

[97]刘新民,张亚男,范柳,等.创业政策对创业企业迁徙决策的影响分析[J].软科学,2018,32(9):39-42.

[98]刘云,黄雨歆,叶选挺.基于政策工具视角的中国国家创新体系国际化政策量化分析[J].科研管理,2017,38(S1):470-478.

[99]张雅娴,苏竣.技术创新政策工具及其在我国软件产业中的应用[J].科研管理,2001(4):65-72.

[100]赵筱媛,苏竣.基于政策工具的公共科技政策分析框架研究[J].科学学研究,2007(1):52-56.

[101]白彬,张再生.基于政策工具视角的以创业拉动就业政策分析——基于政策文本的内容分析和定量分析[J].科学学与科学技术管理,2016,37

(12):92-100.

[102]李鹏利,张宝建,刘晓彤,等.国家科技创业政策协调性研究——基于政策工具视角[J].科学管理研究,2021,39(1):2-10.

[103]Knill C., Kai S., Tosun J. J. R., et al.. Regulatory Policy Outputs and Impacts: Exploring a Complex Relationship[J]. *Regulation and Governance*, 2012, 6(4): 427-444.

[104]Schaffrin A., Sewerin S., Seubert S.. Toward a Comparative Measure of Climate Policy Output[J]. *Policy Study*, 2015, 43(2): 257-282.

[105]Schmidt T. S., Sewerin S.. Measuring the Temporal Dynamics of Policy Mixes-An Empirical Analysis of Renewable Energy Policy Mixes' Balance and Design Features in Nine Countries[J]. *Research Policy*, 2019, 48(1):1-13.

[106]彭纪生,仲为国,孙文祥.政策测量、政策协同演变与经济绩效:基于创新政策的实证研究[J].管理世界,2008(9):25-36.

[107]张永安,周怡园.新能源汽车补贴政策工具挖掘及量化评价[J].中国人口·资源与环境,2017,27(10):188-197.

[108]华斌,康月,范林昊.中国高新技术产业政策层级性特征与演化研究——基于1991—2020年6043份政策文本的分析[J].科学学与科学技术管理,2022,43(1):87-106.

[109]张国兴,高秀林,汪应洛,等.中国节能减排政策的测量、协同与演变——基于1978—2013年政策数据的研究[J].中国人口·资源与环境,2014,24(12):62-73.

[110]陈新明,萧鸣政,张睿超.城市"抢人大战"的政策特征、效力测度及优化建议[J].中国人力资源开发,2020,37(5):59-69.

[111]尹明.招商引资政策工具对区域创新能力的影响效应——以中山市为例的实证研究[J].学术研究,2017(11):67-73.

[112]单晓红,何强,刘晓燕,等."政策属性—政策结构"框架下人工智能产业政策区域比较研究[J].情报理论与实践,2021,44(3):194-202.

[113] Pfeffer J. , Salancik G. R. . The External Control of Organizations: A Resource Dependence Perspective[M]. Palo Alto, CA: Stanford University Press, 2003.

[114] Tillquist J. , King J. L. , Woo C. . A Representational Scheme for Analyzing Information Technology and Organizational Dependency[J]. MIS Quarterly, 2002, 26(2): 91-118.

[115] Medcof J. W. . Resource-Based Strategy and Managerial Power in Networks of Internationally Dispersed Technology Units[J]. Strategic Management Journal, 2001, 22(11): 999-1012.

[116] 郑向杰, 赵炎. 联盟创新网络中企业嵌入与区域位置对企业知识创造能力影响的实证研究[J]. 研究与发展管理, 2013, 25(4): 20-29+103.

[117] 周志强, 龙勇. 竞合关系中的学习策略选择机制研究[J]. 研究与发展管理, 2013, 25(4): 116-125.

[118] Stuart T. E. , Barnett B. , Burt R. , et al. . Network Positions and Propensities to Collaborate: An Investigation of Strategic Alliance Formation in a High-Technology Industry[J]. Administrative Science Quarterly, 1998, 43(3): 668-698.

[119] 朱彬钰. 集群企业资源获取、吸收能力与技术创新绩效——珠三角传统产业集群中的企业研究[J]. 科技进步与对策, 2009, 26(10): 84-90.

[120] 宋华, 王岚. 企业间关系行为对创新柔性的影响研究[J]. 科研管理, 2012, 33(3): 1-10+17.

[121] 彭正龙, 王海花, 蒋旭灿. 开放式创新模式下资源共享对创新绩效的影响: 知识转移的中介效应[J]. 科学学与科学技术管理. 2011, 32(1): 48-53.

[122] 杨静, 刘瑞霞, 胡丹. 跨组织知识共享对技术创新能力影响研究——基于吸收能力的视角[J]. 科技管理研究, 2013, 33(2): 1-5.

[123] 郑晓博, 陈闯. 创业投资治理行为的选择——基于委托代理和资源依赖视角的检验[J]. 清华大学学报(自然科学版), 2012, 52(8): 1150-1157.

[124] 秦剑, 张玉利. 社会资本对创业企业资源获取的影响效应研究[J]. 当代经济科学, 2013, 35(2): 96-106+127-128.

[125] Berg-Utby T., Sørheim R., Widding L. Øystein. Venture Capital Funds: Do They Meet the Expectations of Portfolio Firms? [J]. *Venture Capital*, 2006, 9(1): 23-41.

[126] Ozmel U., Guler I.. Small fish, Big Fish: The Performance Effects of the Relative Standing in Partners' Affiliate Portfolios [J]. *Strategic Management Journal*, 2015, 36(13): 2039-2057.

[127] Guo D., Jiang K.. Venture Capital Investment and the Performance of Entrepreneurial Firms: Evidence from China [J]. *Journal of Corporate Finance*, 2013, 22: 375-395.

[128] Croce A., Martí J., Murtinu S.. The Impact of Venture Capital on the Productivity Growth of European Entrepreneurial Firms: 'Screening' or 'Value added' Effect? [J]. *Journal of Business Venturing*, 2013, 28(4): 489-510.

[129] Murray G.. A Synthesis of Six Exploratory, European Case Studies of Successfully Exited, Venture Capital-Financed, New Technology-Based Firms [J]. *Entrepreneurship Theory and Practice*, 1996, 20(4): 41-60.

[130] 陈敏灵. 风险投资联盟结构、声誉与创业项目成功率——基于中国创业企业的实证研究[J]. 云南财经大学学报, 2015, 31(3): 128-139.

[131] 薛静, 陈敏灵. 风险投资机构社会资本始终促进创业企业的绩效吗?[J]. 经济经纬, 2019, 36(3): 88-94.

[132] Hambrick D. C., Mason P. A.. Upper Echelons: The Organization as a Reflection of Its Top Managers [J]. *Academy of Management Review*, 1984, 9(2): 193-206.

[133] Cyert R. M., March J. G.. A Behavioral Theory of the Firm [J]. *Systems Research & Behavioral Science*, 2003, 4(2): 81-95.

[134] Hambrick D. C.. Upper Echelons Theory: An Update [J]. *Academy of Management Review*, 2007, 32(2): 334-343.

[135] Jin L., Madison K., Kraiczy N. D., et al.. Entrepreneurial Team Com-

position Characteristics and New Venture Performance: A Meta-Analysis[J]. *Entrepreneurship: Theory and Practice*, 2016, 41(5): 743-771.

[136]杨林, 和欣, 顾红芳. 高管团队经验、动态能力与企业战略突变:管理自主权的调节效应[J]. 管理世界, 2020, 36(6): 168-188+201+252.

[137]Higgs M., Plewnia U., Ploch J.. Influence of Team Composition and Task Complexity on Team Performance[J]. *Team Performanc Management*, 2005, 11(7/8): 227-250.

[138]杨国忠, 杨明珠. 基于CEO变动调节效应的高管团队特征对企业研发投资及技术创新绩效的影响研究[J]. 工业技术经济, 2016, 35(2): 51-59.

[139]林萍. 组织动态能力与绩效关系的实证研究:环境动荡性的调节作用[J]. 上海大学学报(社会科学版), 2009, 16(6): 66-77.

[140]Shrader R., Siegel D. S.. Assessing the Relationship between Human Capital and Firm Performance: Evidence from Technology-Based New Ventures[J]. *Entrepreneurship Theory and Practice*, 2007, 31(6): 893-908.

[141]张明, 蓝海林, 陈伟宏, 等. 殊途同归不同效:战略变革前因组态及其绩效研究[J]. 管理世界, 2020, 36(9): 168-186.

[142]Ughetto E.. Growth of Born Globals: The Role of the Entrepreneur's Personal Factors and Venture Capital[J]. *International Entrepreneurship and Management Journal*, 2016, 12(3): 859-860.

[143]Knippenberg D. V., Schippers M. C.. Work Group Diversity[J]. *Annual Review of Psychology*, 2007, 58(1): 515-541.

[144]O'Reilly C., Snyder R., Boothe J.. Executive Team Demography and Organizational Change[J]. *Organizational Change and Redesign*, 1993, 6(3): 147-175.

[145]Knight D., Pearce C. L., Smith K. G., et al.. Top Management Team Diversity, Group Process, and Strategic Consensus[J]. *Strategic Management Journal*, 1999, 20(5): 445-465.

[146] Amason A. C., Shrader R. C., Tompson G. H.. Newness and Novelty: Relating Top Management Team Composition to New Venture Performance[J]. *Journal of Business Venturing*, 2006, 21(1): 125-148.

[147] 胡望斌, 张玉利, 杨俊. 同质性还是异质性:创业导向对技术创业团队与新企业绩效关系的调节作用研究[J]. 管理世界, 2014(6): 92-109+187-188.

[148] Bunderson J. S., Sutcliffe K. M.. Comparing Alternative Conceptualizations of Functional Diversity in Management Teams: Process and Performance Effects[J]. *Academy of Mangement Journal*, 2002, 45(5): 875-893.

[149] 李加鹏, 吴蕊, 杨德林. 制度与创业研究的融合:历史回顾及未来方向探讨[J]. 管理世界, 2020, 36(5): 204-219+19.

[150] 杨震宁, 赵红. 中国企业的开放式创新:制度环境、"竞合"关系与创新绩效[J]. 管理世界, 2020, 36(2): 139-160+224.

[151] Suchman M. C.. Managing Legitimacy: Strategic and Institutional Approaches[J]. *Academy of Management Review*, 1995, 20(3): 571-610.

[152] 王玲, 蔡莉, 于海晶, 等. 创业生态系统下新创企业的网络关系特性[J]. 科学学研究, 2021, 11(3):1-16.

[153] 王玲玲, 赵文红, 魏泽龙. 创业制度环境、网络关系强度对新企业组织合法性的影响研究[J]. 管理学报, 2017, 14(9): 1324-1331.

[154] Stuart T. E., Hoang H., Hybels R. C.. Interorganizational Endorsements and the Performance of Entrepreneurial Ventures[J]. *Administrative Science Quarterly*, 1999, 44(2): 315-349.

[155] 刘雪锋. 网络嵌入性影响企业绩效的机制案例研究[J]. 管理世界, 2009(S1):3-12+129-130.

[156] 朱振坤, 金占明. 嵌入网络对新生者不利条件的影响——创业企业和风险投资网络的实证研究[J]. 清华大学学报(哲学社会科学版), 2009, 24(S1): 61-72.

［157］Granovetter M.. Economic Action and Social Structure：The Problem of Embeddedness[J]. *American Journal of Sociology*, 1985, 91(3)：481-510.

［158］Uzzi B.. The Sources and Consequences of Embeddedness for the Economic Performance of Organizations：The Network Effect[J]. *American Sociological Review*, 1996, 61(4)：674-698.

［159］Powell W. W.. Neither Market Nor Hierarchy：Network Forms of Organization[J]. *Research in Organization Behavior*, 1990(12)：295-336.

［160］曹婷, 李婉丽. 投资组合网络、竞争性网络联结与技术创新[J]. 经济管理, 2020, 42(2)：58-74.

［161］张玉利, 杨俊. 企业家创业行为调查[J]. 经济理论与经济管理, 2003(9)：61-66.

［162］Pei X. L., Wu T. J., Guo J. N., et al. Relationship between Entrepreneurial Team Characteristics and Venture Performance in China：From the Aspects of Cognition and Behaviors[J]. *Sustainability*, 2020, 12(377)：1-15.

［163］Hannigan T. R., Haans R. F., Vakili K., et al.. Topic Modeling in Management Research：Rendering New Theory from Textual Data[J]. *Academy of Management Annals*, 2019, 13(2)：586-632.

［164］王宛秋, 姚雨非, 郄海拓, 等. 产业政策促进了半导体企业的创新发展吗？[J]. 科学学研究, 2023, 41(1)：58-69.

［165］Susana Borrás, Charles Edquist. The Choice of Innovation Policy Instruments[J]. *Technological Forecasting and Social Change*, 2013, 80(8)：1513-1522.

［166］蔺洁, 陈凯华, 秦海波, 等. 中美地方政府创新政策比较研究——以中国江苏省和美国加州为例[J]. 科学学研究, 2015, 33(7)：999-1007.

［167］王薇, 刘云. 基于内容分析法的我国新能源汽车产业发展政策分析[J]. 科研管理, 2017, 38(S1)：581-591.

［168］谢青, 田志龙. 创新政策如何推动我国新能源汽车产业的发展——

基于政策工具与创新价值链的政策文本分析[J]. 科学学与科学技术管理, 2015, 36(6):3-14.

[169]程华,娄夕冉. 海外高层次人才创新创业政策研究:政策工具与创新创业过程视角[J]. 科技进步与对策,2019,36(21):141-147.

[170]王福鸣,董正英. 资金支持政策对创业影响的 Meta 分析研究[J]. 研究与发展管理, 2018, 30(3):133-144.

[171]柳光强. 税收优惠、财政补贴政策的激励效应分析——基于信息不对称理论视角的实证研究[J]. 管理世界,2016(10):62-71.

[172]王春元,于井远. 财政补贴、税收优惠与企业自主创新:政策选择与运用[J]. 财经论丛,2020(10):33-43.

[173]陈昭锋. 高新技术产业化创新政策成本问题研究[J]. 国际经贸研究,1998,7(3):63-69.

[174]张霞,毛基业. 国内企业管理案例研究的进展回顾与改进步骤——中国企业管理案例与理论构建研究论坛(2011)综述[J]. 管理世界,2012(2):105-111.

[175]白长虹,刘欢. 旅游目的地精益服务模式:概念与路径——基于扎根理论的多案例探索性研究[J]. 南开管理评论,2019,22(3):137-147.

[176]柯健,华哲铭,许鑫. 基于网络游记挖掘的城市旅游文化元素识别——以上海为例[J]. 资源科学,2022,44(1):127-142.

[177]Jauch L. R., Osborn R. N., Martin T. N.. Structured Content Analysis of Cases: A Complementary Method for Organizational Research[J]. *Academy of Management Review*, 1980, 5(4): 517-525.

[178]平霰. 基于内容分析法的科技成果转化激励政策研究[D]. 武汉:华中科技大学,2019.

[179]王美华. 基于文本分析方法的 PPP 国家政策评价研究[D]. 天津:天津理工大学,2019.

[180]王晓珍,彭志刚,高伟,等. 我国风电产业政策演进与效果评价[J].

科学学研究,2016,34(12):1817-1829.

[181]王苗苗,李华,王方.大众创新创业政策发展评估——基于政策工具、创新创业周期、政策层级[J].中国科技论坛,2018(8):25-33+57.

[182]刘可文,潘坤友.长江三角洲区域政策强度的定量化及其演变过程——以区域开放开发政策为例[J].人文地理,2015,30(4):87-94.

[183]孙盼盼,夏杰长.旅游产业中的地方政府行为:量化探索与空间效应——基于2001—2012年中国省际面板数据[J].经济管理,2017,39(6):147-161.

[184]王春超,蔡文鑫.流动人口市民化与推进路径测算研究——基于同质化水平测度的视角[J].经济社会体制比较,2021(5):161-173.

[185]马景义,张之昊,吴佳保,等.基于非对称主动风险测度的增强型指数追踪模型及应用[J].中国管理科学,2020,28(8):42-51.

[186]王青青,周国祥,戎皓,等.基于互差跳跃算法的签到系统研究与实现[J].合肥工业大学学报(自然科学版),2019,42(7):912-917.

[187]Lei Chi, Ravichandran T., And revski G., et al.. Information Technology, Network Structure, and Competitive Action[J]. *Operations Research*,2012,52(1-2):141-142.

[188]戴光全,谭健萍.基于报纸媒体内容分析和信息熵的广交会综合影响力空分布[J].地理学报,2012,67(8):1109-1124.

[189]乔家君,马玉玲.基于信息熵的城乡界面时空演化与分异——以河南省巩义市为例[J].经济地理,2016,36(11):1-7.

[190]伍春洪,杨扬,游福成.一种基于Integral Imaging和多基线立体匹配算法的深度测量方法[J].电子学报,2006(6):1090-1095.

[191]陶长琪,陈文华,林龙辉.我国产业组织演变协同度的实证分析——以企业融合背景下的我国IT产业为例[J].管理世界,2007(12):67-72.

[192]张鹏.基于主成分分析的综合评价研究[D].南京:南京理工大学,2004.

[193]冉华. 国际视角下学校评估标准的特点与趋势——基于 Nvivo 11.0 的编码分析[J]. 比较教育研究,2018,40(1):70-77.

[194]周瑶. 基于时政分析和聚类分析的武汉市节能环保产业政策工具选择研究[D]. 武汉:中钢集团武汉安全环保研究院,2020.

[195]李晓娣,原媛,黄鲁成. 政策工具视角下我国养老产业政策量化研究[J]. 情报杂志,2021,40(4):147-154.

[196]Premkumar G., Saunders C. S.. Information Processing View of Organizations:An Exploratory Examination of Fit in the Context of Interorganizational Relationships[J]. *Journal of Management Information Systems*, 2005, 22(1):257-294.

[197]朱镇. 基于敏捷导向的电子供应链 IT 价值创造研究[D]. 武汉:中国地质大学,2010.

[198]Gulati R., Gargiulo M.. Where Do Interorganizational Networks Come From? [J]. *American Journal of Sociology*, 1999,104(5):1439-1493.

[199]张敏,张一力. 任务紧迫性下关系嵌入、情绪劳动及个体创新行为的关系研究[J]. 管理工程学报, 2015, 29(2):19-30.

[200]付夔钰,谢昀雅. 冗余资源、联盟组合多样性与企业绩效的作用关系研究[J]. 中国商论, 2022(7):116-118.

[201]丘创. 资本运营和战略财务决策[M]. 北京:中国人民大学出版社,2011.

[202]张志红,庞永悦,王昊. 私募基金非上市股权投资估值方法的运用研究[J]. 中国资产评估,2020(1):39-45+52.

[203]安翔. 梅特卡夫模型在企业估值中的运用[D]. 上海:上海国家会计学院,2017.

[204]胡格格,胡北忠. "独角兽"公司估值模型的理论基础及其修正后 DEVA 模型的构建分析[J]. 当代会计,2020(11):128-130.

[205]Uzzi B.. Social Structure and Competition in Interfirm Networks:The Paradox of Embeddedness[J]. *Administrative Science Quarterly*, 1997,42(2):35-67.

[206]聂富强,张建,伍晶.网络嵌入性对风险投资联盟成功退出投资对象的影响:机理与证据[J].研究与发展管理,2016,28(5):12-22.

[207]Zahra S. A., George G.. Absorptive Capacity: A Review, Reconceptualization, and Extension[J]. *Academy of Management Review*, 2002, 27(2): 185-203.

[208]黄艳,陶秋燕,马丽仪.社会网络、资源获取与小微企业的成长绩效[J].技术经济,2016,35(6):8-15.

[209]钱锡红,杨永福,徐万里.企业网络位置、吸收能力与创新绩效——一个交互效应模型[J].管理世界,2010(5):118-129.

[210]Sheth J. N., Hippel E. V.. The Sources of Innovation[J]. *Journal of Marketing*, 1990, 54(1): 139.

[211]李娜,李随成,崔贺珵.供应商创新性的利用机制:企业网络化行为的作用[J].南开管理评论,2018,21(1):39-53.

[212]钱丽萍,陈鑫,王懿瑶.渠道关系中社会资本对战略绩效的作用路径研究[J].商业经济与管理,2019(12):42-53.

[213]杨震宁,李东红,范黎波.身陷"盘丝洞":社会网络关系嵌入过度影响了创业过程吗?[J].管理世界,2013(12):101-116.

[214]Timmons J. A., Spinelli S., Ensign P. C.. *New Venture Creation*[M]. NewYork: McGraw-Hill, 1990.

[215]Bouquet C., Birkinshaw J.. Weight Versus Voice: How Foreign Subsidiaries Gain Attention From Corporate Headquarters[J]. *Academy of Management Journal*, 2008,51(3): 577-601.

[216]胡冬梅,张美静,陈维政,等.,我国独角兽企业—投资机构双模网络结构特征及对企业价值和投资绩效的影响研究[J].管理学报,2021:1619-1628.

[217]Castellaneta F., Zollo M.. The Dimensions of Experiential Learning in the Management of Activity Load[J]. *Organization Science*, 2015, 26(1): 140-157.

[218]陈思,何文龙,张然. 风险投资与企业创新:影响和潜在机制[J]. 管理世界,2017(1):158-169.

[219]Gorman M., Sahlman W. A.. What Do Venture Capitalists Do? [J]. *Journal of Business Venturing*, 1989, 4(4):231-248.

[220]刘伟,程俊杰,敬佳琪. 联合创业投资中领投机构的特质、合作模式、成员异质性与投资绩效——基于我国上市企业的实证研究[J]. 南开管理评论, 2013, 6(6):136-148+157.

[221] Hellmann T., Lindsey L., Puri M.. Building Relationships Early: Banks in Venture Capital[J]. *Review of Financial Studies*, 2008, 21(2):513-541.

[222]Sorenson O., Stuart T. E.. Bringing the Context Back in: Settings and the Search for Syndicate Partners in Venture Capital Investment Networks[J]. *Administrative Science Quarterly*, 2008, 53(2):266-294.

[223]郭晓冬,柯艳蓉,吴晓晖. 坏消息的掩盖与揭露:机构投资者网络中心性与股价崩盘风险[J]. 经济管理, 2018, 40(4):152-169.

[224]Johanson J., Mattsson L. G.. Interorganizational Relations in Industrial Systems: A Network Approach Compared with the Transaction-Cost Approach[J]. *International Studies of Management & Organization*, 1987, 17(1):34-48.

[225]谢洪明,赵华锋,张霞蓉. 网络关系嵌入与管理创新绩效之间的关系——基于知识流入的视角[J]. 技术经济,2012, 31(5):18-23.

[226]Lindsey L.. Blurring Firm Boundaries: The Role of Venture Capital in Strategic Alliances[J]. *Journal of Finance*, 2008, 63(3):1137-1168.

[227]Wang H. Z., Wuebker R. J., Han S., et al.. Strategic Alliances by Venture Capital Backed Firms: An Empirical Examination[J]. *Small Business Economics*, 2012, 38(2):179-196.

[228]吴琴,张骁,王乾,等. 创业导向、战略柔性及国际化程度影响企业绩效的组态分析[J]. 管理学报,2019, 16(11):1632-1639.

[229]杜运周,刘秋辰,程建青. 什么样的营商环境生态产生城市高创业活

跃度?——基于制度组态的分析[J]. 管理世界, 2020, 36(9): 141-155.

[230] Bianchini S., Pellegrino G.. Innovation Persistence and Employment Dynamics[J]. *Research Policy*, 2019, 48(5): 1171-1186.

[231] Díaz-Fernández M. C., Rodríguez M. R. G., Simonetti B.. Top Management Team Diversity and High Performance: An Integrative Approach Based on Upper Echelons and Complexity Theory[J]. *European Management Journal*, 2020, 38(1): 157-168.

[232] Ndofor H. A., Sirmon D. G., He X.. Utilizing the Firm's Resources: How TMT Heterogeneity and Resulting Faultlines Affect TMT Tasks[J]. *Strategic Management Journal*, 2015, 36(11): 1656-1674.

[233] Amit, Raphael, Zott, et al.. Creating Value through Business Model Innovation[J]. *Mit Sloan Management Review*, 2012, 53(3): 40-50.

[234] Kraus S., Ribeiro-Soriano D., Schussler M.. Fuzzy-Set Qualitative Comparative Analysis (fsQCA) in Entrepreneurship and Innovation Research – the Rise of a Method[J]. *International Entrepreneurship and Management Journal*, 2018, 14(1): 15-33.

[235] 张明, 杜运周. 组织与管理研究中QCA方法的应用:定位、策略和方向[J]. 管理学报, 2019, 16(9): 1312-1323.

[236] Ren S., Tsai H. T., Eisingerich A. B.. Case-Based Asymmetric Modeling of Firms with High Versus Low Outcomes in Implementing Changes in Direction [J]. *Journal of Business Research*, 2016, 69(2): 500-507.

[237] Fiss P. C.. Building Better Causal Theories: A Fuzzy Set Approach to Typologies in Organization Research[J]. *Academy of Management Journal*, 2011, 54 (2): 393-420.

[238] Porfirio J. A., Felicio J. A., Carrilho T.. Family Business Succession: Analysis of the Drivers of Success Based on Entrepreneurship Theory[J]. *Journal of Business Research*, 2020, 115: 250-257.

[239] 段茹, 李华晶. 善用拼凑, 从网红到长红——以喜茶创业为例[J]. 清华管理评论, 2018(5): 42-48.

[240] 周延风, 张婷, 陈少娜. 网红社交媒体传播及消费者情感倾向分析——以网红品牌"喜茶"为例[J]. 商业经济与管理, 2018(4): 70-80.

[241] 徐明. "互联网+"时代的大学生创业模式选择与路径优化[J]. 中国青年社会科学, 2015, 34(5): 49-55.

[242] Dyer J. H., Singh H.. The Relational View: Cooperative Strategy and Sources of Interorganizational Competitive Advantage[J]. *Academy of Management Review*, 1998, 23(4): 660-679.

[243] 周育红, 宋光辉. 创业投资网络研究现状评介与未来展望[J]. 外国经济与管理, 2012, 34(6): 17-24+56.

[244] 张明, 蓝海林, 陈伟宏. 企业注意力基础观研究综述——知识基础、理论演化与研究前沿[J]. 经济管理, 2018, 40(9): 189-208.

附　录

附录 A　扶持政策工具的编码准则

表 A　扶持政策工具的编码准则

政策工具	子工具	编码点	编码准则
供给型政策工具 X	社会化服务 X_1	区总部租金支持(X_{11}),独角兽租金支持(X_{12}),高速成长企业租金支持(X_{13}),购置支持(X_{14}),搬迁支持(X_{15}),产业用地支持(X_{16})	多样性衡量法
	基础设施建设 X_2	科技创新载体(X_{21}),金融产业园(X_{22})	多样性衡量法
	资金投入 X_3	创新平台(X_{31}),互联网金融平台(X_{32}),引进技术成果(X_{33}),研发奖励(X_{34}),研发机构支持(X_{35}),产学研合作资助(X_{36}),博士后工作站建设资助(X_{37}),创新实践基地资助(X_{38}),设备资助(X_{39}),科技创新服务(X_{310}),创业服务机构(X_{311}),并购科技企业(X_{312}),实验室资助(X_{313})	多样性衡量法
	人才支持 X_4	安家费(X_{41}),住房补贴(X_{42}),办公用房补贴(X_{43}),生活补贴(X_{44}),科研专项经费(X_{45}),评优奖励(X_{46}),企业家培育(X_{47}),创新成果激励(X_{48}),一事一议(X_{49}),创新创业领军人才或团队资助(X_{410}),放宽公积金贷款额度(X_{411}),外国或海外人才(X_{412})	多样性衡量法

续表

政策工具	子工具	编码点	编码准则
环境型政策工具 Y	金融支持 Y_1	金融机构落户(Y_{11}),风投落户(Y_{12}),经济贡献奖(Y_{13}),准入门槛(Y_{14}),贷款补贴(Y_{15}),贷款风险补助(给贷款机构)(Y_{16}),融资补贴(Y_{17}),投资补贴(给投资机构)(Y_{18}),贷款利率限制(Y_{19}),贷款担保比例限制(Y_{110}),科技保险(或信贷)(Y_{111}),优先担保(Y_{112}),投资损失补贴(Y_{113}),融资跟投(Y_{114})	多样性衡量法
	财政补贴 Y_2	独角兽认定补贴(Y_{21}),瞪羚认定补贴(Y_{22}),准独角兽认定补贴(Y_{23}),科技成果转化补贴(Y_{24})	基准衡量法
		初创企业投资补助(Y_{25}),标杆企业认定(Y_{26}),指定地落户奖(Y_{27}),科技服务机构认定(Y_{28}),研发机构认定奖(Y_{29}),科技孵化器认定奖(Y_{210}),创新平台认定奖励(Y_{211}),实验室或研究中心认定(Y_{212}),高科技产业项目(Y_{213}),顶尖人才培育(Y_{214}),技术认定奖励(Y_{215}),引进(或培育)名企贡献奖(Y_{216}),科研比赛奖励(Y_{217})	多样性衡量法
		销售首创产品的补贴(Y_{218}),收入增长率补贴(Y_{219})	基准衡量法
		收入增速贡献奖(比率)(Y_{220})	深度衡量法
		独角兽或瞪羚企业引进(或培育)奖励(Y_{221}),大型项目引进奖励(Y_{222}),院士工作站引进奖励(Y_{223}),产学研合作奖励(Y_{224}),孵化企业(Y_{225}),引进/促成科技成果转化(Y_{226}),重点实验室引进奖励(Y_{227}),首购补助(Y_{228}),人才团队引进奖励(Y_{229})	多样性衡量法
		上市补贴(Y_{230})	基准衡量法

续表

政策工具	子工具	编码点	编码准则
环境型政策工具 Y	税收优惠 Y_3		虚拟变量衡量法
	知识产权 Y_4		虚拟变量衡量法
	法规管制 Y_5		虚拟变量衡量法
	目标规划 Y_6	产业规划(Y_{61}),培育库(Y_{62}),金融规划(Y_{63}),行业领军企业规划(Y_{64}),实验室规划(Y_{65}),科技研发规划(Y_{66}),科技成果转移转化规划(Y_{67}),人才规划(Y_{68}),专利规划(Y_{69}),签约项目(Y_{610}),降低企业成本(Y_{611}),规划资金预算(Y_{612})	多样性衡量法
需求型政策工具 Z	政府采购 Z_1		虚拟变量衡量法
	消费端补贴 Z_2		虚拟变量衡量法
	贸易管制 Z_3		虚拟变量衡量法
	海外机构管理 Z_4		虚拟变量衡量法

附录 B 基准衡量法举例

以"独角兽认定补贴"政策为例,采用基准衡量法进行编码。基于各城市政策对于独角兽认定补贴的实际情况,确定中位数 300 万元作为行业基准,300 万—500 万元等级为 2,2000 万—3000 万元等级为 3,100 万—200 万元等级为 1,没有该项政策等级为 0,对应的编码情况如表 B 所示。

表 B 关于"独角兽认定补贴"政策的部分城市编码

城市	政策名称	编码	分析单元	独角兽认定值/万元	编码值
深圳	《深圳市坪山区关于加快科技创新发展的若干措施的实施办法》	SZ-19-02	对上年度进入国家、省、市行政部门独角兽名单的企业给予最高 3000 万元的奖励	3000	3
珠海	《关于培育引进前沿产业独角兽企业的若干政策措施(试行)》	ZH-18-02	实施独角兽发展贡献奖励。对入库企业自认定起连续 3 年按照其经济发展贡献给予奖励。对独角兽,奖励金额为其上一年度经济发展贡献的 30%,最高 2000 万元	2000	3
无锡	《中共无锡市委 无锡市人民政府关于进一步降低企业负担促进实体经济高质量发展的若干意见》	WX-18-02	对首次入选的雏鹰企业、瞪羚企业和准独角兽,按其上年度研发投入强度分别给予最高 50 万元、200 万元、500 万元补助,支持企业加强研发、提高核心竞争力	500	2

续表

城市	政策名称	编码	分析单元	独角兽认定值/万元	编码值
武汉	《武汉市进一步扩大利用外资促进经济高质量发展的若干措施》	HB-19-1	对权威机构认定的"独角兽"企业新落户我市,且项目总投资1亿美元以上、实缴注册资本1000万美元以上的,给予一次性落户奖励500万元。该项奖励由市、区两级财政各承担50%	500	2
北京	《大兴区促进文化创意产业发展暂行办法》	BJ-18-7	对于列入国家、北京市级、中关村相关部门发布的"独角兽"或相应榜单的企业,经认定给予最高500万元的一次性资金奖励	500	2
成都	《成都市双流区促进工业企业高质量发展的政策措施》	CD-18-10	对经认定的瞪羚企业、准独角兽、独角兽分别给予20万元、200万元、300万元的一次性奖励	300	2
济南	《济南市促进先进制造业和数字经济发展的若干政策措施》	JN-19-1	对新认定的"独角兽"企业,一次性奖励300万元	300	2
上海	《虹口区加快推进科技创新中心建设的意见》	SH-19-9	对新认定的"虹口区科技小巨人企业",给予50万元的奖励。对获评"上海市卓越创新企业"的企业,经认定,给予最高200万元的奖励	200	1

续表

城市	政策名称	编码	分析单元	独角兽认定值/万元	编码值
苏州	《关于构建一流创新生态建设创新创业名城的若干政策措施》	SZ-18-01	实施独角兽培育计划,对独角兽培育企业按上年度实际发生研发费用的20%给予最高200万元的补助,连续支持五年最高1000万元	200	1
宁波	《宁波市人民政府办公厅关于创建特色型中国软件名城的实施意见》	NB-18-01	对首次入围全国软件百强、互联网百强、独角兽软件企业,给予最高200万元奖励	200	1
杭州	《关于单项冠军、隐形冠军、独角兽等高质量发展企业提升培育的若干政策意见》	HZ-18-03	对国际权威榜单认定为独角兽或确定估值超过10亿美元的高速成长型创业企业给予100万元的奖励	100	1
广州	海珠创新岛"1+6+1"产业政策体系文件(修订版)	GZ-19-01	对新迁入或新认定的优秀独角兽、优秀未来独角兽,分别给予一次性100万元和50万元奖励	100	1
泰州	《关于进一步鼓励企事业单位聚才用才 推进科技创新引领高质量发展若干政策》	TZ-18-01	每年全市遴选5家左右核心技术先进、集成能力强、引领产业发展的准"独角兽"企业,每家给予30万元奖励;对入选省"独角兽"企业的,给予100万元奖励	100	1

续表

城市	政策名称	编码	分析单元	独角兽认定值/万元	编码值
重庆	《潼南区促进高新技术产业发展实施办法》	CQ-18-7	高成长性科技型企业认定奖励和资助:被认定为牛羚企业、瞪羚企业、独角兽企业的,分别一次性给予20万元、40万元、100万元奖励	100	1
长春	《长春新区促进科技创新发展若干政策》	CC-19-01	对新区新认定的牛羚、瞪羚、独角兽给予一次性10万元、20万元、100万元奖励	100	1
备注	湖州、合肥、天津、厦门、长沙、南京、常州、贵阳、渭南、青岛均无出台相关政策对首次认定为独角兽的企业的扶持,故这些城市在该变量的编码值为0				

附录 C　各样本城市政策工具强度值及比较

C1. 供给型政策工具强度

表 C1　供给型政策工具强度分布值

样本城市	社会化服务 W_{E11} (0.251)	基础设施建设 W_{E12} (0.248)	资金投入 W_{E13} (0.291)	人才支持 W_{E14} (0.211)	供给型政策工具强度 W_{E1} (0.393)
广州	0.80	1.00	0.22	0.60	0.65
深圳	0.80	1.00	0.78	0.63	0.88
珠海	0.40	0.00	0.11	0.20	0.22
上海	0.20	0.50	1.00	0.90	0.82
北京	0.40	1.00	0.78	0.30	0.65
杭州	0.80	1.00	0.78	1.00	1.00
宁波	0.20	0.50	0.11	0.60	0.37
湖州	0.00	0.50	0.00	0.10	0.10
合肥	0.00	0.00	0.56	0.00	0.22
天津	0.00	0.00	0.00	0.00	0.00
厦门	0.40	0.00	0.67	0.20	0.44
长沙	0.00	0.50	0.44	0.30	0.34
南京	0.40	0.50	0.67	0.50	0.61
苏州	0.00	0.50	0.78	0.60	0.57
常州	0.00	0.00	0.33	0.00	0.13
泰州	0.20	0.50	0.67	1.00	0.72

续表

样本城市	供给型政策工具				
	社会化服务 W_{E11} (0.251)	基础设施建设 W_{E12} (0.248)	资金投入 W_{E13} (0.291)	人才支持 W_{E14} (0.211)	供给型政策工具强度 W_{E1}(0.393)
无锡	0.20	0.00	0.67	0.20	0.39
成都	1.00	0.50	0.78	0.80	0.93
重庆	0.00	0.50	0.56	0.40	0.42
贵阳	0.00	0.00	0.00	0.00	0.00
渭南	0.00	0.50	0.44	0.10	0.27
武汉	0.20	0.00	0.22	0.10	0.18
长春	0.00	0.50	0.44	0.60	0.44
青岛	0.60	0.50	0.56	0.90	0.76
济南	0.20	0.50	0.89	0.90	0.77

C2. 环境型政策工具强度

表 C2 环境型政策工具强度分布值

样本城市	环境型政策工具						
	金融支持 W_{E21} (0.122)	财政补贴 W_{E22} (0.136)	税收优惠 W_{E23} (0.187)	知识产权 W_{E24} (0.207)	法规管制 W_{E25} (0.189)	目标规划 W_{E26} (0.158)	环境型政策工具强度 W_{E2} (0.273)
广州	0.57	0.36	0.00	1.00	0.00	0.50	0.43
深圳	0.71	0.99	0.00	1.00	0.00	0.20	0.53
珠海	0.29	0.35	0.00	1.00	0.00	0.20	0.31
上海	0.71	0.43	1.00	1.00	1.00	0.40	0.76
北京	1.00	0.44	1.00	1.00	0.00	0.90	0.77
杭州	0.71	0.59	1.00	1.00	1.00	0.90	0.93

续表

样本城市	环境型政策工具						
	金融支持 W_{E21} (0.122)	财政补贴 W_{E22} (0.136)	税收优惠 W_{E23} (0.187)	知识产权 W_{E24} (0.207)	法规管制 W_{E25} (0.189)	目标规划 W_{E26} (0.158)	环境型政策工具强度 W_{E2} (0.273)
宁波	0.29	0.11	1.00	1.00	1.00	0.80	0.72
湖州	0.14	0.02	1.00	1.00	1.00	0.80	0.68
合肥	0.57	0.64	1.00	0.00	0.00	0.90	0.59
天津	0.00	0.00	0.00	0.00	0.00	0.20	0.01
厦门	0.57	0.50	1.00	0.00	0.00	0.30	0.39
长沙	0.29	0.74	1.00	0.00	0.00	0.70	0.52
南京	0.86	0.28	1.00	1.00	0.00	0.30	0.55
苏州	1.00	0.24	1.00	1.00	0.00	0.20	0.53
常州	0.00	0.02	0.00	0.00	0.00	0.20	0.01
泰州	0.29	0.27	1.00	1.00	0.00	0.00	0.39
无锡	0.86	0.39	1.00	1.00	1.00	0.10	0.69
成都	1.00	1.00	1.00	1.00	1.00	0.60	1.00
重庆	0.14	0.22	0.00	1.00	0.00	0.50	0.33
贵阳	0.00	0.14	0.00	0.00	0.00	0.90	0.22
渭南	0.14	0.16	0.00	1.00	0.00	0.40	0.29
武汉	0.57	0.28	1.00	1.00	0.00	0.70	0.62
长春	0.57	0.12	1.00	1.00	0.00	0.20	0.45
青岛	1.00	0.12	1.00	1.00	1.00	1.00	0.88
济南	0.86	0.62	1.00	1.00	1.00	1.00	0.99

C3.需求型政策工具强度

表 C3　需求型政策工具强度分布结果

样本城市	政府采购 W_{E31} (0.341)	消费端补贴 W_{E32} (0.159)	贸易管制 W_{E33} (0.218)	海外机构管理 W_{E34} (0.283)	需求型政策工具强度 W_{E3}(0.334)
广州	0.00	0.00	0.00	0.00	0.00
深圳	0.00	1.00	0.00	1.00	0.39
珠海	0.00	0.00	0.00	0.00	0.00
上海	1.00	0.00	0.00	0.00	0.40
北京	0.00	0.00	0.00	1.00	0.34
杭州	1.00	0.03	0.00	1.00	0.74
宁波	1.00	0.00	0.00	0.00	0.40
湖州	1.00	0.00	0.00	0.00	0.40
合肥	0.00	0.00	0.00	0.00	0.00
天津	0.00	0.00	0.00	0.00	0.00
厦门	0.00	0.00	0.00	0.00	0.00
长沙	0.00	0.00	0.00	0.00	0.00
南京	0.00	0.00	0.00	1.00	0.34
苏州	0.00	0.00	0.00	0.00	0.00
常州	0.00	0.00	0.00	0.00	0.00
泰州	0.00	0.00	0.00	0.00	0.00
无锡	1.00	0.00	0.00	1.00	0.74
成都	1.00	0.03	1.00	1.00	1.00
重庆	0.00	0.00	0.00	0.00	0.00
贵阳	0.00	0.00	0.00	0.00	0.00

续表

样本城市	需求型政策工具				
	政府采购 W_{E31} (0.341)	消费端补贴 W_{E32} (0.159)	贸易管制 W_{E33} (0.218)	海外机构管理 W_{E34} (0.283)	需求型政策工具强度 W_{E3} (0.334)
渭南	0.00	0.00	0.00	0.00	0.00
武汉	0.00	0.00	1.00	0.00	0.26
长春	0.00	0.00	0.00	0.00	0.00
青岛	1.00	0.00	0.00	1.00	0.74
济南	1.00	0.00	0.00	1.00	0.74

C4. 各类政策工具强度的样本城市比较

表 C4 各类扶持独角兽政策工具强度的样本城市比较

政策工具类型	政策工具子类别	政策工具强度	样本城市数量/个	样本城市占比/%
供给型政策工具	社会化服务	高强度	4	16
		中强度	5	20
		低强度	16	64
	基础设施建设	高强度	4	16
		中强度	13	52
		低强度	8	32
	资金投入	高强度	11	44
		中强度	7	28
		低强度	7	28
	人才支持	高强度	6	24
		中强度	7	28
		低强度	12	48

续表

政策工具类型	政策工具子类别	政策工具强度	样本城市数量/个	样本城市占比/%
环境型政策工具	金融支持	高强度	10	40
		中强度	5	20
		低强度	10	40
	财政补贴	高强度	3	12
		中强度	9	36
		低强度	13	52
	税收优惠	高强度	17	68
		中强度	0	0
		低强度	8	32
	知识产权	高强度	19	76
		中强度	0	0
		低强度	6	24
	法规管制	高强度	9	36
		中强度	0	0
		低强度	16	64
	目标规划	高强度	10	40
		中强度	5	20
		低强度	10	40

续表

政策工具类型	政策工具子类别	政策工具强度	样本城市数量/个	样本城市占比/%
需求型政策工具	政府采购	高强度	8	32
		中强度	0	0
		低强度	17	68
	消费端补贴	高强度	1	4
		中强度	0	0
		低强度	24	96
	贸易管制	高强度	2	8
		中强度	0	0
		低强度	23	92
	海外机构管理	高强度	8	32
		中强度	0	0
		低强度	17	68

附录 D 投资组合网络的拓扑图

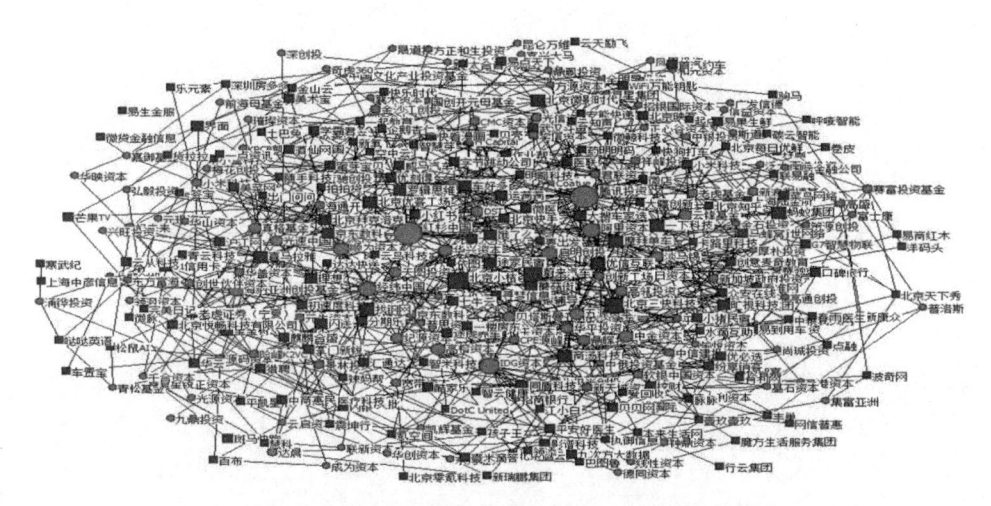

图 D "风险投资机构—独角兽"投资组合网络拓扑图

注：风投机构的节点采用圆形表示，独角兽采用正方形表示。